中华传世藏书

【图文珍藏版】

山海经

马博 ⊙ 主编

诠 解

第二册

线装书局

独山

【原文】

又南三百里,曰独山,其上多金玉,其下多美石,末涂之水出焉,而东流注于沥①,其中多儵蟧,其状如黄蛇②,鱼翼,出入有光,见则其邑大旱。

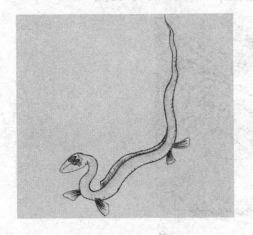

儵蟧

儵蟧　明·蒋应镐绘图本

【注释】

①沥:水名,水上源,在今陕西。

②黄蛇:黄色的蛇或指传说故事中铜剑所变的蛇。

【译文】

由犰山再往南三百里有座山,名叫独山,这座山的山巅蕴藏有丰富的金矿石和玉石,山坡下有很多很好看的石头,末涂水就发源于这座山,流出山涧后便向东南流入沥水,末涂水中有很多儵蟧,这种动物的身形似黄蛇,长有一对鱼鳍,出入水中时闪闪发光,这种动物一旦出现在哪个地方,哪里的城邑便将有严重的旱灾发生。

泰山

【原文】

又南三百里,曰泰山①。其上多玉,其下多金。有兽焉,其状如豚而有珠,名曰狪狪②,其鸣自訆。环水③出焉,东流注于江,其中多水玉。

狪狪

【注释】

①泰山,郭璞曰:"即东岳岱宗也。今在泰山奉高县西北,从山下至顶四十八里三百步也。"

泰山,横亘山东中部,从东平湖东岸向东北延伸,至淄博市南和鲁山相接,长约200公里。主峰玉皇顶,在泰安县北面,古称东岳,也称岱山、岱宗,山峰突兀峻拔,雄伟壮丽,有南天门、日观峰、经石峪、黑龙潭等名胜古迹。

②狪狪,古兽名。

③环水,《五藏山经传》卷五:"环水即汶水,出泰山东天门谷,亦曰弗其山也。江则后世目为牟汶者是也。凡水东西正平曰江。"

【译文】

从独山再往南三百里的地方,有座山叫泰山。山上遍布着晶莹的玉石,山下蕴藏着丰富的金矿。山中有一种野兽,形状像普通的猪,但肚子里有珠,它的名字叫狪狪,它的叫声与它的名字的发音相同。环水是从这座山流出,向东流入江水,环水中有很多漂亮的水晶石。

竹山

【原文】

又南三百里,曰竹山①,錞于江,无草木,多瑶碧。激水出焉,而东南流注于娶檀之水②,其中多茈蠃③。

【注释】

①竹山,古山名。《五藏山经传》卷四:"独山南也。山自英额岭东北环布尔哈图河源南属于江,布哈河三源象竹,其东西小水横列象笋也。"
②娶檀之水,《五藏山经传》卷四:"即末余水所合之哈达河。"
③茈蠃,紫色的螺丝。

【译文】

从泰山再往南三百里的地方,有座山叫竹山。它雄踞在大江岸边,山上没有花草树木,光秃秃的,却遍布着瑶玉和碧玉。激水是从这座山流出,然后向东南流入娶檀水,激水中有很多紫色的螺丝。

总观

【原文】

凡东山经之首,自樕蠡之山以至于竹山,凡十二山,三千六百里。其神状皆人身龙首。祠:毛用一犬祈,聊①用鱼。

人身龙首神

人身龙首神　明·蒋应镐绘图本

【注释】

①聊,古代杀牲畜取血涂祭品,向神祷告。

【译文】

纵观《东山经》这一山系,从樕蠡山到竹山,共十二座山,沿途三千六百里。这些山神都是人身龙首。祭祀这些山神的礼仪是,用一头完整带毛的狗作祭品,祷告时要用鱼。

【鉴赏】

东山一经即东部山区第一条山脉的考察记录,共记述有 12 座山,10 条河流,12 处地望,19 处矿物,5 处植物,12 处动物。

根据《五藏山经》26 条山脉"由近向远、由内向外、由中心向外围"的分布规律,东山一经应当位于《东山经》4 条山脉的最西部,并且与《中山经》东部、《北山经》南部和《南山经》北部的山脉相邻或相望。

具体来说,东山一经诸山位于今日泰山及其北南一线,其主峰即本章第 11 节的泰山。泰山海拔 1524 米,乃齐鲁大地唯一高山,大汶河即发源于泰山山脉,那里有 5000 年前的大汶口文化遗址。在 7400 年前海侵最甚时,泰山一带几乎变成海中孤岛,并成为周边地区逃难者的救生之地。

今日山东丘陵的泰山山脉、鲁山山脉、沂山山脉,有多条小水系发源并向东北流入渤海,其主要的一条河名叫小清河,它很可能就是本章第 11 节所记从泰山发源、向东流入大海的环水。

第 11 节记述泰山有一种特殊的动物狪狪"其状如豚而有珠"。"豚而有珠"可能是当地居民在用"珠"(珍珠、珠状玉石)来给猪打扮;被特意打扮的猪,应该是对人们有功或有贡献的猪,它很可能是生育了许多猪仔的母猪,或者是强壮的用于配种的公猪。有趣的是,泰山的狪狪,与北山三经所供奉的彘身载玉之神颇为相似,表明两地居民有着共同的文化渊源。事实上直至今日,中国民间对有贡献的家畜仍然会给它们戴上大红花,其习俗可以追溯到"豚而有珠"的记述。与此同时,这也是中国人饲养家猪的最早的文字记载之一,与"家"(寓意屋檐下有猪)字的创造可以相互印证。

第 4 节的勃齐山。众所周知,中国山东省古为齐鲁大地。齐地靠北,其中心在淄博；鲁地靠南，其中心在曲阜。根据东山一经记述的勃齐山地理方位，确实距离淄博不远，因此勃齐山之名或许与齐地之名有关。

第7节的高氏山有箴石、诸绳水。箴石即砭石，加工成板状或针状，可用于刮痧、按摩、点穴（刺压穴位），以治疗疾病和养生健身。因中国古代名医扁鹊擅长用砭石刮痧，因此砭石又称扁鹊石。诸绳水的"绳"字也有讲究，在古代"绳"是一种神圣的器物，一是结绳纪事，二是丈量土地，古埃及人称测绘工程师为执绳者，女娲以绳甩黄土造人的故事表明她也是执绳者。此外，绳又像蛇，而手持蛇、耳戴蛇乃是巫师的身份和权力标志。

第7节高氏山的诸绳水和第8节岳山的泺水，它们向东流入之泽，按方位当指今日江苏省北部的古湖泽，如今它们早已淤积成陆地了。岳山之名，表明它是一座有地位的山。今日安徽蚌埠市西的怀远县涂山相传即帝禹召开诸侯大会的地方，涂山附近的荆山相传即卞和采玉处，或许岳山即在此地；而蚌埠之名应得自贝壳堤，它是古海岸线的标志。

二、东次二经

【导读】

东次二经记述了中国东部的十七座山，位于东山一经所记的山列的东面，几乎所有的山的具体位置都难以考定，但它们大致在今山东、江苏、安徽境内。

东次二经中记述的奇禽怪兽及怪鱼有：形状像鸳鸯而人足的鹴鹕、形状像狐而鱼翼的朱獳，形状像狐而九尾、九首、虎爪的蠪侄，形状像马而羊目、牛尾、四角的㹠㹠，形状像肺而六足的珠蟞鱼，等等。

空桑山

【原文】

《东次二经》之首,曰空桑之山,北临食水①,东望沮吴,南望沙陵,西望湣泽。有兽焉,其状如牛而虎文,其音如钦。其名曰軨軨,其鸣自叫,见则天下大水。

【注释】

①食水:传说中的水名。

【译文】

《东次二经》记述的东山第二列山系最北端的山名叫空桑山,这座山北临食水,向东可眺望沮吴山,向南可眺望沙陵,向西可眺望湣泽。空桑山上有一种野兽，向身形似牛，但全身毛纹似虎斑，吼叫声似人呻吟。这种兽名叫軨(líng)軨，它的吼叫声似在叫喊自己的名字，这种野兽一旦出现，便预示天下将发生特大水灾。

軨軨

軨軨　清·汪绂图本

曹夕山

【原文】

又南六百里，曰曹夕之山，其下多穀而无木，多鸟兽。

【译文】

由空桑山再往南六百里有座山，名叫曹夕山，山坡下生长着很多构树，但没有水，却有很多鸟兽。

峄皋山

【原文】

又西南四百里，曰峄皋之山，其上多金玉，其下多白垩。峄皋之水出焉，东流注于激女之水，其中多蜃、珧①。

【注释】

①蜃：蛤蜊，软体动物，壳卵圆形，淡褐色，边缘紫色，生活在浅海底。珧：软体动物，肉柱称江珧柱，干制后又称"干贝"，是珍贵海味，亦称玉珧，甲壳用作刀、弓上的装饰品。

【译文】

由曹夕山再往西南四百里有座山，名叫峄皋山。这座山的山巅有很多金矿石和玉石，山坡下有很多可用来涂饰墙壁的白色土。峄皋水就发源于这座山，流出山涧后便向东流去，入激女水，水中有很多蜃和珧。

葛山尾

【原文】

又南水行五百里，流沙三百里，至于葛山之尾，无草木，多砥、砺。

【译文】

由峄皋山再往南经过五百里水路、三百里流沙，就到了葛山的尾端，这里没有草木，光秃秃的，但有很多磨刀石。

葛山首

【原文】

又南三百八十里，曰葛山之首，无草木。澧水出焉，东流注于余泽，其中多珠鳖鱼,其状如肺而有目,六足有珠,其味酸甘,食之无疬。

 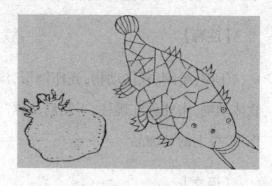

珠鳖鱼　　　　　　　珠鳖鱼　清·吴任臣康熙图本

【译文】

由葛山的尾端再往南三百八十里,就到了葛山的首端,这里寸草不生。澧水就发源于这里,流出山涧后便向东流入余泽,澧水中有很多珠鳖鱼,这种鱼的形状似肺,长有眼睛和六只脚,脚爪子嵌有珠子,这种鱼的味道酸中带甜,人吃了这种鱼可以医治瘟疫。

余峨山

【原文】

又南三百八十里,曰余峨之山。其上多梓枏,其下多荆芑①。杂余之水出焉,东流注于黄水。有兽焉,其状如菟而鸟喙,鸱目蛇尾,见人则眠②,名曰犰狳,其鸣自叫,见则螽蝗③为败。

【注释】

①荆:荆棘,山野从生的带刺小灌木。芑:通"杞"。即枸杞树。
②眠:装死。

③螽：螽斯，绿色或褐色昆虫，善跳跃，吃农作物。雄的前翅有发声器，颤动翅膀能发声。蝗：蝗虫，又叫蚂蚱。

犰狳

犰狳　明·蒋应镐绘图本

【译文】

　　由葛山首端再往南三百八十里有座山，名叫余峩山。这座山的山巅生长着梓树和楠树，山坡下生长着荆棘和枸杞。杂余水就发源于这座山，流出山涧后便向东流入黄水。余峩山上生长有一种野兽，其体形像兔，但却有鸟一样的嘴，眼睛似鸱鸟，尾巴似蛇，一见有人便装死。这种善名叫犰狳。它的吼叫声就像是在叫喊自己的名字。这种兽一旦出现在哪里，便预示哪里的田间将遭受蝗灾。

杜父山

【原文】

　　又南三百里，曰杜父之山，无草木，多水。

【译文】

　　由余峩山再往南三百里有座山，名叫杜父山，山上光秃秃的，没生长草木,但有很多水。

耿山

【原文】

又南三百里,曰耿山,无草木,多水碧①,多大蛇。有兽焉,其状如狐而鱼翼,其名曰朱獳,其鸣自叫,见则其国有恐。

朱獳

朱獳 清·汪绂图本

【注释】

①水碧:玉的一种,系水晶一类的矿物,又名碧玉。

【译文】

由杜父山再往南三百里有座山,名叫耿山。山上光秃秃的,没有草木生长,但有很多水晶,还有很多巨蛇。这座山上生长有一种兽,形状似狐但长有鱼样的背鳍,它的名字叫朱獳,它的吼叫声就像是在叫喊自己的名字,这种动物一旦出现在哪里,就预示这个国家将有恐怖事件发生。

朱獳

卢其山

【原文】

又南三百里,曰卢其之山,无草木,多沙石。沙水出焉,南流注于涔水,其中多鹗鹠[1],其状如鸳鸯而人足,其鸣自叫,见则其国多土功[2]。

鹗鹠

鹗鹠　清·汪绂图本

【注释】

①鹗鹠:鹈鹕鸟,水鸟,体长可达两米,翼大,嘴长,尖端弯曲,嘴下有一个

皮质的囊,羽毛灰白色,翼上有少数黑色羽毛。

②土功:指治水、筑城、建造宫殿等工程。

【译文】

由耿山再往南三百里有座山,名叫卢其山,这座山上光秃秃的,没有草木,遍地都是沙石。沙水就发源于这座山,流出山涧后便向南流入涔水。沙水中有很多鸳鹕鸟,这种鸟形似鸳鸯,但却长着一对人的脚,它的鸣叫声就像是在叫喊自己的名字,这种鸟一旦出现在哪里,就预示哪个国家的百姓将遭受繁重的徭役。

姑射山

【原文】

又南三百八十里,曰姑射之山①,无草木,多水。

【注释】

①姑射之山:山名。在山西临汾,即古石孔山,九孔相通。

【译文】

由卢其山再往南三百八十里有座山,名叫姑射山,这座山上光秃秃的,寸草不生,但有很多水。

【原文】

又南水行三百里,流沙百里,曰北姑射之山,无草木,多石。

【译文】

由姑射山再往南经三百里水路、一百里流沙,就到了北姑射山,这座山上光秃秃的,没有一草一木,全都是石头。

南姑射山

【原文】

又南三百里,曰南姑射之山,无草木,多水。

【译文】

由北姑射山再往南三百里有座山,名叫南姑射山,这座山寸草不,但有很多水。

碧山

【原文】

又南三百里,曰碧山,无草木,多大蛇,多碧、水玉。

【译文】

由南姑射山再往南三百里有座山,名叫碧山,这座山上光秃秃的,没有草木生长,有很多巨蛇,还有很多青碧色的玉石和水晶石。

缑氏山　姑逢山

【原文】

又南五百里,曰缑氏之山[1],无草木,多金玉,原水出焉,东流注于沙泽。

又南三百里,曰姑逢之山[2],无草木,多金玉。有兽焉,其状如狐而有翼,其音如鸿雁,其名曰獙獙[3],见则天下大旱。

獙獙

【注释】

①缑氏之山,古山名。传说王子乔在此修道成仙。《五藏山经传》卷四:"山在陕川郡东,有水东北流入瓠卢河东南注海。"

②姑逢之山,《五藏山经传》卷四:"乐安县北之无木山也。有水东南流,会北自南原府来之水,其水西一源,东二源,左右交流而南会无木山水,大形肖妇人后顾前指之状,故曰姑逢。"

③獙獙,传说中的一种怪兽。

【译文】

从碧山再往南五百里的地方,有座山名叫缑氏山。这座山上光秃秃的,寸草不生,但蕴藏有丰富的金矿石和玉石。原水就发源于这座山,流出山涧后便向东流去,汇入沙泽。

缑维氏山南邻姑逢山,相距三百里。这座山上光秃秃的,没有一草一木,但蕴藏有丰富的金矿石和玉石。这座山上有一种兽,身形似狐狸,但长有一对翅膀,叫声似大雁,它名叫獙(bì)獙。这种兽一旦出现,天下便将有严重旱灾发生。

獙獙

獙獙　清·汪绂图本

兇丽山

【原文】

又南五百里,曰兇丽之山①。其上多金、玉,其下多箴石。有兽焉,其状如狐而九尾、九首、虎爪,名曰蛊蛭^②,其音如婴儿,是食人。

【注释】

①凫丽之山,古山名。《五藏山经传》卷四:"晋江出咸阳郡西,西南流环曲而东,受西北一小水,象凫尾接上屈,故名凫丽。丽,俪也。"

②蛊蛭:神话传说中的兽名。

蛊侄

蛊侄 清·汪绂图本

【译文】

姑逢山南邻凫丽山,相距五百里。这座山的山巅有很多金矿石和玉石,山坡下有很多可用来制成石针的箴石。岛丽山上有一种野兽,身形似狐,但长有九只尾巴和九只脑袋,爪似虎,这种兽名叫蛊蛭。它的吼叫声像婴儿啼哭,它还是一种吃人兽。

硬山

【原文】

又南五百里,曰硬山。南临硬水,东望湖泽。有兽焉,其状如马,而羊目、四角、牛尾,其音如獋狗,其名曰峳峳,见则其国多狡客。有鸟焉,其状如凫而鼠尾,善登木,其名曰絜钩,见则其国多疫。

【译文】

从凫丽山再往南五百里的地方,有座山叫碅(zhēn)山。这座山南边濒临碅水,往东可以远眺湖泽。山上有一种野兽,身形似马,但眼睛似羊,角有四只,尾巴似牛,吼声似狗叫。这种野兽名叫峳峳(yōu 音攸)。这种野兽一旦出现在哪里,那个国家就会有奸臣出现。碅山还有一种鸟,身形似凫,尾巴似鼠,擅长攀援树木,它名叫絜钩。这种鸟一旦出现在哪里,那个国家将会发生瘟疫。

峳峳　清·汪绂图本　　　　　　　絜钩　明·胡文焕图本

总观

【原文】

凡东次二经之首,自空桑之山至于碅山,凡十七山,六千六百四十里,其神状皆兽身人面载觡。其祠:毛用一鸡祈,婴用一璧瘗。

兽身人面神   兽身人面神   清·汪绂图本

【注释】

①骼:骨角,多指麋鹿等动物头上的角。

【译文】

纵观《东次二经》这一山系,从空桑山到礍山,共十七座山,沿途六千六百四十里。这些山神都是兽身人面,头部长着麋鹿那样的角。祭祀这些山神的礼仪是:用一只完整的鸡作供品,把一块精美的玉石埋入地下。

【鉴赏】

东山二经即东部山区第二条山脉的考察记录,共记述有 17 座山,5 条河流,11 处地望,16 处矿物,5 处植物,17 处动物,当地居民供奉兽身人面、头戴麋鹿角之神。

东山二经诸山位于东山一经诸山的东面,食水发源于东山一经的第一座山,因此作为东山二经第一座山的空桑山"北临食水",也就表明其位于东山一经第一座山楸蛛山的东面，具体来说即在今日山东淄博附近，可惜当初的沮吴、沙陵、湝泽等标志性地望今已难确指了。

本章第 1 节记述的是空桑山，而北山三经第 33 节亦有一座空桑山。空桑或指空心桑树，相传帝颛顼、尹伊、孔子均出生于空桑之中。空桑亦指地名，《楚辞·大司命》"君回翔兮以下，逾空桑兮从女"，《淮南子·本经训》"舜之时，共工振滔洪水，以薄空桑"所述之空桑，通常认为指鲁地之空桑。在先夏时期和中国先秦古籍里，空桑、穷桑、三桑都是著名的地名。穷桑为少昊族聚集地，《尸子》记有："少昊金天氏邑于穷桑，日五色，互照穷桑。"《拾遗记》则谓"西海之滨，有孤桑之树，直上千寻，叶红椹紫，万岁一实，食之后天而老"，此孤桑即名为穷桑，少昊生于此地故号穷桑氏。从字意来说，空桑与穷桑有相近之处，而三桑的标志性特点"无枝"，显然这也是空桑、穷桑之意。

第 5 节葛山首位于第 4 节葛山尾的南面，表明两者为南北向的连麓之山，而且以南方为首。今日长江以北的安徽和江苏境内有许多湖泽，例如巢湖、瓦埠湖、城东湖、骆马湖、洪泽湖、高邮湖等等，葛山首澧水流入的余泽或即上述湖泽之一。

特别值得注意的是第 6 节余峨山记载的犰狳，这种动物在中国已经绝迹，而仍然生存在美洲等地。英国著名学者李约瑟撰写和主编的《中国科学技术史》第七卷，首先用中文撰稿并印行，书名为《中国古代动物学史》（1999 年，科学出版社），该书第 78 页指出："《山海经》是中国最古老的、最有权威的、明确记载山川地理、自然资源（矿物、动物、植物）、民族活动和分布等的科学巨著。从时间上看，其中史实当在公元前 30 世纪左右的事物、人物及其活动……《山海经》中所叙述 291 种动物，皆是中国现在仍存在的动物，少数虽然绝迹，但仍存在于其他大陆或邻近，如斑马、麟、犰狳、蜂鸟等。依此看来，《山海经》所总结的动物学知识是中国最早的最有系统的动物学，描述它们的形态、特征和活动，时代和内容当早于另一经典著作《尔雅》。"

第8节耿山的怪兽朱獳,与形容人的身材特别矮小的侏儒,两词的字形相似,字音完全相同。在古代,畸形人或畸形动物往往被视为怪异,而怪异的事物又往往能够引起人们的恐惧或好奇。在这种心理的控制下,人们往往认为畸形人或畸形动物具有某种特异功能,而一些正常的人出于某种目的也会把自己装扮得怪异起来,甚至会把原本正常的人"加工"成怪异的人。

第10节姑射山、第11节北姑射山、第12节南姑射山,三山相随排列,在《海内北经》中统称为列姑射,亦即《庄子·逍遥游》的藐姑射山。所谓北姑射山"水行三百里,流沙百里"云云,应指海中岛屿。今日连云港市的云台山、孔望山、石棚山、锦屏山,其主峰海拔625米,原为黄海中一列孤岛,大约在清康熙五十年(公元1711年)才与大陆相连。其中锦屏山有著名的将军崖岩画,在15米高、22米长的平整黑亮的岩体上,采用敲凿、磨刻等技法,刻绘有人面、鸟兽、日月、星云、农作物等内容的图案和符号,农作物的种类多达13种,附近还有祭祀用巨石两块,刻制时代在先夏时期。

第17节埋山的怪兽峳峳的出现预兆当地"多狡客",这是一种非常有趣的说法,涉及人类何时开始撒谎的问题。一般来说,撒谎起源于伪装,伪装起源于化装,而化装是人类的特长之一。这是因为,人类能够使用身外之物来装扮自己,主要包括绘身和服饰,也涉及工具和武器的使用,特别是利用火来恐吓驱赶野兽。不过,人与人日常交往之间的撒谎以及言而无信行为,在我国似乎是春秋战国时期才开始多了起来。此外,狡客也可以指能言善辩的说客和见多识广的旅游者,或许峳峳正是他们游走四方的坐骑。

三、东次三经

【导读】

东次三经记述了九座山,大致位于东次二经所记之山列的东面,这些山的具体位置都难以确定。有人认为,东次三经系燕昭王(? —前279年)时派人入海寻找海上三座仙山——蓬莱、方丈、瀛洲的考察记录。

东次三经篇幅很短,所记怪兽怪鱼亦很少,仅有形状如麋而鱼目的婴胡和形状如鲤而六足鸟尾的鲐鲐鱼两种。

尸胡山

【原文】

《东次三经》之首,曰尸胡之山,北望羊羊山,其上多金玉,其下多棘。有兽焉,其状如麋而鱼目,名曰婴胡,其鸣自叫。

【译文】

《东次三经》记述的东山第三列山系的最北端的山,名叫尸胡山,这座山往北可远眺殍山,尸胡山上有很多金矿石和玉石,山下有很多荆棘。尸胡山上有一种野兽,其身形似麋鹿,眼似鱼,它名叫婴胡,其叫声就像是在叫喊自己的名字。

婴胡　　　　　　　　　　　婴胡　明·蒋应镐绘图本

岐山

【原文】

又南水行八百里,曰岐山[1],其木多桃李,其兽多虎。

【注释】

[1]岐山:山名。在今陕西岐山。

【译文】

由尸胡山再往南经八百里水路,就到了岐山,山上生长着很多桃树和李树。出没的野兽主要是虎。

诸钩山

【原文】

又南水行七百里,曰诸钩之山,无草木,多沙石。是山也,广员百里,多鲦鱼①。

【注释】

①鲦鱼:鱼名,又称为鲢鱼、嘉鱼。

【译文】

由岐山再往南经七百里水路,就到了诸钩山,这座山上光秃秃的,寸草不生,遍地都是沙子和石头。这座山方圆百里,山中有水,水中有很多鲦鱼。

中父山

【原文】

又南水行七百里,曰中父之山,无草木,多沙。

【译文】

由诸钩山再往南经七百里水路,就到了中父山,这座山上光秃秃的,遍地沙石,寸草不生。

山海经诠解

《山海经》原典鉴赏

胡射山

【原文】

又东水行千里,曰胡射之山,无草木,多沙石。

【译文】

由中父山再往东经一千里水路,就到了胡射山,这座山很荒凉,没有一草一木,遍地都是沙子和石头。

孟子山

【原文】

又南水行七百里,曰孟子之山,其木多梓①桐,多桃李,其草多菌、蒲②,其兽多麋鹿。是山也,广员百里。其上有水出焉,名曰碧阳,其中多鱣、鲔③。

鱣

【注释】

①梓:梓树,又名河楸、花楸,落叶乔木,树冠倒卵形或椭圆形,树皮褐色或黄灰色,纵裂或有薄片剥落,嫩枝和叶柄被毛并有黏质。

②菌:孢子植物的一大类,没有茎和叶,不开花,不含绿叶素,不能自己制造养料,营寄生生活。蒲:蒲草,即香蒲。其茎叶可供编织用。

③鳣:鳣鱼,鲟鳇鱼的古称,无鳞,肉质黄色。鲔:鲔鱼,鲟鱼和鳇鱼的古称。色青黑,头小而尖,似铁兜鍪,口在额下,其甲可以磨姜,大者不过七八尺,大者为王鲔,小者为叔鲔。

蒲

鲔

【译文】

由胡射山再往南经七百里水路,就到了孟子山,山上主要生长着梓树、桐树、桃树、李树以及菌类植物和蒲草,生长的野兽主要是麋鹿。这座山方圆达百里。山上有水流出,这就是碧阳水,水中有很多鳣鱼和鲔鱼。

跂踵山

【原文】

又南水行五百里，曰流沙。行五百里，有山焉，曰跂踵之山，广员二百里，无草木，有大蛇，其上多玉。有水焉，广员四十里皆涌，其名曰深泽①，其中多蠵龟②。有鱼焉，其状如鲤，而六足鸟尾。名曰鮯鮯之鱼，其鸣自叫。

【注释】

①深泽，《五藏山经传》卷四："山之南为连山县，山西有泥山城，有小水西入向江，即深泽。"

②蠵龟，一种大龟，古代称"灵龟"，龟甲上有纹彩。长约一米，背面褐色，腹面淡黄。头顶有两对前额鳞，嘴钩状。分布在我国广东、台湾、浙江、江苏、山东沿海及太平洋热带和亚热带海中。卵可食，脂肪和甲也可以食用。

③鮯鮯鱼，古代传说中的一种鱼。

鮯鮯鱼

鮯鮯鱼　明·蒋应镐绘图本

【译文】

从孟子山再往南行五百里水路，是一片流沙，再向前五百里，有座山叫跂踵山。这座山方圆二百里，没有花草树木，山中有很多大蛇，山上有很多精美的玉石。这里有一水泽，方圆四十里，都有水从地下喷涌而出，这个大泽名叫深泽。泽水中有很多蠵龟。水中还有一种鱼,形状像鲤鱼,但长有六只脚,还有类似鸟一样的尾巴。这种鱼名叫鲐鲐鱼,这种鱼的叫声,就像是在呼喊自己的名字。

踇隅山

【原文】

又南水行九百里,曰踇隅之山①,其上多草木,多金玉,多赭。有兽焉,其状如牛而马尾,名曰精精,其鸣自叫。

精精

【注释】

①踇隅之山,古山名。吕调阳校作"踇禺之山",《五藏山经传》卷四:"尸胡南也。荣城以东海岸参差象狒狒迅走踵反,故曰踇禺。"

【译文】

从跂踵山再往南行九百里水路，就到了踇隅山。山上草木茂盛，盛产金属矿物和玉石，还有很多赭石。山中有一种野兽，形状像牛，但尾巴似马尾，这种野兽名叫精精，它的叫声就像是在呼喊自己的名字。

精精

精精　清·汪绂图本

无皋山

【原文】

又南水行五百里，流沙三百里，至于无皋之山[1]。南望幼海[2]，东望榑木[3]。无草木，多风。是山也，广员百里。

【注释】

①无皋之山，《五藏山经传》卷四："今自鸭绿江口循海西南百八十馀里得沙河口，又五十里大庄河合沙河来入，又百四十里经水口四至大沙河口，又三

十里至澄沙河口,此二百馀里中海中小岛十有九傍岸,皆沙浅,又百三十里讫旅顺城曰无皋之山,即《北次三经》云'鸡号之山'也。无皋,小儿号乳也,象形。"

②幼海,郭璞曰:"即少海也。"

③樽木,即扶桑,古代传说中的神木,据说太阳是从这里升起。

【译文】

从蹲隅山再往南行五百里水路,再行三百里流沙,就到了无皋山了。从山上向南可以远眺幼海,向东可以看见扶桑。无皋山上没有花草树木,山顶狂风怒吼。这座山,占地广阔,方圆百里。

总观

【原文】

凡东次三经之首,自尸胡之山至于无皋之山,凡九山,六千九百里。其神状皆人身而羊角。其祠:用一牡羊①,米用黍②。是神也,见则风雨水为败。

注释

①牡羊,鸟兽的雄性。

②黍,一种谷物,种子呈白色、黄色或褐色,性粘或不粘,可以食用或酿酒。现北方人俗称黄米子。

【译文】

纵观《东次三经》这一山系,从尸胡山起到无皋山,共九座山,沿途六千九百里。这些山神都是人身但头上长着羊角。祭祀这些山神的礼仪是,用一只公羊,精米作供品。这些山神一旦出现,就会发生风灾、雨灾、水灾,破坏田里的庄稼。

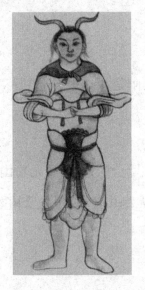

人身羊角神

人身羊角神　清·汪绂图本

【鉴赏】

东山三经即东部山区第三条山脉的考察记录,共记述有9座山,1条河流,4处地望,9处矿物,10处植物,9处动物。当地居民供奉人身羊角图腾神,该神具有"风雨水为败"(意思是平息狂风暴雨)之神力,显然这是海岛多台风所需要的。

在《五藏山经》所有26条山脉里,只有东山三经诸山之间全部被水分隔,要走水路相通,这表明它们都是岛屿。按照《五藏山经》26条山脉的排列规律,东山三经诸山应在东山二经诸山的东面,按方位东山三经的前几座山当在今日山东半岛的胶莱平原一带。但是,东山三经诸山彼此都被海水分隔,而今日山东半岛并无此种地貌景观,这使许多《山海经》研究者都大惑不解。

其实,根据中国地图出版社1984年出版的《中国自然地理图集》一书"华北平原的成长图"可知,在距今4200年前至7400年前(或更早一些)之间,华北平原的海岸线比今日靠西许多,山东半岛尚被海水分隔,从胶州湾到莱州湾的胶莱平原乃是一片汪洋。也就是说,先夏时期的胶莱平原实际上被海水淹没,其中的高地则出露海平面成为岛屿,东山三经描述的正是那个时代的地形景观。由于东山三经记述的地理地貌实际上符合4200年以前的自然环境,这就表明《五藏山经》是有着实测依据的,只是由于沧海桑田变化而不为后世学者所知。

进一步说,本章第6节孟子山"是山也,广员百里",表明孟子山是一座方圆百里的海岛,约折合1000—2500平方公里。广员又称广轮、广袤、广运、幅陨,古人以东西为广、南北为轮,《周礼·地官·大司命》:"以天下土地之图,周知九州之地域广轮之数。"有趣的是,孟子山发源的水名叫"碧阳",很像是瀑布的写照。

第7节跂踵山方圆二百里,山上的涌泉方圆四十里,很像是火山天池的水向外溢出;当地出产大蛇和甲壳上有文采的大龟,以及形貌有特色的鮯鮯鱼。

第9节无皋山可能位于日本列岛的鹿儿岛或琉球群岛附近。无皋山向南远望的"幼海"即琉球群岛以南的太平洋,无皋山向东远望的"榑木"即扶桑,而扶桑通常可指日本诸岛。

根据东山三经的记载,表明帝禹时代的中国人曾经实地考察过中国东部的渤海、黄海和东海上的诸多岛屿。这是中国人在公元前进行的跨越大海的地理大发现,对人类社会的发展作出了重大贡献。

四、东次四经

【导读】

东次四经记述了位于中国东部的八座山,几乎所有山的具体位置都难以考定，但它们大致在今山东、河北、江苏境内。

东次四经篇幅很短，记述的山也很少，但几乎每座山上或与之相关的水域中都有一种怪异的动物，如在发源于东始山的泚水中，有一种一首而十身的茈鱼；在剡山中，有一种形状如猪而人面的合窳；在太山中，有一种形状如牛、一目而蛇尾的蜚；等等。

北号山

【原文】

又《东次四经》之首，曰北号之山，临于北海。有木焉，其状如杨，赤华，其实如枣而无核，其味酸甘，食之不疟①。食水出焉，而东北流注于海。有兽焉，其状如狼，赤首鼠目，其音如豚，名曰猲狙，是食人。有鸟焉，其状如鸡而白首，鼠足而虎爪，其名曰鬿雀，亦食人。

獦狙

獦狙　清·汪绂图本

【注释】

①疟:疟疾。

【译文】

《东次四经》记述的东部第四列山系最北端的山名叫北号山,这座山濒临北海。山上生长有一种树木,其形状似杨树,花是红色的,果实似枣,但果实里没长核,味道酸中带甜,吃了这种果实就可以防治疟疾。食水就发源于北号山,从山涧流出后便向东北流入大海。北号山上有一种野兽,其身形似狼,脑袋是红色的,眼睛似鼠,不时发出如小猪一样的叫声,这种野兽名叫獦狙,是一种吃人兽。北号山上还生长有一种鸟,其身形似鸡,脑袋是白色的,脚似鼠,爪子似虎,这种鸟名叫蚼雀,也吃人。

㫌山

【原文】

又南三百里,曰㫌山,无草木。苍体之水出焉,而西流注于展水,其中多鱃鱼①,其状如鲤而大首,食者不疣。

【注释】

①鳝鱼:鳅鱼、泥鳅。身体像蛇而无鳞,黄褐色,有黑色斑点。生活在水边泥洞里。

【译文】

由北号山再往南三百里有座山,名叫旄山,这座山上连一棵草都没有,光秃秃的。苍体水就发源于这座山,流出山涧后便向西流入展水,苍体水中有很多鳝鱼,这种鱼形似鲤鱼,鱼头较大,人吃了这种鱼就不会长赘疣。

鳝鱼

鳝鱼　清·汪绂图本

东始山

【原文】

又南三百二十里,曰东始之山,上多苍玉。有木焉,其状如杨①而赤理,其汁如血,不实,其名曰芑②,可以服马。泚水出焉,而东北流注于海,其中多美贝③,多茈鱼④,其状如鲋⑤,一首而十身,其臭如蘪芜⑥,食之不糟。

【注释】

①杨:杨树,落叶乔木,木材供制器物及造纸等用。

②芑:木名,枸杞。

③美贝:好看的贝类。

④茈鱼:神话中的鱼名,身体为紫色。

⑤鲋:鲫鱼。

⑥麋芜:蘼芜,一种香草,叶有香气。

茈鱼 清·汪绂图本

【译文】

由㢉山再往南三百二十里有座山,名叫东始山,东始山上有很多苍玉。山上生长有一种树木,其形状似杨树,纹理是红色的,从树干中流出的汗似血样,这种树没有果实,树名叫杞,流出的树汁可以用来涂在马身上以使马驯服。泚水就发源于这座山,流出山涧后便向东北流入大海,泚水中有很多壳纹好看的贝,还有一种紫色的鱼,形似鲋鱼,长有一只脑袋却有十个身子,身上散发出一种香气,人吃了这种鱼可以不屁。

女烝山

【原文】

又东南三百里,曰女烝之山,其上无草木,石出焉,而西流注于鬲水,其中多薄鱼①,其状如鳝鱼而一目,其音如欧②,见则天下大旱。

【注释】

①薄鱼:传说中的一种鱼名,像鳝鱼,只有一只眼睛,叫声就像人呕吐

薄鱼

一样。

②欧：呕吐。

【译文】

由东始山再往东南三百里有座山，名叫女烝山，这座山上光秃秃的，没生长一草一木，石膏水就发源于这座山，流出山涧后便往西流入鬲水。石膏水中有很多薄鱼，其形状很像黄鳝，但只长有一只眼睛，不时发出如人呕吐的声音，只要它出现天下就会发生大旱。

薄鱼

薄鱼 明·蒋应镐绘图本

钦山

【原文】

又东南二百里,曰钦山,多金玉而无石。师水出焉,而北流注于皋泽①,其中多鳡鱼,多文贝。有兽焉,其状如豚而有牙②,其名曰当康,其鸣自叫,见则天下大穰。

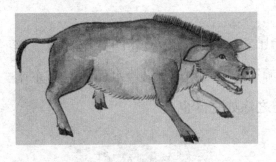

当康

当康 明·胡文焕图本

【注释】

①皋泽,《五藏山经传》卷四:"皋泽即泰泽,河水浑流,所潴多涂也。"
②牙,这里是指露出唇外的獠牙锯齿。

【译文】

从女蒸山再往东南二百里的地方,有座山叫钦山。山上遍布着五光十色、色彩斑斓的金属矿物和美玉,但没有普通的石头。师水是从这座山流出,然后向北流入皋泽湖,师水中生长着很多鳡鱼,还有很多色彩绚丽的贝壳。山中有一种野兽,形状像小猪,却长着锋利的牙齿,它的名字叫当康,它的叫声就像在呼喊自己的名字,这种野兽一旦出现,天下就将五谷丰登。

子桐山

【原文】

又东南二百里,曰子桐之山①。子桐之水出焉,而西流注于馀如之泽。其中多鲭鱼②,其状如鱼而鸟翼,也入有光,其音如鸳鸯,见则天下大旱。

【注释】

①子桐之山,吕调阳校作"辛桐之山。"《五藏山经传》卷四:"辛梓通。梓桐,琴材也,因钦山为义。山为嫒河东源所导,西南会分水岭水而西南而东南入鸭绿江注海,海自口南东曲为大渚谓之馀如之泽也。"

鲭鱼

鲭鱼　清·汪绂图本

②鲭鱼,古代传说中的一种鱼,这种鱼长着翅膀,能飞出水面,还能发光,是一种奇特的发光的飞鱼。

【译文】

从钦山再往东南二百里的地方,有座山叫子桐山。子桐水是从这座山流出,然后向西流入馀如泽。子桐水中有很多鲭鱼,形状长得像鱼,但又有鸟的翅膀,在水面忽出忽入,闪闪发光,它的叫声,好似鸳鸯在啼叫。这种鱼一旦出现,预示着丽水稀少,天将大旱。

剡山

【原文】

又东北二百里,曰剡山[1],多金玉。有兽焉,其状如彘而人面,黄身而赤尾,其名曰合窳[2],其音如婴儿。是兽也,食人,亦食虫蛇,见则天下大水。

【注释】

[1]剡山,古山名。《五藏山经传》卷四:"今在哈达河,南岸尽峰也,北岸即哈达城,并因山为名。"

[2]合窳,古代传说中的一种怪兽。

合窳

合窳　清·汪绂图本

【译文】

从子桐山再往东北二百里的地方,有座山叫剡山,山上蕴藏着丰富的金矿和玉石。山中有一种野兽,形状像猪却长着一幅人的面孔,全身金黄又长着一条红色的尾巴,名叫合窳,这种野兽会吃人,也会吃虫子和蛇。它的出现,预示着雨水增多,天下将发生洪涝灾害。

太山

【原文】

又东二百里,曰太山①,上多金玉、桢木②。有兽焉,其状如牛而白首,一目而蛇尾,其名曰蜚。行水则竭,行草则死,见则天下大疫。钩水出焉,而北流注于劳水,其中多鱼鳝。

蜚

【注释】

①太山,《五藏山经传》卷四:"山为小潦西源,库鲁河所出,北会赫尔苏河、雅哈河,屈西南注潦水,象钩形。"

②桢木,即女桢,一种灌木,四季常青,其籽可以入药。

【译文】

从剁山再往东二百里的地方,有座山叫太山。山上遍布灿灿的金属矿物和精美的玉石,生长着茂密的桢树。山中有一种野兽,形状像牛,白色的脑袋,一只眼睛和蛇一样的尾巴,名字叫蜚。这是一种不祥之物,它在水中行走,水便会干涸;它在草中行走,草便会枯死;它一旦出现,天下就会发生大瘟疫。钩水从这座山流出,然后向北流入劳水,钩水中有很多鱼鳝。

蜚　清·汪绂图本

总观

【原文】

凡东次四经之首，自北号之山至于太山，凡八山，一千七百二十里。

右东经之山志，凡四十六山，万八千八百六十里。

【译文】

纵观《东次四经》这一山系，从北号山到太山，共八座山，沿途一千七百二十里。

以上是东部山系的记录，共四十六座山，沿途一万八千八百六十里。

【鉴赏】

东山四经即东部山区第四条山脉的考察记录，共记述有 8 座山，7 条河流，7 处地望，7 处矿物，3 处植物，13 处动物。遗憾的是，原文缺失有关当地居民供奉图腾神及其祭祀仪式的内容。

东山四经所述山脉位于东山三经的东面，按方位大体在今日胶莱平原以东的山东半岛上，这一区域北有艾山，南有崂山，西有大泽山，东有昆仑山，本章第 1 节北号山或即今日的艾山，其主峰海拔 814 米，附近的栖霞县和招远县以出产黄金闻名。北号山所临之北海、食水向东北流入之海，均指渤海；这里的食水与东山一经的食水，同名而异流。当地多食人的鸟兽，表明生存环境比较险恶。

第 3 节东始山顾名思义是最东的一座山，但是在现存东山四经里，它位于旄山的南面。山东半岛的最东端名叫成山头，当年秦始皇东巡，曾两次登成山头东望，希冀着拓疆东海。东始山的杞树分泌物像血一样红，用这种树汁涂抹在马的身上，马就更容易被调服；据此，当地应当出产马，而且已经被人驭使。

第 4 节女烝山的"烝"字有火气上行、众多或美好之意，与蒸字可互用。该山名女烝山，所出之水又名石膏水，而烧石灰时有白烟缭绕，生石灰遇水也会放热冒出白气，因此，表明当地人已经在烧石灰、制石膏了。当地有一种薄鱼"其音如欧"，郭璞注谓："如人呕吐声也。"其实，薄鱼发出的是类似海鸥的叫声，表明薄鱼可能是一种类似海鸥的海鸟，当它们出现的时候，预兆着将发生大旱灾。

第 5 节钦山只有金玉却没有石头，而钦有恭敬之意，表明这是一座祭台，或者此山因有祭台而得名，祭祀的主神即当康。当康的样子像小猪，它的出现则意味着农业大丰收。显然，当康是农作物保护神，它实际上是由巫师装扮或制作成的。所谓"其状如豚而有牙"，猪本有牙，没有必要特意提及。因此"有牙"二字可能是指有伸出嘴外的獠牙，例如非洲疣猪就有两个横出的獠牙。或者"有牙"原作"有珠"，即用珠玉装饰当康，类似东山一经第 11 节泰山的狪狪"其状如豚而有珠"。

第 8 节太山的蜚，看起来像是一种体形较大专干坏事的动物，走到水面上鱼虾就死光，走在草木上草木就枯败，到处散布瘟疫。其实，它仍然可能是巫师装扮的瘟疫神，或者是当地居民供奉的瘟疫神。一般来说，古人对待所供之神有两种态度，一种是向神跪拜祈求，人要服从神的意愿；另一种是对神驱逐训斥，以强迫神服从人的意愿。

有必要指出的是，在《五藏山经》里，《北山经》、《西山经》、《中山经》的文字内容相对保存得比较完整，而《东山经》和《南山经》的地理方位考证就要困难许多。正如徐旭生先生在《读山海经札记》一文（《中国古史的传说时代》，文物出版社，1985年）中指出："惟《南山经》与《东山经》所载，困难甚多。盖古今异名，未可详考。"

中山经第五

《中山经》自中山一经至中次十二经，共十二篇，记载了位于中国中部的一系列山，发源于这些山的河流和在这些山上生长的动物、植物及其形状、特点，出产的矿物，以及与这些山和水有关的神、历史人物，掌管这些山的山神的形状、祭祀这些山神的方法等。《中山经》是《山海经》的五篇山经中内容最多的一篇，共记载了一百九十七座山，它们位于今河南、山西、陕西、四川、重庆、安徽、湖北、湖南、江西境内，其中三分之一左右的山的具体位置可以确定。

一、中山一经

【导读】

中山一经记述了位于中国中部的十五座山，它们基本上在今山西境内，且大部分山的具体位置都可以确定。

中山一经中无奇禽怪兽及怪鱼之类，但记载了不少动植物及其药用价值。如有一种豪鱼，吃了可以治疗白癣；有一种名叫麙的兽，吃了它的肉可治疗颈上的大瘤子；有一种鬼草，吃了能使人忘掉忧愁；有一种名叫雕棠的植物，吃了可以治疗耳聋；有一种栃木，吃了它的果实可以增强记忆力；等等。

薄山　甘枣山

【原文】

《中山经》薄山之首，曰甘枣之山，共水出焉，而西流注于河。其上多枏木。其下有草焉，葵本而杏叶①。黄华而荚②实，名曰箨，可以已瞢③。有兽焉，其状如𤟤鼠而文题，其名曰𪊨，食之已瘿④。

【注释】

①杏叶：杏树的叶子。

②荚:豆科植物的长扁形之果实,由一个皮壳构成,通常在成熟时裂开为两片。

③瞀:眼目不明。

④瘿:生在皮肤、肌肉、筋骨等处的肿块。

誰

誰　明·蒋应镐绘图本

【译文】

《中山经》记述的中山第一列山系为薄山山脉,薄山最西端的山名叫甘枣山,共水就发源于这座山,流出山涧后便向西流入黄河。甘枣山上生长有很多枏树。山坡下生长有一种草,草茎似葵草,叶似杏叶,开黄花,结荚果。这种草名叫箨,可以用来医治眼睛昏花看不清。山上还生长着一种野兽,其形状似鼣鼠,额头上有花纹,名叫誰,人吃了它可以医治瘿病。

历儿山

【原文】

又东二十里,曰历儿之山,其上多橿,多枥木,是木也,方茎而员叶,黄华而毛,其实如楝①,服之不忘②。

【注释】

①楝:楝树,又叫"苦楝"。落叶乔木,花淡紫色,果实椭圆形黄褐色,果实

和根皮均可供药用。木材可供建筑及制器具等用。

②忘：健忘。

【译文】

由甘枣山往东二十里有座山,名叫历儿山,历儿山上生长有很多橿树,还生长有一种名叫枥木的树,这种树的树干是方柱形的,叶子圆圆的,开出的花朵是黄色的,表面还有一层绒绒的细毛,结出的果实似楝子,人吃了它可医治健忘症。

渠猪山

【原文】

又东十五里,曰渠猪之山,其上多竹,渠猪之水出焉,而南流注于河。其中是多豪鱼①,状如鲔,赤喙尾赤羽,可以已白癣②。

豪鱼

豪鱼　清·汪绂图本

【注释】

①豪鱼：神话传说中的一种鱼。

②白癣:亦称"蛀毛癣"或"白秃",由皮肤感染真菌引起的一种疾病。

【译文】

由历儿山往东十五里有座山,名叫渠猪山,渠猪山满山都是竹子,渠猪水就发源于这座山,流出山涧后便往南流入黄河。渠猪水中有很多豪鱼,这种鱼的形状似鲔鱼,但嘴巴是红色的,尾巴上还长有红色的羽毛,这种鱼可以用来医治白癣病。

葱聋山

【原文】

又东三十五里,曰葱聋之山,其中多大谷,是多白垩①,黑、青、黄垩。

【注释】

①垩:土。

【译文】

由渠猪山再往东三十五里有座山,名叫葱聋山,葱聋山沟谷纵深,谷中有很多白色的土,还有很多可用作颜料的黑色、青色和黄色的土。

凄山

【原文】

又东十五里,曰凄山,其上多赤铜①,其阴多铁。

【注释】

①赤铜:指纯铜,也称红铜、紫铜。

【译文】

由葱聋山再往东十五里有座山,名叫涹山,山巅蕴藏有丰富的赤铜矿,山的北坡蕴藏有丰富的铁矿。

脱扈山

【原文】

又东七十里,曰脱扈之山。有草焉,其状如葵叶,而赤华,荚实,实如棕荚①,名曰植楮,可以已瘑②,食之不眯。

【注释】

①棕荚:棕榈树的果实。

②瘑:忧郁病或瘰疮。

【译文】

由涹山再往东七十里有座山,名叫脱扈山。山上生长有一种草,其形似葵草,而且开红花,结荚果,荚果似棕树的荚果,这种草名叫植楮,可用来医治鼠疡,吃了它可以不做噩梦。

金星山

【原文】

又东二十里,曰金星之山,多天婴,其状如龙骨①,可以已痤②。

【注释】

①龙骨:相传埋有死龙的骨骼之上长出来的植物叫作龙骨。
②痤:痤疮,一种皮肤病,为米粒大黄白色的锥形丘疹。

【译文】

由脱扈山再往东二十里有座山,名叫金星山,山上生长有很多天婴,它形似龙骨,可以用来医治痤疮。

泰威山

【原文】

又东七十里,曰泰威之山。其中有谷,曰枭谷,其中多铁。

【译文】

由金星山再往东七十里有座山,名叫泰威山。这座山中有个谷,名叫枭谷,枭谷中蕴藏有丰富的铁矿石。

檀谷山

【原文】

又东十五里,曰檀谷之山。其中多赤铜。

【译文】

由泰威山再往东十五里有座山,名叫檀谷山。山上蕴藏有丰富的赤铜矿。

吴林山

【原文】

又东百二十里,曰吴林之山,其中多蕳草①。

【注释】

①蕳草:茅草,一说"蕳"通"蕳",则蕳草即为兰草。

【译文】

由檀谷山再往东一百二十里有座山,名叫吴林山,山上生长着很多兰草。

牛首山

【原文】

又北三十里,曰牛首之山。有草焉,名曰鬼草,其叶如葵而赤茎,其秀如

禾^①,服之不忧。劳水出焉,而西流注于滫水,是多飞鱼,其状如鲋鱼,食之已
痔衕^②。

飞鱼

【注释】

①秀:指谷物或植物吐穗开花。禾:古代指粟,即今之小米。

②痔:痔疮,一种肛管疾病。衕:腹泻。

【译文】

由吴林山再往北三十里有座山,名叫牛首山。山上生长有一种草,名叫
鬼草,这种草的叶似山葵草,草茎是红色的,开出的花似禾类植物的花,用这
种草入药,吃了可以消除忧郁。劳水就发源于这座山,流出山涧后便向西流
入滫水,劳水中有很多飞鱼,这种鱼形似鲋鱼,吃了这种鱼可以治愈痔疮和
腹泻。

霍山

【原文】

又北四十里,曰霍山,其木多榖。有兽焉,其状如狸,而白尾有鬣,名曰朏

胐，养之可以已忧。

胐胐

胐胐　清·汪绂图本

【译文】

由牛首山再往北四十里有座山，名叫霍山，霍山上生长的树种主要是构树。霍山上有一种野兽，其形状似狸，但尾巴是白色的，长有鬃毛，这种野兽名叫胐胐，饲养这种动物可以使人消除忧郁。

合谷山　阴山

【原文】

又北五十二里，曰合谷之山①，是多薝棘②。

又北三十五里，曰阴山③，多砺石、文石。少水出焉，其中多雕棠，其叶如榆叶而方，其实如赤菽④，食之已聋。

【注释】

①合谷之山，古山名。《五藏山经传》卷五："在杀虎口。"

②蓍棘,古代植物名。郭璞曰:"未详;音瞻。"

③阴山,古山名。《五藏山经传》卷五:"今晋祠泉所发,在太原县南。"

④赤菽,即红色的小豆。

【译文】

从霍山再往北五十二里的地方,有座山叫合谷山。这座山生长着茂密的蓍棘。

从合谷山再往北三十五里的地方,有座山叫阴山。山中遍布着砺石,还有五彩斑斓的漂亮石头。少水是从这座山流出。山中树木繁茂,尤其是雕棠树最为茂盛,这种树叶与榆树叶相似,但形状是方的,结的果实如同红豆。人们吃了这种果实能够治愈耳聋。

鼓镫山

【原文】

又东北四百里,曰鼓镫之山①,多赤铜。有草焉,名曰荣草。其叶如柳,其本如鸡卵,食之已风。

【注释】

①鼓镫之山,古山名。《五藏山经传》卷五:"今灵丘县西之团山及鼓子山也。"

【译文】

从阴山再往东北四百里的地方,有座山叫鼓镫山,山上盛产赤铜矿。山上有一种草,名字叫荣草,叶子像柳叶,根茎似鸡卵。吃了它可以治愈风寒。

总观

【原文】

凡薄山之首,自甘枣之山至于鼓镫之山,凡十五山,六千六百七十里。历儿,冢①也,其祠礼:毛,太牢之具②;县③以吉玉。其馀十三山者,毛用一羊,县婴用桑封④,瘗而不糈⑤。桑封者,桑主也,方其下而锐其上,而中穿之加金⑥。

【注释】

①冢,坟墓。这里意同"宗",宗主。即众山的宗主。

②具,酒食,这里指祭献的食物。

③县,同"悬";县以吉玉,即要用关玉环绕陈列祭祀。

④县婴用桑封,意即环绕陈列的玉用藻圭。桑封,即桑主之误,藻圭。

⑤瘗而不糈,埋入地下以后就不用精米祀神。

【译文】

纵观中部山系薄山这一山系,从甘枣山到鼓镫山,共十五座山,沿途六千六百七十里。历儿山实际上是诸山的宗主。祭祀历山山神的礼仪是:用完整的牛羊猪作祭品,还用晶莹的玉石做成的器皿。祭祀其他十三座山的山神,祭祀时用一只完整的羊作祭品,玉器用藻珪,将它们埋在地下,祭祀时不用精米。藻珪就是藻玉,这种玉器,上面是尖的,下面是方的,中间有个孔,加上金片作装饰。

【鉴赏】

中山一经的内容早已缺失,其记述的地理方位在今日秦岭南麓汉水、丹水的上游地区。现存郭璞版《山海经》的中次一经是从北次二经亦即北山二经脱落下来的，有关内容可查阅本书北山二经。

众所周知，中国自古就有绘制自然地理图和人文地理图的传统，由于地图具有重要的政治、军事和经济价值，因此许多古图都是历代秘传的。公元前516年，王子朝在争夺周王室继位权的战争中失败，他携带周室典籍投奔楚国，定居在今日河南省的南阳，为了有朝一日重新复位，王子朝将周室典籍秘藏起来。与此同时，王子朝也送给楚国一批见面礼，除了青铜器、珠宝、工匠之外，也包括一些珍贵的图书典籍，其中就有《山海经》。

在春秋战国时期，楚国原本是最有实力能够取代周天子统一天下的诸侯国。但是，自商鞅变法后，秦国异军突起，虎视眈眈欲吞并六国，楚国首当其冲，秦楚成为相邻的敌对国。在这种情况下，秦楚边界的秦岭南麓汉水、丹水上游地区的地图就变成高度的军事机密，而《五藏山经》26条山脉恰恰缺失这一地区的内容。

有鉴于此，我们有理由考虑这样的可能，即楚国为了安全起见，将《中山经》里记述汉水、丹水上游地形地貌的图文内容单独抽出秘藏，从而导致原本中次一经与《五藏山经》脱离并失传。事实上，在先秦诸子中，唯独楚国重臣兼学者、文学家屈原，在其著作《楚辞》中引用《山海经》的内容最多。例如，北山一经的足訾、竦斯，就见于《楚辞·卜居》。

二、中次二经

【导读】

中次二经记述了位于中国中部的九座山，除了鲜山、蔓山、阳山等少数几座山，大部分山的具体位置都难以考定，但它们大致在今河南境内。

中次二经中记述了四种怪异的动物，包括人面虎身的马腹、形状像猪而有角的蜑蚳、形状像蛇而有四翼的鸣蛇和人面豺身而有鸟翼的化蛇。

济山　辉诸山

【原文】

《中次二经》济山之首，曰辉诸之山，其上多桑，其兽多闾麋，其鸟多鹖①。

【注释】

①鹖：鸟名，即鹖鸡、鹖鸟，现在所说的寒号虫。外形如蝙蝠而大。冬眠于岩穴中。睡时倒悬其体。食甘蔗和芭蕉等的汁液。

【译文】

《中经二次》记述的中部第二列山系是济山,济山最东端的山名叫� 辉诸山。辉诸山上生长最多的树种是桑树,出没的野兽主要是山驴和麋鹿,栖息的鸟类主要是鹖。

发视山

【原文】

又西南二百里,曰发视之山,其上多金玉,其下多砥、砺。即鱼之水出焉,而西流注于伊水①。

【注释】

①伊水:伊河。在河南西部。

【译文】

由辉诸山往西南二百里有座山,名叫发视山,发视山上蕴藏有丰富的金矿和玉石,山坡下有很多磨刀石。即鱼水就发源于这座山,流出山涧后便向西流入伊水。

豪山

【原文】

又西三百里,曰豪山,其上多金玉而无草木。

【译文】

由发视山再往西三百里有座山,名叫豪山,豪山上蕴藏有丰富的金矿和玉石,但山上光秃秃的,寸草不生。

鲜山

【原文】

又西三百里,曰鲜山,多金玉,无草木,鲜水出焉,而北流注于伊水。其中多鸣蛇[1],其状如蛇而四翼,其音如磬[2],见则其邑大旱。

鸣蛇

【注释】

①鸣蛇:传说中的兽名,大体如蛇,但有四翼。

②磬:古代乐器,用石或玉雕成,悬挂于架上,击之而鸣。

【译文】

由豪山再往西三百里有座山,名叫鲜山,鲜山上蕴藏着丰富的金矿和玉石。山上光秃秃的,没有一草一木,鲜水就发源于这座山,流出山涧后便向北流入伊水。鲜水中有很多鸣蛇,这种蛇形似蛇但长有四只翅膀,不时发出如击磬的鸣叫声,它一旦出现在哪里,哪里必将有严重旱灾。

鸣蛇

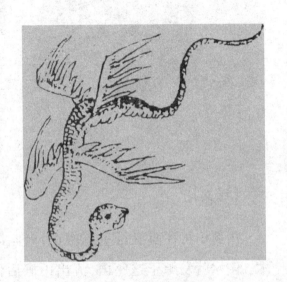

鸣蛇　清·汪绂图本

阳山

【原文】

又西三百里,曰阳山,多石,无草木。阳水出焉,而北流注于伊水。其中多化蛇①,其状如人面而豺②身,鸟翼而蛇行③,其音如叱呼④,见则其邑大水。

【注释】

①化蛇:古神话中的怪兽。

②豺:野兽名,形似犬而残猛如狼,俗名豺狗。

③蛇行:像蛇一样蜿蜒曲折地前进。

④叱呼:呼喝。

化蛇

化蛇　明·蒋应镐绘图本

【译文】

由鲜山再往西三百里有座山,名叫阳山,阳山上满是石头,没有一草一木。阳水就发源于这座山,流出山涧后便向北流入伊水。阳水中有很多化蛇,这种蛇的身形似豺,面孔似人,并长着一对鸟的翅膀,但爬行还是似蛇,不时还发出如人的呵斥声的鸣叫声,它一旦出现在哪里,哪里的百姓就将遭受严重的水灾。

昆吾山

【原文】

又西二百里,曰昆吾之山,其上多赤铜①。有兽焉,其状如彘而有角,其音如号②,名曰蠪蚳,食之不眯。

【注释】

①赤铜:古代传说谓昆吾之山所出的铜,其色如火,质极坚,以铸刀剑,锋

利无比。

②号：号叫，号哭。

蚩蚳

蚩蚳　清·汪绂图本

【译文】

由阳山再往西二百里有座山，名叫昆吾山，昆吾山上蕴藏的矿物主要是赤铜。山上生长有一种野兽，其身形似猪，且长有角，发出的吼叫声似人号哭一般，这种野兽名叫蚩蚳，人吃了它的肉可以医治梦魇症。

蓌山　独苏山

【原文】

又西百二十里，曰蓌山①，蓌水出焉，而北流注于伊水，其上多金玉，其下多青雄黄。有木焉，其状如棠而赤叶，名曰芒草②，可以毒鱼。

又西一百五十里，曰独苏之山③，无草木而多水。

【注释】

①蓌山，古山名。蓌，山名，水名，草名。
②芒草，郭璞注："芒音忘。"这种草，秆直立、粗壮，形状像石楠而叶稀，

有毒。

③独苏之山,吕调阳校作"独鮇之山",《五藏山经传》卷五:"鱼得水苏曰鮇,从禾,尾动如木折末也。伊水之义为死,唯近源处之鸾、交二水东北注伊,似鲜尾,故曰独苏。"

【译文】

从昆吾山再往西一百二十里的地方,有座山叫蓋山,蓋水是从这座山流出,然后向北流入伊水。山上蕴藏着丰富的金矿和玉石,山下有很多石青和雄黄。山上有一种树,形状像棠树,长着红色的叶子,名字叫芒草,鱼吃了这种草会被毒死。

从蓋山再往西一百五十里的地方,有座山叫独苏山,山上没有花草树木,但是溪流纵横,水源丰富。

蔓渠山

【原文】

又西二百里,曰蔓渠之山①,其上多金玉,其下多竹箭②。伊水出焉,而东流注于洛。有兽焉,其名曰马腹,其状如人面虎身,其音如婴儿,是食人。

【注释】

①蔓渠之山,古山名。《五藏山经传》卷五:"伊水源西隔山曰葛蔓谷。其水北流入洛屈曲如蔓,谷中潜通伊源如柜泄流,故曰蔓渠。"

②竹箭,竹的一种,可以制作箭杆,因此称竹箭。

【译文】

从独苏山再往西二百里的地方,有座山叫蔓渠山。山上蕴藏着丰富的金属矿物和玉石,山下到处是小竹丛。伊水是从这座山流出,然后向东流入洛水。山中有一种野兽,名字叫马腹,长着一副人的面孔,虎的身形,形貌奇异,它发出的声音像婴儿啼哭,这种野兽异常凶猛,会吃人。

马腹

马腹　明·胡文焕图本

总观

【原文】

凡济山经之首,自煇诸之山至于蔓渠之山,凡九山,一千六百七十里,其神皆人面而鸟身。祠用毛,用一吉玉,投而不糈①。

【注释】

①投而不糈:投放山间,不用精米。

【译文】

纵观《中次二经》济山这一山系,从煇诸山到蔓渠山,共九座山,沿途一千六百七十里。这些山的山神都人的面孔,鸟的身形。祭祀这些山神的礼仪是,用有毛的牲畜和一块吉玉作祭品,并将这些祭品投放在山上。祭祀时不用精米。

人面鸟身神

人面鸟身神　清·汪绂图本

【鉴赏】

《中山二经》即中部山区第二条山脉的考察记录,共记述有9座山,5条河流,6处地望,14处矿物,3处植物,7处动物,当地居民供奉人面鸟身图腾神。

本章第9节蔓渠山是伊水的发源地,据此可知《中山二经》诸山大体位于今日伊水沿线一带。伊水发源于熊耳山西端与伏牛山西端的交汇处,熊耳山属于秦岭东段支脉之一,它是洛水和伊水的分水岭,主峰金宝山海拔2094米。

第4节鲜山位于伊水的南岸,这里有一种能够预报旱灾的鸣蛇,当它发出像敲击磬石一样的声音时,就意味着这一年将久旱无雨。第5节中阳山与鲜山相邻,当地有一种能够预报水灾的化蛇,当它发出"咪呼"的声音时,就意味着这一年将暴雨成灾。有必要思考的是,预报旱灾的鸣蛇与预报水灾的化蛇成对出现,这恐怕不是偶然的现象。在中国农村有一种古老的习俗,每年春耕之前,要将耕牛打扮一番,耕牛的花纹色彩图案预示着当年雨水的多寡、收成的丰歉。或许春牛报年成的习俗可以追溯到《五藏山经》时代,不过那时用于预报年成的动物种类比较多。

三、中次三经

【导读】

中次三经记述了中国中部的五座山，它们位于今河南境内，其中青要山、騩山、宜苏山的具体位置可以确定。

中次三经篇幅不长，除了记述一些常见的动植物、矿物，主要记述了熏池、武罗、泰逢三位神的形状特点，以及两种长得较怪的动物：一是形状像白鹿而有四角的夫诸，一是外形像猪的飞鱼。

萯山　敖岸山

【原文】

《中次三经》萯山之首，曰敖岸之山，其阳多㻬琈之玉，其阴多赭、黄金。神熏池[①]居之。是常出美玉。北望河林，其状如茜如举[②]。有兽焉，其状如白鹿而四角，名曰夫诸，见则其邑大水。

【注释】

①熏池：传说中的神名。

②茜：茜草，又称红丝线，多年生草本，根鲜红色，细长如丝，根含茜素，既可作红色染料，又可入药。举：榉树，落叶乔木，跟榆相近，木材坚实、耐水，可作建筑、造船、制家具等用。

夫诸

夫诸　清·汪绂图本

【译文】

《中次三经》记述的中部第三列山系是萯山，萯山最西端的一座山名叫敖岸山,敖岸山的南坡有很多琈㻬玉,北坡有很多赭石和黄金。熏池神就住在这座山上。这座山经常出现美玉。站在山巅,向北望去,只见远处浓密的树林,树木形状多似茜草和榉树。敖岸山上有一种野兽,其身形似白色的鹿,但长有四只角,这种野兽名叫夫诸,它一旦出现在哪里,哪里的城邑必将有水灾发生。

青要山

【原文】

又东十里,曰青要之山,实惟帝之密都①。北望河曲②,是多驾鸟③。南望墠渚,禹父④之所化,是多仆累、蒲卢⑤。魑武罗司之,其状人面而豹文,小腰而白齿,而穿耳以镰,其鸣如鸣玉。是山也,宜女子。畛水出焉,而北流注于河。其中有鸟焉,名曰鴢,其状如凫,青身而朱目赤尾,食之宜子。有草焉,其状如葌,而方茎黄华赤实,其本如藁本⑥,名曰荀草,服之美人色。

【注释】

①密都:传说中天帝静居之地。

②河曲:河流弯曲的地方。

③驾鸟:野鹅。

④禹父:指大禹的父亲鲧。

⑤仆累:蜗牛。蒲卢:果蠃,一种细腰的蜂。

⑥藁本:香草名。多年生草本植物。叶呈羽状,夏开白花,果实有锐棱,根紫色,可入药。

鹨

鹨　明·胡文焕图本

【译文】

　　由敖岸山再往东仅十里有座山,名叫青要山,青要山实际上是黄帝的密宫。站在这座山的山巅,向北远眺可看见河曲,山上有很多驾鸟。站在这座山的山巅,向南远眺可见㙸渚,㙸渚是禹的父亲鲧死后神化为黄熊的地方,那里有很多蜗牛和细腰蜂。青要山由神女武罗主管,武罗神面孔似人,但全身长有如豹斑似的花纹,腰身很细,牙齿很白,戴着金耳环,不时发出如玉器相击似的叫声。青要山比较适宜女子居住。畛水就发源于这座山,流出山涧后便向北流入黄河。青要山上有一种鸟,名叫鹨。这种鸟的形状似野鸭,全身是青色的,眼睛是朱红色的,尾巴是赤红的,人吃了这种鸟,就可医治不育症。青要山上还有一种草,其形状似兰草,但草茎是方形的,开出的花是黄色的,结出的果实是红色的,根似藁本草根,这种草名叫荀草,用这种草入药可美容。

騩山

【原文】

又东十里,曰騩山,其上有美枣,其阴有㻬琈之玉。正回之水出焉,而北流注于河。其中多飞鱼,其状如豚而赤文,服之不畏雷,可以御兵①。

【注释】

①兵:指兵器。

【译文】

由青要山再往东十里有座山,名叫騩山,騩山的山巅有很多味道很美的枣树,山的北坡有很多琈玡玉。正回水就发源于这座山,流出山涧后便向北流入黄河。正回水里有很多飞鱼,这种鱼的形状似小猪,身上还有红色的花纹,人吃了这种鱼不仅不怕雷击,还可以防御兵灾。

宜苏山

【原文】

又东四十里,曰宜苏之山,其上多金玉,其下多蔓居之木。潕潕①之水出焉,而北流注于河,是多黄贝。

【注释】

①潕潕之水,古水名。

【译文】

从騩山再往东四十里,有座山叫宜苏山。山上蕴藏着丰富的金属矿物和美玉,山下有繁茂的蔓荆。潕潕水是从这座山流出,然后向北流入黄河,潕潕水中有很多黄色的贝壳。

和山

【原文】

又东二十里,曰和山,其上无草木而多瑶碧,实惟河之九都^①。是山也五曲^②,九水出焉,合而北流注于河,其中多苍玉。吉神泰逢司之,其状如人而虎尾,是好居于萯山之阳,出入有光。泰逢神动天地气^③也。

泰逢

泰逢　明·胡文焕图本

【注释】

①河之九都,黄河的九条水所潜聚之处。郭璞曰:"九水所潜,故曰九都。"

②五曲,曲折回环共有五重。郭璞曰"曲回五重"。

③动天地气,是说泰逢神法力大,能兴云作雨。

【译文】

从宜苏山再往东二十里的地方,有座山叫和山。这座山上没有花草树木,但到处都是瑶玉和碧玉。这里实际上是黄河的九都。这座山蜿蜒曲折,九条水流都是从这座山流出,汇合成一条巨流,向北注入黄河,山中有很多苍玉。吉神泰逢主管这座山,泰逢神形貌像人,却长着一条虎尾,喜欢居住在萯山向阳的南面,进进出出都会有光芒闪过。泰逢神能够动天地之气,能兴风作雨。

总观

【原文】

凡萯山之首,自敖岸之山至于和山,凡五山,四百四十里。其祠泰逢、熏池、武罗,皆一牡羊副①,婴②用吉玉。其二神用一雄鸡瘗之,糈用稌。

【注释】

①副,割裂、剖开。

②婴,缠绕,引申为加。

【译文】

纵观《中次三经》萯山这一山系,从敖岸山到和山,共五座山,沿途四百四十里。祭祀泰逢、熏池、武罗三位山神都是用一只剖开的公羊和吉玉作供品,祭祀另外二座山神时,都是用一只公鸡作供品并埋在地下。祭祀的精米用稻米。

【鉴赏】

中山三经即中部山区第三条山脉的考察记录,共记述有 5 座山,4 条河流,10 处地望,9 处矿物,5 处植物,7 处动物,还有神熏池、魍武罗、吉神泰逢这三个非常有特色的人神。

中山三经记述的山脉总称萯山,它由 5 座山组成,是《五藏山经》26 条山脉里山数最少的一条山脉,同时也是所述地理范围最小的区域之一(5 座山合计里程为 80 里,而总里程为 440 里,两者数字可能有误),其地理方位在今日洛水与黄河交汇的洛阳、孟津、偃师一带,主要山脉即洛阳东北的邙山,邙山又称北山、芒山、郏山。孟津县的黄河渡口盟津,系周武王会盟八百诸侯渡河北伐商纣王的地方,其附近相传是龙马向伏羲献河图的地方(在民间故事中,伏羲从西方沿黄河漂流至此),其西则是黄河水利枢纽工程新建小浪底水库所在地。

敖岸山"北望河林",表明敖岸山位于黄河南岸,在此地向北望去,可见到黄河岸边有一大片树林。这是因为,黄河下游自三门峡至孟津段沿中条山南麓而行,到孟津县地势落差骤减,河道突然展宽,流速变缓,黄河下游泛滥的起始点即在此处,一般来说在这里的黄河岸边才有可能形成大面积树林。所谓"神熏池居之,是常出美玉"。意思是熏池居住在这里,他的职责是管理制作精美的玉器(包括陶器、骨器、木器、青铜器等),这是一项技术含量很高的工作,理应有专人负责。上古时期,人的姓氏名称尚未形成规律,往往习惯用职务或工作性质来称呼人的名字,因此,"熏池"一名当与他的工作状况有关,"熏"涉及用火,"池"涉及取水。敖岸山又称献岸山,本有贡献之意。

第 2 节青要山是一处非常重要的地方。《五藏山经》记述有两座帝都,一是西山四经昆仑丘的"帝之下都",二即此处的"帝之密都",前者为黄帝族的大本营,后者为帝禹时代的后宫,它们在当初都应有庞大的建筑群,可惜早已荡然无存了。值得注意的是,位于偃师的二里头夏文化遗址,出土了大型宫殿基址(有人认为属于商代),面积达10000平方米,或即青要山"密都"遗址。今日洛阳市新安县仍然有一处青要山风景名胜区,以双龙峡谷为标志性景观,相传黄帝曾居住于此。

青要山的"驾鸟",实际上是管理后宫事务的官员及其下属服务员,类似昆仑丘的鹑鸟和西王母的三青鸟。由于密都是后宫,因此驾鸟有可能包括被净身的男人。此处"埋渚"是一处人工建造的祭祀圣地,祭祀的对象即禹的父亲鲧(在《山海经》里,所谓父子并不一定就是父亲与儿子,通常是指前代与后裔),而这也就表明青要山的主人与鲧有着密切的关系,因此所谓"帝之密都"应该就是帝禹的后宫。相传鲧治水失败被处死后化为黄熊(能)入羽渊,此处埋渚或即羽渊,或者象征着羽渊,仆累、蒲卢也可能是与祭祀活动有关的什物。

魁武罗身穿豹皮裙,齿白腰细,戴着金光灿灿的耳环,说话好像鸣玉般清脆,显然她就是后宫娘娘,亦即东方美神。这里的环境对后宫娘娘的生活再适宜不过了,既种植着可以美容的荀草,又饲养着有助于怀孕生下健康婴儿的鸲鸟肉可食,还有众多的奴婢。根据上述记载,帝禹时代的后宫估计已经具有相当的规模。

《左传·襄公四年》记有:"昔有夏之方衰也,后羿自鉏迁于穷石,因夏民以代夏政。恃其射也,不修民事而淫于原兽。弃武罗、伯因、熊髡、龙圉而用寒浞。"据此可知,武罗在夏代仍然是著名的部落,中国武氏的姓氏可以追溯到武罗部落,而唐代女皇武则天的美貌基因看来也是渊源自有了。

第3节騩山出产美枣,可以采食。在近、现代人的观念中,总想当然地认为古代人的生活如何艰难;其实在先夏时期,地广人稀,植物繁茂,可供捕食的鸟兽亦多,再加上民风淳朴,只要年景正常,应当是衣食无虞。騩山属于多雷区,当地人相信用飞鱼制成的护身符或护甲,具有避雷击和防身的功效。

第5节的和山是黄河之神所在地,或者此处有祭祀黄河之神的圣坛。所谓和山五曲、九水合流入黄河,可能是一种模拟景观,象征黄河下游九水归一,以祈求黄河下游众支脉河道安流不泛滥。此处吉神泰逢可能是由巫师装扮成的黄河之神,他身披虎尾,伴随着火光,虔诚地向天地祈祷,把苍玉投入黄河,希望能够感动天地让黄河年年安流。

中山三经的居民要用劈成两半的公羊祭祀吉神泰逢、神熏池、神武罗,祭器要选用吉玉。祭祀其他两座山的山神,要埋下一只雄鸡,并献上精稻米。据此,青要山的魅武罗,既是帝禹时代的后宫娘娘,同时又兼有后宫娘娘之神的身份。需要说明的是,帝禹时代乃是一个历史很长的朝代,而不是像传说所说的仅仅是一个帝王的一生。

四、中次四经

【导读】

中次四经记述了中国中部的九座山,它们位于今河南和陕西境内,其中大部分山的具体位置可以确定。

中次四经中记述的怪兽有两种:一为𪊨,其状如貉而人目;一为獭,其状如獳犬而有鳞。此外,文中还记述了一些常见的动物、矿物及芨和蔺两种可用来毒鱼的植物等。

厘山　鹿蹄山

【原文】

《中次四经》厘山之首,曰鹿蹄之山,其上多玉,其下多金。甘水①出焉,而北流注于洛,其中多泠石②。

【注释】

①甘水：传说中的水名。亦称甘渊。

②泠石：一种石头，质地柔软如泥。

【译文】

《中次四经》记述的中部第四列山系是厘山山脉，最东端的一座山是鹿蹄山，鹿蹄山的山巅有很多玉石，山坡下有很多金矿石。甘水就发源于鹿蹄山，流出山涧后便向北流入洛河，甘水中有很多泠石。

扶猪山

【原文】

西五十里，曰扶猪之山，其上多礝①石。有兽焉，其状如貉②而人目，其名曰麐。虢水出焉,而北流注于洛,其中多礝石。

【注释】

①礝:也写成"瓀"或"碝"。一种似玉的美石。

②貊:一种野兽,通称貊子,也叫狸。状像狐,毛棕灰色,耳短小,嘴尖。昼伏夜出,捕食虫类。皮毛很珍贵。

麐

麐 清·《禽虫典》图本

【译文】

由鹿蹄山再往西五十里有座山,名叫扶猪山,山上有很多礝石。山上还有一种野兽,其身形似貊,但长有一双人的眼睛,它的名字叫麐。虢水就发源于这座山,流出山洞后便向北流入洛河,虢水中有很多礝石。

厘山

【原文】

又西一百二十里,曰厘山,其阳多玉,其阴多蒐①。有兽焉,其状如牛,苍身,其音如婴儿,是食人,其名曰犀渠②。滽滽之水出焉,而南流注于伊水。有兽焉,名曰颉,其状如獳犬③而有鳞。其毛如彘鬣。

犀渠

【注释】

①蒐:茅蒐,现在称作茜草。

②犀渠:古代传说中的兽名。

③獳犬:发怒的狗。

【译文】

由扶猪山再往西一百二十里有座山,名叫厘山,厘山的南坡有很多玉石,山的北坡生长有很多茜草。厘山上有一种野兽,其身形似牛,周身都是黑色,叫声似婴儿啼哭,这种兽是食人兽,它名叫犀渠。滽滽水就发源于这座山,流出山涧后便向南流入伊水。滽滽水中有种野兽,名叫獭。它的体形似獳犬,但周身长有鱼鳞,鳞间长有毛,毛似猪鬃。

獭

獭　清·毕沅图本

箕尾山

【原文】

又西二百里,曰箕尾之山。多榖,多涂石①。其上多㻬珸之玉。

【注释】

①涂石:一种质如泥一样柔软的石头。

【译文】

由厘山往西二百里有座山,名叫箕尾山。箕尾山上有很多构树和涂石。还有很多㻬珸玉。

柄山

【原文】

又西二百五十里,曰柄山,其上多玉,其下多铜。滔雕之水出焉,而北流注于洛。其中多羬羊。有木焉,其状如樗,其叶如桐而荚实,其名曰茇①,可以毒鱼。

中华传世藏书

【注释】

①茇:木名,一种落叶灌木,春季先开花,后生叶,花蕾可入药,根茎有毒。

【译文】

由箕尾山再往西二百五十里有座山,名叫柄山。柄山的山巅有很多玉石,山脚下蕴藏有丰富的铜矿。滔雕水就发源于这座山,流出山涧后便向北流入洛河。滔雕水岸边有很多大山羊,柄山上生长有一种树木,其形状似臭椿,叶似桐树叶,果实似荚果,它名叫茇,人们可以用这种树木来毒杀鱼类。

白边山　熊耳山

【原文】

又西二百里,曰白边之山①。其上多金玉,其下多青雄黄。

又西二百里,曰熊耳之山。其上多漆,其下多棕。浮濠之水出焉,而西流注于洛,其中多水玉,多人鱼。有草焉,其状如苏而赤华,名曰葶苧②,可以毒鱼。

【注释】

①白边之山,《五藏山经传》卷五:"盖葛蔓谷水屈如人负卧也。"

②葶苧,古草名。

【译文】

从柄山再往西二百里的地方,有座山叫白边山。山上有丰富的金属矿物和玉石,山下盛产石青和雄黄。

从白边山再往西二百里的地方,有座山叫熊耳山。山上有茂密的漆树,山下有繁茂的棕树。浮濠水是从这座山流出,然后向西流入洛水,浮濠水中有很多水晶石,还有很多人鱼。山上有一种草,形状像苏草,开红色的花,名字叫葶苧,这种草有毒,能毒死鱼类。

牡山

【原文】

又西三百里,曰牡山①,其上多文石,其下多竹箭、竹䉋②。其兽多㸲牛、羬羊、鸟多赤鷩③。

【注释】

①牡山,《五藏山经传》卷五:"山即讙举东北支峰。"

②竹䉋,竹子的一种。

③赤鷩,山鸡的一种,有美丽多彩的羽毛。

【译文】

从熊耳山再往西三百里的地方,有座山叫牡山。山上遍布着色彩斑斓的石头,山下有很多竹箭和竹䉋。山中生长着很多野兽,其中㸲牛、羬羊居多,还有很多飞鸟,以赤鷩居多。

讙举山

【原文】

又西三百五十里,曰讙举之山①。雒水出焉,而东北流注于玄扈之水,其中多马肠之物。此二山者,洛间也。

【注释】

①讙举之山,《五藏山经传》卷五:"洛水上游自灵峪口以西曰玄扈水,东南流会八水入洛,象脱扈被绁之形。洛有二源,一出三要司西曰故县川,东北流会玄扈水,又东北折而东南与南源合。南源出南河司之西,当三要之南,曰桂仙岭,即讙举山。"

【译文】

从牡山再往西三百五十里的地方,有座山叫讙举山。洛水是从这座山流出,然后向东北流入玄扈水,水中生长着许多马肠之类的动物。洛水在讙举山与玄扈山之间流过。

总观

【原文】

凡厘山之首,自鹿蹄之山至于玄扈之山,凡九山,六千百七十里。其神状皆人面兽身。其祠之,毛用一白鸡,祈而不糈,以采衣之①。

《山海经》原典鉴赏

【注释】

①以采衣之，即鸡要用采帛将它包裹起来。

【译文】

纵观《中次四经》厘山这一山系，从鹿蹄山到玄扈山，共九座山，沿途六千一百七十里。这些山神都是人面兽身。祭祀这些山神的礼仪是，毛物用一只白鸡，用彩色帛把鸡包裹起来，只祈祷而不用精米。

【鉴赏】

中山四经即中部山区第四条山脉的考察记录，共记述有 9 座山，6 条河流，7 处地望，16 处矿物，8 处植物，8 处动物，其中有一些非常有趣的植物和动物。当地居民供奉人面兽身图腾神，祭祀时要献上五彩装饰的纯白毛色的鸡。

本章第 7 节熊耳山是中山四经的标志性山峰，表明中山四经记述的正是今日河南省境内的熊耳山山脉。熊耳山因两峰状若熊耳而得名，其主峰为金宝山，海拔 2094 米，属于秦岭东段支脉，呈东北至西南走向，长百余公里，是伊水和洛水的分水岭。

第 1 节的鹿蹄山位于熊耳山山脉最东端，属于伊川县境内，从这里发源的水名叫"甘水"，说明水质非常好，著名的杜康酒就产自这里（一处在伊水之北的伊川县，另一处在伊水之南的汝阳县）。杜康是古代酿酒大师，或谓黄帝时人，或谓周时之人，相传他就是在伊水之滨酿造出美酒的。

第 3 节的螯山的犀渠怪兽"食人"。在《五藏山经》里，凡记述食人之兽，差不多都有"其音如婴儿"的特征。一种可能是，食人野兽会模拟婴儿啼哭的声音，以吸引人前来；另一种可能是，所谓的食人兽，实际上是远古食人习俗的化装，那些化装成野兽的人要模仿婴儿的啼哭。

第 5 节的柄山和第 7 节的熊耳山都出产能够毒鱼的植物,表明早在《五藏山经》撰写时期,中国人已经在利用植物(包括矿物)的化学性质来进行渔猎活动了。

五、中次五经

【导读】

中次五经记述了位于中国中部的十五座山,其中绝大部分山的具体位置都难以确定,但它们大致在今河南、山西、陕西境内。

中次五经中只记述了一种怪异的动物,它名叫駄鸟,形状像枭而有三只眼睛,吃了它的肉可以治疗湿病。

薄山　苟床山

【原文】

《中次五经》薄山之首,曰苟床之山,无草木,多怪石。

【译文】

《中次五经》记述的中部第五列山系,即薄山山脉,其最西端的一座山,名叫苟床山,这座山上光秃秃的,寸草不生,满山遍地都是奇形怪状的石头。

首山

【原文】

东三百里,曰首山,其阴多榖、柞①,草多苯芫,其阳多㻬琈之玉,木多槐②。其阴有谷,曰机谷,多䭶鸟,其状如枭而三目,有耳,其音如录,食之已垫③。

【注释】

①柞:柞树,又称蒙子树、冬青。常绿灌木或小乔木,生棘刺。叶卵圆形,有锯齿。初秋开黄白色小花。叶可入药,能散瘀消肿。木材坚硬,可制家具等。

②槐:槐树,落叶乔木,夏季开黄白色花,荚果圆柱形,木材供建筑、制器具等用,果实和根皮可供药用。

③垫:湿气病。

駄鸟

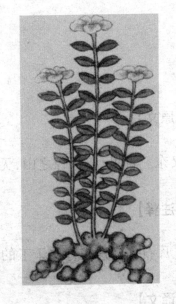

茶

【译文】

由苟床山再往东三百里有座山,名叫首山,首山的北坡生长着很多构树和柞树以及山蓟和芫花;山的南坡有很多瑔琈玉,山坡上生长着槐树。山的北麓有个山谷,名叫机谷,谷中有很多駄鸟。这种鸟的形状似枭,但长着三只眼睛,还长着两只耳朵,它的叫声像鹿鸣,人吃了这种鸟的肉可以医治湿气病。

县斸山

【原文】

又东三百里,曰县斸之山,无草木,多文石。

【译文】

由首山再往东三百里有座山,名叫县斸山,这座山上光秃秃的,没生长一草一木,但遍地都是嵌有花纹的石头。

葱聋山

【原文】

又东三百里,曰葱聋之山,无草木,多㻬石①。

【注释】

①㻬石:硅石,一种次于玉的美石。

【译文】

由县厮山再往东三百里有座山,名叫葱聋山,山上光秃秃的,没生长一草一木,满山都是一种名叫㻬石的美石。

条谷山

【原文】

东北五百里,曰条谷之山,其木多槐桐,其草多芍药、虋冬①。

【注释】

①虋冬:门冬草。

【译文】

由葱聋山再往东北五百里有座山,名叫条谷山,条谷山上生长着槐树和桐树以及芍药和门冬草。

蘡冬

超山

【原文】

又北十里,曰超山,其阴多苍玉,其阳有井①,冬有水而夏竭②。

【注释】

①井:形似水井的泉眼。

②竭:干枯、枯竭。

【译文】

由条谷山再往北十里有座山,名叫超山,山的北坡有很多黑色的玉石,南坡有井,井里冬天有水,夏天就枯竭了。

成侯山

【原文】

又东五百里,曰成侯之山,其上多櫄木①,其草多芫②。

【注释】

①櫄木:椿树,乔木,嫩枝叶味香,可食,树干可作车辕。

②芫:就是秦芫,又称大叶龙胆,多年生草本,根可入药。

【译文】

由超山再往东五百里有座山,名叫成侯山,山上生长着很多櫄树和芫草。

朝歌山

【原文】

又东五百里,曰朝歌之山,谷多美垩。

【译文】

由成侯山再往东五百里有座山,名叫朝歌山,朝歌山的山谷中有很多彩色土,可用作涂饰。

槐山

【原文】

又东五百里,曰槐山,谷多金锡①。

【注释】

①锡:这里指天然锡矿石,银白色,有光泽,质软,富于延伸性,在空气中不易起变化。

【译文】

由朝歌山再往东五百里有座山,名叫槐山,槐山的山谷中蕴藏有很丰富的金矿和锡矿。

历山

【原文】

又东十里,曰历山,其木多槐,其阳多玉。

【译文】

由槐山再往东十里有座山,名叫历山,历山上生长着很多槐树。山的南坡有很多玉石。

尸山

【原文】

又东十里,曰尸山,多苍玉,其兽多麖①。尸水出焉,南流注于洛水,其中多美玉。

【注释】

①麖:古称大麕。鹿的一种,又名马鹿、黑鹿、水鹿。体高壮,栗棕色,耳大而直立,四肢细长,性机警,善奔跑。尾密生蓬松的毛,黑棕色。雄者有角,为名贵药材。

【译文】

由历山再往东十里有座山,名叫尸山,山上有很多黑色玉石,山上生长的兽类主要是一种名叫麖的大鹿。尸水就发源于这座山,流出山涧后便向南汇入洛河,尸水中有很多好看的玉石。

良余山

【原文】

又东十里,曰良余之山,其上多谷、柞,无石。余水出于其阴,而北流注于河。乳水出于其阳,而东南流注于洛。

【译文】

由尸山再往东十里有座山,名叫良余山,良余山上的树种主要是构树和柞树,山上沿有石头。余水就发源于这座山的北麓,流出山涧后便向北汇入黄河。这座山的南麓是乳水的源头,乳水流出这座山后便向东南流入洛河。

蛊尾山

【原文】

又东南十里,曰蛊尾之山①,多砺石、赤铜。龙馀之水出焉,而东南流注于洛。

【注释】

①蛊尾之山,《五藏山经传》卷五:"谷之飞曰蛊,即螽斯淫惑之虫也。其尾向上,苇坪河南入玄扈水似之。"

【译文】

从良馀山再往东南十里的地方,有座山叫蛊尾山。山上有许多磨刀石和赤铜矿。龙馀水是从这座山流出,然后向东南流入洛水。

升山　阳虚山

【原文】

又东北二十里,曰升山①。其木多穀、柞、棘,其草多藷藇、蕙②,多寇脱③。黄酸之水出焉,而北流注于河,其中多璇玉④。

又东十二里,阳虚之山⑤。多金,临于玄扈之水。

【注释】

①升山,古山名。《五藏山经传》卷五:"勺谓之升,所以升酒于爵也。升山即钱耒山,弘农河象酒勺也。"

②诸芎,山药。

③寇脱,古草名,又称活脱。据说,这种草生长在南方,有一丈多高,叶子似荷叶,草茎中有瓤,纯白色。

④璇玉,美玉。

⑤阳虚之山,古山名。《五藏山经传》卷五:"阳虚即阳华,其主峰卢灵关之大圣山也。"

【译文】

从蛊尾山再往东北二十里的地方,有座山叫升山。这座山上生长的树木主要是构树、柞树和荆棘,山中的草主要是山药和蕙草,寇脱草也很茂密。黄酸水是从这座山流出,然后向北流入黄河,黄酸水中有很多精美的璇玉。

从升山再往东十二里的地方,有座山叫阳虚山。山上蕴藏有丰富的金矿,阳虚山濒临玄扈水。

总观

【原文】

凡薄山之首,自苟林之山至于阳虚之山,凡十六山,二千九百八十二里。升山,冢也,其祠礼:太牢,婴用吉玉。首山,魁也,其祠用稌、黑牺、太牢之具、蘖酿②;干儛③、置鼓④:婴用一璧。尸水,合天也,肥牲祠之,用一黑犬于上,用一雌鸡于下,刉⑤一牝⑥羊,献血。婴用吉玉,采之,飨之⑦。

【注释】

①魁,同神,山神。

②蘖酿,用酒曲酿造的醴酒。这里泛指美酒。

③干儛,干即盾牌;儛,同舞。干舞即以盾牌作道具起舞,表示庄严隆重。这种舞是古代在举行祭祀活动时跳的一种舞蹈。

④置鼓,击鼓来应和节奏。

⑤刉,划破,割。

⑥牝,鸟兽的雌性。

⑦飨,请神来享用。

【译文】

纵观《中次五经》薄山这一山系,从苟林山到阳虚山,共十六座山,沿途二千九百八十里。升山是这些山的宗主,祭祀升山山神的礼仪是,用完整的猪、牛、羊等毛物和精美的玉器作供品。首山是山神的居住地。祭祀首山山神的礼仪是用精米和黑色的猪、牛、羊及精酿的美酒作供品,祭祀的人们还要击鼓跳舞,并配之以美玉。尸水,是天神们相逢的地方,在祭祀这座山神时,用肥牲畜一头,把一只黑狗放在上边,一只母鸡放在下边,杀牛、羊,取牛、羊之血,进行血祭。祭祀的器皿是用精美的玉石制作而成,并用彩色加以绘饰,人们祈祷,请神灵来享用。

【鉴赏】

中山五经即中部山区第五条山脉的考察记录,共记述有15座山,5条河流,9处地望,15处矿物,20处植物,2处动物,其中有一些药用植物和动物,以及多种矿产。当地居民举行祭祀活动的规格比较高,采用的是最高规格的太牢之礼。其中,升山是当地人先祖墓地。祭祀首山之神,不仅用太牢,还要选黑牲,献美酒,击鼓,众人持盾以舞。在尸山祭天,祭品有黑犬、雌鸡,还要划破母羊取其血涂抹祭坛、祭物,类似血祭习俗亦见《旧约·摩西五经》。尸,主持祭祀者或代表受祭祀的人神。在《五藏山经》26条山脉里,中山五经的祭祀规模仅次于西山一经。

本章第2节首山,是一座著名的山。相传黄帝采首山之铜铸鼎的地方,就在今日河南省的灵宝县境内。《史记·封禅书》:"黄帝时万诸侯,而神灵之封居七千。天下名山八,而三在蛮夷,五在中国。中国华山、首山、太室、泰山、东莱,此五山黄帝之所常游,与神会。……黄帝采首山铜,铸鼎于荆山下。鼎既成,有龙垂胡须下迎黄帝,黄帝上骑,群臣后宫从上者七十余人,龙乃上去。余小臣不得上,乃悉持龙须,龙须拔,堕,堕黄帝之弓。"此外,河北卢龙县东南,河南灵宝县和偃师县西北,甘肃陇西县西南,亦各有首山。

第5节中条谷山的门冬,正体字为募冬,因笔画过多而用同音字称为门冬。门冬又称蔷蘼,亦即蔷薇,但因其名与天门冬相近而常被误以为即天门冬。天门冬为多年生攀援草本,长约2米,俗称"千条蜈蚣赶条蛇",可入药,养阴清热,润燥生津。

第6节的超山有一口水井"冬有水而夏竭",属于气候地质现象,即气候的变化导致地质结构产生了相应的变化,例如岩体的热胀冷缩导致了水脉的通与断。第9节的槐山出产锡,锡是制作青铜器的重要原料。第12节的良余山余水向北流入黄河,乳水向南流入洛水。据此可知中山五经所述山脉位于黄河与洛水之间,亦即秦岭东段北支脉的崤山山脉,主峰千山海拔1 902米,自古为兵家必争之地,渑池仰韶文化遗址亦出此山地中。第14节升山发源的黄酸水,其名或与制作硫磺、硫酸有关。

第15节的阳虚山与上一座山的距离为"十二里",这是一个精确到个位数的数值,应该有着实测的依据。在中国人的古老记忆里,阳虚山这个地方与中国文字的起源和发展有关，因为仓颉就是在这里发明和改进文字的。郭璞注谓："《河图》曰：'仓颉为帝，南巡狩，登阳虚之山，临于玄扈、洛纳，灵龟负书，丹甲青文以授之。'出此水中也。"由于仓颉受黄帝之命创制文字，因此《水经注异闻录·洛异》亦记有："黄帝东巡过河洛，修坛沉璧，受《龙图》于河，《龟书》于洛，赤文绿字。"

六、中次六经

【导读】

中次六经记述了位于中国中部的十四座山，其中绝大部分山的具体位置都可以确定，除了阳华山在今陕西境内，其余的山都在今河南境内。

中次六经中记述了骄虫神的形状特点，怪异的动物只有旋龟一种，其形

状是鸟首而鳖尾。此外,文中还介绍了几种动植物的药用价值,如有一种名叫鸽鹦的鸟,吃了它的肉后不会梦魇;有一种修辟鱼,吃了以后可以治疗白癣;有一种名叫苦辛的草,可以治疗疟疾;等等。

缟羝山　平逢山

【原文】

《中次六经》缟羝山之首,曰平逢之山,南望伊洛①,东望穀城之山,无草木,无水,多沙石。有神焉,其状如人而二首,名曰骄虫,是为螫虫②,实惟蜂蜜③之庐,其祠之,用一雄鸡,禳而勿杀。

骄虫

骄虫　明·胡文焕图本

【注释】

①伊洛:伊水与洛水。两水汇流,多连称,亦指伊洛流域。

②螫虫:尾部有毒针可刺人的虫。

③蜜：蜜蜂的一种。

④禳：祭名。祈祷消除灾殃、去邪除恶之祭。

【译文】

《中次六经》记述的中部第六列山系，即缟羝山脉，最东端的一座山名叫平逢山，站在平逢山巅，往南可眺望伊水和洛河，朝东可望榖城山，平逢山上光秃秃的，寸草不生，也没有一滴水，漫山遍野都是沙砾和石头。平逢山的山神，身形似人，但长有两个脑袋，他的名字叫骄虫，他实际上是螫虫的首领，也是一切蜂类动物的归宿之处，祭祀骄虫的礼仪是这样的：用一只公鸡，不要杀死，就用活的放在供品处，以祈祷消灾。

缟羝山

【原文】

西十里，曰缟羝之山，无草木，多金玉。

鸰鹦

鸰鹦　清·汪绂图本

【译文】

由平逢山再往西十里有座山,名叫缟羝山,缟羝山上光秃秃的,没有一草一木,满山都是金矿石和玉石。

廆山

【原文】

又西十里,曰廆山,其阴多㻌琈之玉。其西有谷焉,名曰雚谷,其木多柳、楮。其中有鸟焉,状如山鸡而长尾,赤如丹火而青喙[1],名曰鸰鹨,其鸣自呼,服之不眯。交觞之水出于其阳,而南流注于洛。俞随之水出于其阴,而北流注于穀水。

【注释】

①丹火:赤色的火焰。

【译文】

由缟羝山往西十里就是廆山,这座山上有很多㻌琈玉。山的西麓有个山谷,名叫雚谷,谷中生长有很多柳树和楮树。廆山上有一种鸟,其形似山鸡,但尾巴很长,周身火红火红的,嘴是青色的,这种鸟名叫鸰鹨,它叫起来就像在叫喊自己的名字,吃了这种鸟的肉可以医好梦魇病症。交觞水就发源于这座山的南麓,流出山涧后便向南流入洛河。这座山的北麓则是俞随水的发源地,俞随水流出山涧后便向北流入穀水。

瞻诸山

【原文】

又西三十里，曰瞻诸之山[1]，其阳多金，其阴多文石。谢水出焉，而东南流注于洛，少水出其阴，而北流注于榖水。

【注释】

①瞻诸之山：传说中的山名。

【译文】

由廆山再往西三十里有座山，名叫瞻诸山，山的南麓有很多金矿石，山的北麓有很多颜色艳丽的石头。谢水就发源于这座山，流出山涧后便向东南流入洛河，少水发源于这座山的北麓，流出山涧后便向东流入榖水。

娄涿山

【原文】

又西三十里，曰娄涿之山，无草木，多金玉。瞻水出于其阳，而东流注于洛。陂水出于其阴，而北流注于榖水，其中多茈石、文石。

【译文】

由瞻诸山再往西三十里有座山，名叫娄涿山，这座山上光秃秃的，寸草不生，满山都是金矿石和玉石。瞻水就发源于娄涿山的南麓，流出山涧后便向东流入洛河。娄涿山的北麓是陂水的发源地，陂水流出北麓后便向北流入榖水,陂水中有很多紫色的石头和嵌有花纹的石头。

白石山

【原文】

又西四十里,曰白石之山,惠水出于其阳,而南流注于洛,其中多水玉,涧水出于其阴,西北流注于縠水,其中多麋石①、栌丹②。

【注释】

①麋石:麋通“眉”,麋石即画眉石,一种可以用来画眉的天然矿石。

②栌丹:栌丹石,栌通“卢”,卢为黑色,栌丹石即黑丹石。

【译文】

由娄涿山再往西四十里就到了白石山。惠水就发源于白石山的南麓,流出山涧后便向南流入洛河。惠水中有很多水晶。白石山的北麓是涧水的发源地。涧水流出山涧后便向西北流入縠水。涧水中有很多麋石和栌丹石。

縠山

【原文】

又西五十里,曰縠水,其上多縠,其下多桑①。爽水出焉,而西北流注于縠水,其中多碧绿②。

【注释】

①桑:桑树,落叶乔木。花小,黄绿色,叶可喂蚕。果实叫桑葚,味甜可吃

或酿酒。树皮可造纸。果、叶、枝、根皮均可入药。

②碧绿:指孔雀石,呈不透明的深绿色,且具有色彩浓淡的条状花纹。

【译文】

由白石山再往西五十里有座山,名叫榖水,榖水的山巅生长着很多构树,山脚下生长着很多桑树。爽水就发源于这座山,流出山涧后便向西北流入榖水,爽水中有很多孔雀石。

密山

【原文】

又西七十二里,曰密山,其阳多玉,其阴多铁。豪水出焉,而南流注于洛,其中多旋龟,其状鸟首而鳖^①尾,其音如判木。无草木。

旋龟

【注释】

①鳖:甲鱼,一种爬行动物,俗称团鱼。

【译文】

由榖山再往西七十二里有座山,名叫密山,密山的南麓有很多玉石,山的北麓有很多铁矿石。豪水就发源于这座山,流出山涧后便向南流入洛河,豪水中生长有很多旋龟,旋龟鸟头鳖尾,不时发出如劈破木头般的声音。密山上光秃秃的,没有一草一木。

旋龟

旋龟　清·汪绂图本

长石山

【原文】

又西百里,曰长石之山,无草木,多金玉。其西有谷焉,名曰共谷,多竹。共水出焉,西南流注于洛,其中多鸣石[1]。

【注释】

[1]鸣石:撞击后能传声甚远的石头。可作砧石、磬石。

【译文】

由密山再往西一百里有座山,名叫长石山,长石山上光秃秃的,寸草不生,满山都是金矿石和玉石。长石山西麓有个山谷,名叫共谷,谷中有很多竹子。共水就发源于这座山,流出山涧后便向西南流入洛河,共水中有很多鸣石。

傅山

【原文】

又西一百四十里,曰傅山,无草木,多瑶碧。厌染之水出于其阳,而南流注于洛,其中多人鱼。其西有林焉。名曰墦冢,穀水出焉,而东流注于洛,其中多珚玉[1]。

【注释】

[1]珚玉:一种玉石。

【译文】

由长石山再往西一百四十里有座山,名叫傅山,傅山上光秃秃的,没有一草一木,满山都是瑶玉和碧玉。厌染水就发源于这座山的南麓,流出山涧后便向南流入洛河,厌染水中有很多人鱼。傅山的西麓有一片树林,名叫墦冢,穀水就发源于这里,流出山涧后便向东流入洛河,穀水中有很多珚玉。

橐山

【原文】

又西五十里,曰橐山[1]。其木多樗[2],多楠木[3]。其阳多金玉,其阴多铁,多萧[4]。橐水出焉,而北流注于河。其中多脩辟之鱼,状如鱼鱼而白喙,其音如鸥,食之已白癣。

修辟鱼

修辟鱼　清·《禽虫典》本

【注释】

①橐山,《五藏山经传》卷五:"今青龙河所出之明山也。其水西北流入河,西六十里日乾山,乾头河东北入河,两水象橐无底之形。河北即平陆县,有两小水合南流入河,象约橐口之形。"

②樗,臭椿树。

③楠木,古树名。据郭璞注:"今蜀中有木借一木,七八月中吐穗,穗成,如有盐粉著状,可以酢羹,音备。"

④萧,属蒿草的一种。

【译文】

从傅山再往西五十里的地方,有座山叫橐山。山上树木繁茂,主要是樗树和楠。山的南面有很多金矿和玉石,山的北面有丰富的铁矿,还有茂密的萧草。橐水是从这座山流出,然后向北流入黄河。橐水中有很多脩辟鱼,形状像蛙,有白色的嘴巴,它发出的声音像鹋鹰的叫声。人们要是吃了这种鱼肉,就能治愈白癣病。

常烝山

【原文】

又西九十里,曰常烝之山^①,无草木,多垩。潐水^②出焉,而东北流注于河,其中多苍玉。菑水^③出焉,而北流注于河。

【注释】

①常烝之山,古山名。

②潐水,《五藏山经传》卷五:"潐水即乾头河。"

③菑水,《五藏山经传》卷五:"菑水,今名断密河,西北注弘农涧入河,象菑田也。"

【译文】

从橐山再往西九十里的地方,有座山叫常蒸山。山上荒芜,没有花草,也没有树木,漫山遍野都是白色的土。潐水是从这座山流出,然后向东北流入黄河,潐水中有很多漂亮的苍玉。菑水也是从这座山流出,然后向北流入黄河。

夸父山

【原文】

又西九十里,曰夸父之山^①,其木多棕枏,多竹箭。其兽多柞牛、羬羊,其鸟多鷩。其阳多玉,其阴多铁。其北有林焉,名曰桃林,是广员三百里,其中多马。湖水②出焉,而北流注于河,其中多珚玉。

【注释】

①夸父之山,郝懿行曰:"山一名秦山,与太华相连,在今河南灵宝县东南。"《五藏山经传》卷五:"山在弘农河北,水象行劳者息而据地之状,故名夸父。"

②湖水,《五藏山经传》卷五:"湖水,古名瑕水,今稠桑河也,出山之北,东北流注于河。"

【译文】

从常烝山再往西九十里的地方,有座山叫夸父山。夸父山上生长着茂密的棕树和楠树,还有葱茏的小竹丛。山中的野兽主要是柞牛和羬羊,鸟类主要是鷩鸟。山的南面蕴藏着丰富的玉石,山的北面有丰富的铁矿。山的北面还有一片树林,名叫桃林,方圆三百里,林中有很多马。湖水是从这座山流出,然后向北流入黄河,水中有很多精美的玉石。

阳华山

【原文】

又西九十里,曰阳华之山③。其阳多金玉,其阴多青雄黄。其草多藷藇,多苦辛,其状如橚②,其实如瓜,其味酸甘,食之已疟。杨水出焉,而西南流注于洛。其中多人鱼。门水出焉,而东北流注于河,其中多玄碥③。结④姑之水出于其阴,而东流注于门水,其上多铜。门水出于河,七百九十里入雒水。

【注释】

①阳华之山,古山名。《五藏山经传》卷五:"阳华即钱来山,在太华东。"

②櫰,植物名,郭璞认为櫰即揪。揪,一种落叶乔木。

③玄碬,一种黑色磨刀石。

④缙姑之水,古水名,《五藏山经传》卷五:"缙,古组字,杂带也。番豆河东与阌乡水俱北流注河而会门水,象为组之形,故曰缙姑。阌乡水出首山,故言多铜也。"

【译文】

从夸父山再往西九十里的地方,有座山叫阳华山。山的南面盛产金属矿物和玉石,山的北面有许多青石和雄黄。山中杂草丛生,山药草和苦辛草尤其茂密。苦辛草形状像揪木,结的果实像瓜,又酸又甜,吃了它的果实可以治愈疟疾。杨水是从这座山流出,然后向东南流入洛水。杨水中有很多人鱼。门水也是从这座山流出,然后向东北流入黄河,水中有很多黑色的磨刀石。缙姑水是从这座山的北面流出,然后向东流入门水,缙姑两岸蕴藏着丰富的铜矿。门水流到黄河,奔流七百九十里注入雒水。

总观

【原文】

凡缟羝山之首,自平逢之山至于阳华之山,凡十四山,七百九十里。岳在其中,以六月祭之,如诸岳之祠法,则天下安宁。

【译文】

纵观《中次六经》缟羝山这一山系,从平逢山到阳华山,共十四座山,沿途七百九十里。这里的山岳居天下之中,人们每年六月祭祀山岳山神,祭祀的办法与其他山神一样。只要按时祭祀,天下就能安享太平。

【鉴赏】

中山六经即中部山区第六条山脉的考察记录,共记述有 14 座山,20 条河流,28 处地望,34 处矿物,15 处植物,9 处动物。值得注意的是,在《五藏山经》26 条山脉里,中山六经记述的河流、地望的数量是比较多的,表明当年这里的水资源是相当丰富的。根据本章第 15 节"岳在其中"的记述,中山六经的 14 座山里应该有一座称得上"岳"的山,它可能是平逢山或阳华山。但是,从行文口气看,"岳在其中"的记述也有可能是后人注释之文字误入经文者,而原本有的祭祀图腾神的具体礼仪内容却失传了。在中国古籍《尚书·尧典》中已有四岳之称,当亦有祭祀四岳的活动,而尧典四星为七八千年前的天象。

第 1 节的平逢山"南望伊洛",表明其地在伊水洛水的北侧。伊水出龙门转向东流 30 余千米在偃师附近与洛水汇流,此间伊水与洛水平行向东流,两者相距不到 10 千米。平逢山东面的谷城山,当指一处古代城池,约在今日洛阳附近。骄虫之神即戴面具的养蜂人或巫师,也可能是当地养蜂人供奉的行业保护神。所谓"禳而勿杀",汪绂注谓:"禳,祈祷以去灾恶,使勿螫人,其鸡则放而勿杀也。"蜜蜂的驯化需要经历一个相当长的时期,在此期间蜜蜂的毒性可能还很强烈;因此,骄虫之神,一是保护养蜂人不被蜂螫,二是保护蜜蜂不受天敌伤害,三是促使蜜蜂多产蜂蜜。在《五藏山经》26 条山脉 447 座山里,唯一单独记述平逢山的祭祀活动。

第 10 节中傅山发源的谷水,即今日河南省洛水北面的一条主要支流,至今仍然叫谷水;而庞山等山所在之山脉即今日河南省境内的崤山山脉,系谷水与洛水的分水岭。谷水发源于渑池县西的观音堂,当地有著名的渑池仰韶文化遗址,出土有五六千年前的彩陶、纺轮、骨锥、骨针等。傅山的厌染水之名,可能与当地织物染色漂洗活动有关。

第 13 节的夸父山之桃林又称邓林,相传乃夸父逐日所弃之杖化成,今河南省灵宝县有夸父山、夸父峪、夸父营,当地人祭祀的山神即夸父。

第 14 节的阳华山发源的门水,可能即发源于崤山主峰千山向北流入黄河之水。黄河流至三门峡,被鬼门岛、神门岛、人门岛分流,相传三门为大禹治水时所开,而当地出土有先夏文化遗存,表明鬼门很可能系人工开凿,惜三门峡水库建成之后三门及其历代漕运遗迹已不复见(参阅《我国远古传说与自然环境变迁》,中国古代史论丛 1981 年第 3 辑,福建人民出版社,1982 年)。今崤山地域分属新安、义马、渑池、三门峡、陕县、灵宝,境内有众多水系分别流入黄河、洛水、谷水。

七、中次七经

【导读】

中次七经记述了位于中国中部的十九座山,它们大致在今河南境内,著名的有少室山、泰室山等,其中近一半之山的具体位置可以确定。

中次七经中记述了能带来怪风怪雨的天愚神,以及死后化身为䔄草的天帝之女。怪异的动物有两种:一为三足龟;一为文文兽,形状如蜂而枝尾反舌。此外,中次七经中还记述了大量的动植物药,如可以疗毒的焉酸草、可以治疗疽疮的梨草、可以治疗蛊疾的鲭鱼、可以治疗瘘管的螣鱼,等等。

苦山　休与山

【原文】

《中次七经》苦山之首,曰休与之山。其上有石焉,名曰帝台①之棋,五色

而文,其状如鹌卵②,帝台之石,所以祷百神者也③,服之不蛊④。有草焉,其状如蓍⑤,赤叶而本丛生。名曰夙条,可以为箭⑥。

【注释】

①帝台:古代神话中的神仙名。

②鹌卵:鹌鹑蛋。

③祷:祈祷,祈神求福。

④不蛊:古谓不受邪气侵害。

⑤蓍:蓍草,古代用以占卜的草。又叫锯齿草,蚰蜒草。

⑥箭:一种小竹,可做箭杆。

菁草

【译文】

《中次七经》记述的中部第七列山系,是苦山山脉,这列山系最西端的一座山名叫休与山。休与山上有一种小石头,名叫帝台棋,这种小石头五光十色,颜色各异,形似鹑鸟蛋,是人们用来祭祷百神的祭品,如果将它佩带在身上,就可以免受蛊惑。休与山上还有一种草,其形状有点像锯齿草,叶是红色的,茎丛生。这种草名叫夙条,茎秆可用来制成箭杆。

鼓钟山

【原文】

东三百里,曰鼓钟之山,帝台之所以觞①百神也。有草焉,方茎而黄华,员叶而三成②,其名曰焉酸,可以为毒③。其上多砺,其下多砥。

【注释】

①觞:向人敬酒。

②三成：三重，三层。

③为毒：疗毒、去毒。

【译文】

由休与山再往东三百里有座山，名叫鼓钟山，这座山是帝台神设宴会百神的地方。鼓钟山上有一种草，茎是方柱形的，花是黄色的，叶子是圆的，而且叶子很多，有三重，这种草名叫焉酸，可以用它来疗毒。鼓钟山的山巅有很多可用来磨刀的砺石，山脚也有很多可用来磨刀的砥石。

姑媱山

【原文】

又东二百里，曰姑媱之山。帝女①死焉，其名曰女尸，化为䔄草，其叶胥成②，其华黄，其实如菟丘③，服之媚于人。

【注释】

①帝女：天帝与传说中的古帝之女。

②胥成：重叠而生，对生。

③菟丘：草名。俗称菟丝子。蔓生，茎细长，缠绕于其他植物上。花淡红色。子可入药。

【译文】

由鼓钟山再往东二百里有座山，名叫姑媱山。天帝的女儿就是在这里死的，名叫女尸，化为䔄草，这种草的叶子相互重叠，花是黄色的，果实就像菟丝的果实，人吃了这种果实，就会扮相妖媚，得到别人的宠爱。

苦山

【原文】

又东二十里,曰苦山,有兽焉,名曰山膏,其状如逐,赤若丹火,善詈①。其上有木焉,名曰黄棘,黄华而员叶,其实如兰,服之不字②。有草焉,员叶而无茎,赤华而不实,名曰无条,服之不瘿。

山膏

山膏　清·汪绂图本

【注释】

①詈:责骂。

②字:怀孕,生育。

【译文】

由姑媱山再往东二十里有座山,名叫苦山,苦山上有一种野兽,名叫山膏,山膏的身形似猪,周身似火一样红彤彤的,会说话,喜欢和人斗嘴。苦山的山巅有一种树,名叫黄棘,这种树开出的花是黄色的,叶子圆圆的,结的果实像兰草的果实,吃了这种果实会绝育。苦山上还生长有一种草,叶是圆形的,没有长茎,开出的花是红色的,不结果实,名叫无条,用这种草入药可医治颈瘤。

堵山

【原文】

又东二十七里,曰堵山,神天愚居之,是多怪风雨,其上有木焉,名曰天楄,方茎而葵状,服者不哑①。

【注释】

①哑:食物噎住咽喉,噎食病。

【译文】

由苦山再往东二十七里有座山,名叫堵山,天愚神就住在这座山上。这座山上常常刮怪风,下怪雨,山上有一种叫天楄的树。这种树的树干是方柱形的,形状似山葵草,用它入药可医治噎食病。

放皋山

【原文】

又东五十二里,曰放皋之山。明水出焉,南流注于伊水,其中多苍玉。有木焉,其叶如槐,黄华而不实,其名曰蒙木,服之不惑。有兽焉,其状如蜂,枝尾而反舌①,善呼,其名曰文文。

【注释】

①反舌:舌头倒长着。

【译文】

由堵山再往东五十二里有座山,名叫放皋山。放皋山是明水的发源地,明水流出山涧后便向南流入伊水,明水中有很多黑色的玉。放皋山上生长着一种树木,叶似槐树叶,开出的花是黄色的,不结果实。这种树名叫蒙树,用这种树入药可使人不受蛊惑。放皋山上有一种野兽,其身形似蜂,尾巴分叉,古头倒长看,这种野兽爱呼叫,名叫文文。

文文

文文　清·《禽虫典》本

大𦂄山

【原文】

又东五十七里,曰大𦂄之山,多琦琈之玉,多麋玉。有草焉,其状叶如榆,方茎而苍伤①,其名曰牛伤②,其根苍文,服者不厥③,可以御兵。其阳狂水出焉,西南流注于伊水,其中多三足龟,食者无大疾,可以已肿④。

三足龟

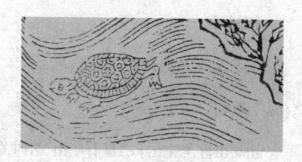

三足龟　明·蒋应镐绘图本

【注释】

①苍伤:苍刺,即青黑色的刺。

②牛伤:牛棘。

③厥:昏厥,病名。指突然昏倒、手足逆冷等症。

④肿:脓肿、水肿。

【译文】

由放皋山再往东五十七里有座山,名叫大 山,大 山上有很多琦玗玉和麋玉。大 山上生长着一种草,其叶有些像榆树叶,茎是方柱形的,还有着黑色的刺,这种草名叫牛伤,牛伤的根上有黑色的花纹,用这种根入药可医治昏厥。还可以用这种草抵御敌兵。大 山的南麓是狂水的发源地,狂水流出山涧后便向西南流入伊水。狂水中有很多三足龟,人吃了这种龟可以不生大病,还可以医好脓肿。

半石山

【原文】

又东七十里,曰半石之山。其上有草焉,生而秀[1],其高丈余,赤叶赤华,华而不实。其名曰嘉荣,服之者不霆[2]。来需之水出于其阳,而西流注于伊水,其中多𩼈鱼[3],黑文,其状如鲋,食者不睡。合水出于其阴,而北流注于洛,多𩽾鱼,状如鳜[4],居逵[5],苍文赤尾,食者不痈[6],可以为瘘[7]。

𩼈鱼

𩽾鱼　明·蒋应镐绘图本

【注释】

①秀:谷物或植物吐穗开花。

②霆:疾雷、霹雳。

③𩼈鱼:也叫瞻星鱼。

④鳜:鳜鱼,也叫鳈花鱼、桂鱼,背隆起,口大,下颌突出,背鳍一个,鳞细小、圆形,性凶猛,捕食水中鱼虾。

⑤逵:原意为四通八达的道路,这里指相互贯通着的水底洞穴。

⑥痈:恶性脓疮。

⑦瘘:颈肿大的病,即颈部淋巴结核。

【译文】

　　由大𫘦山再往东七十里有座山,名叫半石山。半石山上有一种草,刚生出叶芽便会开花。这种草高可达一丈多,叶和花都是红的,不结果实。这种草名叫嘉荣,用这种草入药可使人不怕雷劈。来需之水就发源于半石山的南麓,流出山涧后便向西流入伊水,来需水中有很多𩼁鱼,这种鱼周身都长有黑色花纹,形似鲫鱼,吃了这种鱼,可医治嗜睡症。半石山的北麓是合水的发源地,合水流出山涧后便向北流入洛水。合水中有很多𩽽鱼,这种鱼形似鳜鱼,一般栖息在水中前后都通的洞穴中,这种鱼周身都是黑色的花纹,尾巴是红色的,吃了这种鱼可使人不生痈疽,还可以用来医治瘘疮。

少室山

【原文】

　　又东五十里,曰少室之山,百草木成囷①。其上有木焉,其名曰帝休,叶状如杨,其枝五衢②,黄华黑实,服者不怒。其上多玉,其下多铁。休水出焉,而北流注于洛,其中多𩼁鱼,状如盩蜼而长距③,足白而对,食者无蛊疾④,可以御兵。

【注释】

　　①囷:一种圆形谷仓。

　　②五衢:谓枝杈五出。

　　③盩蜼:一种长相与猕猴相似的野兽。距:指雄鸡爪后突起像脚趾的部分。

　　④蛊疾:神经错乱之病。

【译文】

由半石山再往东五十里有座山,名叫少室山,山上的草木种类繁多,且茂盛芜杂,远看似一个巨大的仓囷。这座山上有一种树木,名叫帝休,这种树的叶似杨树叶,树枝交错而出,伸向五方,这种树开的花是黄色的,结的果实是黑色的,用这种花、果入药可使人平心静气不发怒。这座山的山巅有很多玉石,山坡下则有很多的铁矿石。休水发源于这座山,流出山涧后便向北流入洛河,休水中有很多䱻鱼,其形似猕猴,脚距较长,脚是白色的,脚趾相向,吃了这种色可使人不受蛊惑,还可以用这种鱼来防御敌兵。

泰室山

【原文】

又东三十里,曰泰室之山①。其上有木焉,叶状如梨而赤理,其名曰栯木②,服者不妒。有草焉,其状如苯,白华黑实,泽如蘡薁③,其名曰蓇草④,服之不昧⑤。上多美石⑥。

【注释】

①泰室之山,古山名。郭璞注:"即中岳嵩高山也,今在阳城县西。"《五藏山经传》卷五:"在登封县北,中岳嵩山也。"

②栯木,古树名。

③蘡薁,郭璞注:"言子滑泽。"郝懿行曰:"盖即今之山葡萄。"落叶木质藤本植物,有卷须。葡萄科。夏季开花,果实黑色。果可酿酒,亦可入药作滋补品。它的根也可以入药,有祛风湿、通经络等功效。叶可治湿疹。

④蓇草,与前文所说的蓇草形状不同,当为同名异物。

栯李

⑤眛,同眯。

⑥美石,郭璞注:"次玉者也;启母化为石而生启,在此山。见《淮南子》。"相传大禹治水时,通过轩辕山,化成熊。告诉涂山氏说:"吃饭的时候,我敲鼓,你听到鼓声便赶来。"大禹跳过石头时,误跳在鼓上,鼓响了,所以涂山氏来了,但看见大禹已变成熊,便羞惭而去了。到了嵩高山下,禹又化成石,才生了启。禹喊道:"还我的儿子!"这时,石突然破裂,而启从石中出来。因启是石破而生,所以叫做启。他的父亲是天神禹,母亲是涂山氏,是人神交配所生的孩子。他具有神性,他曾三次到天庭做客,将天宫的《九辨》、《九歌》窃与人间,他能坐飞龙,可以登天宫。但他之后淫乐自纵,以致遭遇亡国命运。

【译文】

从少室山再往东三十里的地方,有座山叫泰室山。山上生长着一种树木,树叶像梨树叶,有红色的纹理,名字叫栯树,服用了它的人就不会有妒忌之心。山上还有一种草,形状如茶,开白色的花,结黑色的果实,味如葡萄,这种草名叫蓇草,吃了这种草,就能安然入睡,不会做噩梦。泰室山上有很多精美的石头。

讲山　婴梁山

【原文】

又北三十里,曰讲山①。其上多玉,多柘,多柏。有木焉,名曰帝屋,叶状如椒②,反伤③赤实,可以御凶。

又北三十里,曰婴梁之山④。上多苍玉,錞于玄石。

【注释】

①讲山,古山名。《五藏山经传》卷五:"在清易镇东,当嵩高东北。"

②椒,即花椒,属香科植物。

③反伤,郭璞注:"刺下勾也。"这里是指树枝上倒长的刺。

④婴梁之山,古山名。《五藏山经传》卷五:"在黑石渡东。"

【译文】

从泰室山再往北三十里的地方,有座山叫讲山。讲山上盛产玉石。山上有茂密的柘树和柏树。山上有一种树叫帝屋,叶子的形状像菽树,干上长着倒刺,结红色的果实,人们用这种木头,可以抵御凶兽的侵袭。

从讲山再往北三十里的地方,有座山叫婴梁山。山上遍布精美的苍玉,这些苍玉都依附在黑色石头上。

浮戏山

【原文】

又东三十里,曰浮戏之山。有木焉,叶状如樗而赤实,名曰亢木,食之不蛊。汜水①出焉,而北流注于河。其东有谷,因名曰蛇谷,上多少辛②。

【注释】

①汜水,《五藏山经传》卷五:"汜水象游戏也。古太灏氏居些,号浮戏氏,风姓。"

②少辛,也叫细辛,马兜铃科植物。这是一种有药用价值的草,可以全草入药,有温经散寒、祛风止痛等疗效。

【译文】

从婴梁山再往东三十里的地方,有座山叫浮戏山。山上长有一种树木,树叶形状像樗树叶,结红色的果实,名字叫亢树,吃了这种果实,就不会受蛊惑。汜水是从这座山流出,然后向北流入黄河。这座山的东面有个峡谷,名叫蛇谷,谷中有很多细辛草。

少陉山

【原文】

又东四十里,曰少陉之山①。有草焉,名曰莔草②,叶状如葵,而赤茎白华,实如蘡薁,食之不愚。器难之水出焉,而北流注于役水。

【注释】

①少陉之山,古山名。《五藏山经传》卷五:"山在正回水源騩山之东,即和山也。陉,峻隧也。"

②蔺草:古草名。

【译文】

从浮戏山再往东四十里的地方,有座山叫少陉山。山上有一种草,名字叫蔺草,草叶像葵菜叶,红色的茎干,开白色的花,果实像野葡萄,吃了这种果实可以使人变得更聪明。器难水是从这座山流出,然后向北流入役水。

太 山

【原文】

又东南十里,曰太山①。有草焉,名曰梨,其叶状如荻②而赤华,可以已疽。太水出于其阳,而东南流注于役水。承水③出于其阴,而东北流注于役。

【注释】

①太山,古山名。《五藏山经传》卷五:"太山一名华山。"

②荻,郝懿行按:"荻当为萩。"萩,一种蒿类植物。萩蒿叶子白色,像艾蒿而分又多,茎杆高的可达一丈余。

③承水,《五藏山经传》卷五:"太水岙水一源两分,出华城南冈,南流为太,即溱水,西南会黄水河,又东南合洧而东南注于役。役水出中牟县西南,东北合侵而南注也。北流为岙。岙古危字,即七虎涧水,与清池水并东北流注侵,象乘危欲颠之形。"

【译文】

从少陉山再往东南十里的地方,有座山叫太山。太山上长有一种草,名叫梨,梨草叶子像蒿草叶,开红色的花,可以入药,能够治愈疽病。太水是从这座山南面流出,然后向东南流入役水。承水是从这座山的北面流出,然后向东北流入役水。

末山 役山

【原文】

又东二十里,曰末山①。上多赤金。末水出焉,北流注于役。

又东二十五里,曰役山②。上多白金,多铁。役水出焉,北注于河。

【注释】

①末山,古山名。吕调阳校作"不山",《五藏山经传》卷五:"不,古'杯'字。不水即不家沟,水东北流而北分为二,一西北会黄雀沟注荥泽,一东北入圃田泽,似不形。"

②役山,《五藏山经传》卷五作"侵山":"黄雀沟水象帚形,故曰侵。侵者,扫渐进也,其水北入荥泽,又北绝泽道济隧注河,盖古济水自荥阳溢出,圣人既因而瀹之,与索水、侵水并潴为泽,其正流自北东出会汶注海,复于东南导枝渠下注颖汝,皆以泄河之怒。若京、索水盛,济不能容,则由济隧北注以均其势,故侵水得言注河也。"

【译文】

从太山再往东二十里的地方,有座山叫末山。山上到处都是赤金矿。末水是从这座山流出,向北流入役水。

从末山再往东二十五里的地方,有座山叫役山。山上有很多白金矿和铁矿。役水是从这座山流出,向北流入黄河。

敏山　大騩山

【原文】

又东三十五里,曰敏山①。上有木焉,其状如荆,白华而赤实,名曰葡柏②,服者不寒。其阳多琈珦之玉。

又东三十里,曰大騩之山③。其阴多铁、美玉、青垩。有草焉,其状如蓍而毛,青华而白实,其名曰莨④。服之不夭,可以为腹病。

【注释】

①敏山,古山名。《五藏山经传》卷五:"敏,古音每,即梅山也,在太山东北。"

②葡柏,葡同蓟,古树名,属柏树的一种。

③大騩之山,古山名。《五藏山经传》卷五:"今中牟南二十里之土山也。役水东接制梧,象马人立。"

④莨,古草名,可以入药。

【译文】

从役山再往东三十五里的地方,有座山叫敏山。敏山上有一种树,形状像荆棘,开白色的花,结红色的果实,名字叫葡柏,人们如果吃了这种果实,能够增加体内热量,不怕寒冷。山的南面蕴藏着丰富的琈珦玉。

从敏山再往东三十里的地方,有座山叫大騩山。山的北面有丰富的铁矿、精美的玉石、青色的垩土。山中长有一种草,形状像蓍草却长着毛,开青色的花,结白色的果实,它的名字叫蓛。人们吃了这种果实,能够延年益寿,还可以医治肠道疾病。

总观

【原文】

凡苦山之首,自休与之山至于大騩之山,凡十有九山,千一百八十四里。其十六神者,皆豕身而人面。其祠:毛牷①用一羊羞②,婴用一藻玉③瘗。苦山、少室、太室皆冢也,其祠之:太牢之具,婴以吉玉。其神状皆人面而三首,其馀属皆豕身人面也。

人面三首神

人面三首神　明·蒋应镐绘图本

【注释】

①牷,毛色纯一的整只家畜。

豕身人面十六神

②羞,进献,这是指进献祭祀品。

③藻玉,带有五彩花纹的玉。

【译文】

纵观《中次七经》苦山山系,从休与山到大騩山,共十九座山,沿途一千一百八十四里。其中有十六座山神是人的面孔猪的身形。祭祀这些山神的礼仪是,毛物用一只纯色的完整的羊作为祭品,玉器用一块藻玉,并把它埋在地下。苦山、少室山、太室山都是众山的宗主。祭祀这三座山神的礼仪是:毛物用猪、牛、羊,还用晶莹的玉器制成器皿。这些山神都是长着一幅人的面孔但是有三个脑袋。另外十六座山神都是人面猪身。

《中山七经》即中部山区第七条山脉的考察记录,共记述有19座山,11条河流,13处地望,19处矿物,22处植物,7处动物,当地居民供奉人面三首和豕身人面图腾神。

休与山的帝台之棋,是中国记述棋类活动的最早文字之一。制作帝台之棋的石材又称为帝台之石,被用于祈祷百神,并作为护身符。棋类游戏起源甚早,种类也很多,至今在中国仍然广泛流传的主要有围棋和象棋。围棋相传是帝尧为了教育其子丹朱而发明的,在民间故事里丹朱又名丹珠、单珠,还真有一点彩色棋子的意思。象棋起源说法较多,元代高僧念常《佛祖历代通载》称:"神农以日月星辰为象,唐相国牛僧孺用车、马、将士、卒加炮代之为机矣。"宋晁补之《广象戏格·序》称:"象戏兵戏也,黄帝之战驱猛兽以为阵;象,兽之雄也,故戏兵以象戏名之。"其他尚有武王伐纣时作、战国时作、北周武帝作等说。

第2节的鼓钟山是帝台宴请百神或四方贵宾的地方,届时钟鼓齐鸣,主宾举杯畅饮。中国河南舞阳曾出土一批8000年前的骨笛,浙江余姚出土有7000年前的埙,其他出土先夏乐器尚有陶号角、骨哨、陶哨、陶号、陶哨铃、四孔器、陶响器、龟响器、陶钟、石磬、陶鼓、木皮鼓等,说明中国人在先夏时期已经有着丰富的歌舞和音乐活动。

从帝台的身份和活动来看,他是先夏时期有相当影响力的部落联盟首领或古国帝王,但是在《山海经》之外的其他古籍里却没有关于帝台的记载。类似的情况还有帝俊,《山海经》(主要是《大荒四经》)记述有许多帝俊的事迹,而其他古籍里却没有关于帝俊的记载,或者没有明确提及帝俊。由于帝俊的事迹与帝舜存在着大量的相同内容,因此学术界普遍认为帝俊实际上就是帝舜。从这个角度来说,帝台也可能另有所指,他很可能就是帝禹的别称。这种情况也发生在殷商族群上，其既称之为殷，又称之为商。其中，"殷"主要为他称，体现的是其他族群（主要是周族人）对该族群的认识或评判；"商"主要用于自称，得名于该族群的商业活动和天文观测活动（用商星定季节，商星即心宿二，俗称大火，"七月流火"意思是农历七月大火星开始远去，标志着夏天结束了，秋冬开始了）。顺便指出，有人把美洲土著"印第安"人，解释为彼此相互问候"殷地安"，意思是殷人东渡到美洲后，见面总要询问故乡是否安好。其实，这种解释是不能成立的，因为"殷"主要是周族人对商族人的称呼，商族人自己更多的是自称为"商"的，例如《尚书·商书》、《诗经·商颂》。

第3节中姑媱山的帝女女尸化䔄草的故事，与帝之季女瑶姬化灵芝的故事非常相似。《别赋》注引《高唐赋》(今本无)称："我帝之季女，名曰瑶姬，未行而亡，封于巫山之台，精魂为草，实曰灵芝。"《文选·高唐赋》注引《襄阳耆旧传》云："赤帝女名瑶姬，未行而卒，葬于巫山之阳，故曰巫山之女。楚怀王游于高唐，昼寝，梦见与神遇，自称巫山之女，王因幸之。遂为置观于巫山之南，号为朝云。后至襄王时，复游高唐。"通常认为赤帝即炎帝，其实赤帝也可能是蚩尤。

第5节的堵山多怪风雨，当系神天愚所为。称至高无上的天神为"愚"，显然具有不敬或调侃的味道。事实上，古人对神有三种态度，一是敬畏歌颂之以祈求神为自己服务，二是训斥鞭笞之以强迫神为自己服务，三是嘲弄羞辱之以刺激神为自己服务。道理很简单，神是人创造出来的，当然要为人服务。更准确地说，神是人的大脑思维生命智力系统创造出来的，大脑思维生命智力系统从基因生命智力系统那里取得领导权之后，它既兴奋又恐惧，渴望着与外界对话，于是便创造出各式各样的神，同时也希望自己能拥有操纵大自然的神力。

第6节的放皋山或作效皋山、牧皋山。先夏时期著名部落或人物皋陶，在帝舜时期负责造律立狱；皋陶为青阳氏后裔，封于皋，相传发明了鼓，《考工记》记有："皋陶,鼓木也。"有趣的是,中国河南陶寺龙山文化出土有木鼓,系用树干截断挖制而成,高100厘米,上口径43厘米,下口径57厘米,蒙皮(鳄鱼)已朽,鼓身外表在赭红底色上绘有白、黄、黑、宝石蓝等色图案,时间为公元前2 500至公元前1900年间。

第9节的少室山帝休树的枝杈指着五个方向,其果实有息怒之效,很像是古代的诽谤木。史载帝尧、帝舜时期设有一种民主制度,即在通衢大道路口竖立一木,上有横木指示不同方向,凡民众有意见、要求,均可在此宣讲,官员或首领要耐着性子洗耳恭听,其木则称诽谤木,亦即后世华表雏形。少室山位于河南省登封市,系嵩山山脉主峰之一,主峰玉寨山为嵩山最高峰,海拔1512米。山下有少姨庙,少姨指启母涂山氏之妹;在当地民间故事中,只说她如何帮助禹抚养启儿;其实,中国古代有同时娶姐妹的习俗,例如舜娶尧之二女,因此涂山氏姐妹均为禹妻。

第10节中泰室山的蓲草与姑瑶山的蓲草,两者药效不同。泰室山因禹妻涂山氏在此化石而得名,今嵩山南麓万岁峰下有启母阙、启母石,石高10米。泰室山又称太室山,系嵩山山脉主峰,与少室山之间相距10里,以少林河(著名的少林寺以此得名)为界;其中的峻极峰海拔1494米,风光险峻壮丽;其南麓黄盖峰下建有中岳庙,为历代帝王祭祀中岳的地方。《五藏山经》虽然没有明确提及五岳,但是两者仍然有一定关系,即南岳衡山为《南山经》之首,西岳华山为《西山经》之标志山,北岳恒山在《北山经》之内,东岳泰山在《东山经》之内,中岳嵩山在《中山经》之内,可见五岳乃是从《五藏山经》里各选一岳。

值得注意的是,《中山七经》记述泰室山与少室山之间的距离为"又东三十里",而今日两者之间的距离为10里,这就表明《中山七经》的一里实际上相当于今日的0.33里,亦即168米。需要指出的是,此处的距离比例关系,不能简单地推广到《五藏山经》其他各条山脉上,但是这种分析方法可以应用到《五藏山经》其他各条山脉上。

《中山七经》所述诸山在今日河南境内的黄河以南、伊水以东、北汝河以北的区域里,其主要山脉即嵩山,嵩山山脉所发源的主要水系有颍河、双洎河、贾鲁河(涡河上游)。古代嵩山又称崇山,其地(今登封市)又叫崇地,相传帝尧时期崇地的首领名叫崇伯鲧,鲧治水失败被杀,禹从鲧的腹中出生(这种神异的出生方式,实际上表明禹是鲧的若干代后裔;类似的还有启从启母石中出生的说法,亦表明夏后启乃是禹的若干代后裔;在神话传说信息学里,这种现象被称为时间压缩律),禹继续治水并获成功。

新郑县双洎河(古称洧水)北侧有8000年前的裴里岗文化遗址,面积20000平方米,出土的石器有磨盘、磨棒、铲、斧、凿、镰,镰与今日镰刀相似,而刃部有锯齿。据《禹县县志》、《新郑县志》及当地民间传说,这一带是黄帝活动过的地方,黄帝曾在大鸿山(即大騩山)屯兵,山上有黄帝避暑洞、华盖童子授黄帝神芝图、轩辕庙等遗迹,而新郑相传即轩辕故里,双洎河的得名则与黄帝传位给玄嚣、昌意兄弟的故事有关。

八、中次八经

【导读】

中次八经记述了中国中部的二十三座山,除了位于今湖北的荆山和河南的光山,其余绝大部分山的具体位置都难以考定,但它们大致在今湖北、安徽境内。

中次八经主要记述了骥围、计蒙、涉骥三位神的形状特点,以及种类丰富的动物和植物,没有形状怪异的动物。

荆山　景山

【原文】

《中次八经》荆山之首,曰景山,其上多金玉,其木多杼①、檀。雎水出焉,东南流注于江,其中多丹粟,多文鱼②。

【注释】

①杼:杼树,即柞树,一种落叶乔木,花黄褐色,果实叫橡子或橡斗。木材坚硬,可制家具,供建筑。

②文鱼:有斑彩的鱼,金鱼。

【译文】

《中次八经》记述的中部第八列山系是荆山山脉,荆山山脉的第一座山,名叫景山,景山上有很多金矿石和玉石,景山上生长着柞树和檀树。雎水就发源于这座山,流出山涧后便向东南流入长江,雎水中有很多细丹砂,还有很多身上带有各种花纹的鱼。

荆山

【原文】

东北百里,曰荆山,其阴多铁,其阳多赤金,其中多犛牛①,多豹、虎,其木多松、柏,其草多竹,多橘、櫾②。漳水出焉,而东南流注于雎,其中多黄金,多鲛鱼③,其兽多闾麋。

鲛鱼

鲛鱼　明·蒋应镐绘图本

【注释】

①犛牛:一种毛皮纯黑的牛,指牦牛。

②櫾:果木名,即柚,古代指大果柚和部分橙类。常绿乔木。种类很多。果实大,球形或卵圆形,多汁,味酸甜可口,供食用。

③鲛鱼:鲨鱼,种类很多,性凶猛,捕食其他鱼类。

【译文】

由景山往东北一百里有座山,名叫荆山。这座山的北麓蕴藏有丰富的铁矿,南麓蕴藏有丰富的赤金矿。山中有很多牦牛和虎、豹。这座山上生长着很多松树和柏树,草类主要是小竹丛,还有很多橘、柚。漳水就发源于这座山,流出山涧后便向东南流入雎水。漳水中有很多黄金矿石,还有很多鲨鱼。荆山上还有很多山驴和麋鹿。

骄山

【原文】

又东北百五十里,曰骄山,其上多玉,其下多青䨼,其木多松、柏,多桃枝①、钩端②。神蟲围处之,其状如人面。羊角虎爪,恒游于雎漳之渊,出入有光。

【注释】

①桃枝:指桃枝竹。一种赤皮竹,可以织席作杖。

②钩端:竹名。

【译文】

由荆山再往东北一百五十里有座山,名叫骄山,骄山的山顶有很多玉石,山坡下有很多青䨼,这座山上生长的树木主要是松柏,还有很多桃枝竹、钩端竹。蛊围神就住在这座山上,他长着一副人样的面孔,还长着一对羊角和四只虎爪,他经常在雎水和漳水的深渊中巡游,从水中出入时全身都闪闪发光。

蛊围

蛊围 清·汪绂图本

女几山

【原文】

又东北百二十里,曰女几之山,其上多玉,其下多黄金,其兽多豹虎,多闾、麋、麖、麂①,其鸟多白鹇②,多翟③,多鸬④。

【注释】

①麂:麂子,像鹿,比鹿小,毛黄黑色,雄麂有很短的角,皮可做鞋面、手套等,肉可以吃。

②白鹇:也叫"鹇雉",雉的一种,尾长,走且鸣,性勇健,肉鲜美,羽可为饰。

③翟:长尾野鸡。

麖

④鸩：鸩鸟，传说中的一种毒鸟。把它的羽毛放在酒里，可以毒杀人。

麖

麖　清·汪绂图本

【译文】

由骄山再往东北一百二十里有座山，名叫女几山，女几山上有很多玉石，山坡下有很多黄金。这座山上的兽类主要是虎、豹，山上还有很多山驴、麋鹿、麖、麖，这座山上生长的鸟类主要是白鹇、长尾雉和鸩。

宜诸山

【原文】

又东北二百里,曰宜诸之山,其上多金玉,其下多青雘。滍水出焉,而南流注于漳,其中多白玉。

【译文】

由女几山再往东北二百里有座山,名叫宜诸山,宜诸山顶有很多金矿石和玉石,山坡下有很多青雘。滍水就发源于这座山,流出山涧后便向南流入漳河,滍水中有很多白色玉石。

纶山

【原文】

又东北三百五十里,曰纶山,其木多梓枏,多桃枝,多柤、栗、橘、櫾,其兽多闾、麈、麢、㚟。

【译文】

由宜诸山再往东北三百五十里有座山,名叫纶山,纶山上生长着梓树、楠树和桃枝竹,还有柤树、栗树、橘树和柚树,纶山上生长的兽类主要是山驴、麈、羚羊、㚟。

朓湖

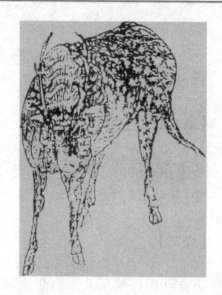

朓湖　明·蒋应镐绘图本

陆郇山

【原文】

又东北二百里,曰陆郇之山,其上多㻬琈之玉,其下多垩,其木多杻、橿。

【译文】

由纶山再往东北二百里有座山,名叫陆郇山,这座山上有很多㻬琈玉,山坡下有很多可用作涂饰的各种颜色的土,这座山上生长着杻树和橿树。

光山

【原文】

又东百三十里,曰光山,其上多碧,其下多木。神计蒙处之,其状人身而龙首,恒游于漳渊,出入必有飘风^①暴雨。

计蒙

计蒙　明·蒋应镐绘图本

【注释】

①飘风:指旋风,暴风。

【译文】

由陆郇山再往东北一百三十里有座山,名叫光山,光山的山坡上遍地都是碧玉,山坡下树木葱茏。计蒙神就住在这座山上,计蒙神身形似人,但长着龙样的脑袋,经常出没于漳河深渊,每次在深渊中出入时都带有狂风和暴雨。

岐山

【原文】

又东百五十里,曰岐山,其阳多赤金,其阴多白珉^①,其上多金玉,其下多青薠，其木多樗。神涉蟲处之，其状人身而方面三足。

【注释】

①白珉：一种似玉的美石。

【译文】

由光山再往东一百五十里有座山，名叫岐山，岐山的南坡有很多赤金矿石，北坡有很多白珉石，山巅有很多金矿石和玉石，山坡下有很多青薠，这座山上生长着臭椿。涉蟲神就住在这座山上，这个神身形似人，但脸形是四四方方的，脚有三只。

涉蟲

涉蟲　清·汪绂图本

铜山

【原文】

又东百三十里,曰铜山,其上多金银铁,其木多榖、柞柤、栗、橘、櫾,其兽多豹。

【译文】

由岐山再往东一百三十里有座山,名叫铜山。铜山上蕴藏有丰富的金、银、铁矿。山上生长着构树、柞树、楂树、栗树、橘树、柚树。山上出没的野兽主要是豹。

美山

【原文】

又东北一百里,曰美山,其兽多兕牛,多闾麈,多豕鹿,其上多金,其下多青䨼。

【译文】

由铜山再往东北一百里有座山,名叫美山,这座山上出没的兽类主要是兕、野牛,还有很多山驴、麈、野猪、鹿,这座山的山顶上有很多金矿石,山坡下有很多青䨼。

大尧山

【注释】

又东北百里,曰大尧之山,其木多松、柏,多梓、桑,多机①,其草多竹,其兽多豹、虎、麢、臭。

【注释】

①机:机木树,即桤木树。

【译文】

由美山再往东北一百里有座山,名叫大尧山,大尧山上生长着很多松树、柏树,还有很多梓树、桑树、机树以及竹,山中出没的兽类主要是豹、虎、羚羊和臭。

灵山

【原文】

又东北三百里,曰灵山,其上多金玉,其下多青雘,其木多桃、李、梅、杏①。

【注释】

①梅:落叶乔木。早春先开花,后生叶,花有白、红等色,香味浓。杏:杏树,一种落叶乔木,叶子宽卵形,花单性,白色或粉红色,果实圆形,成熟时黄红色,味酸甜。

【译文】

由大尧山再往东北三百里有座山,名叫灵山,灵山的山巅蕴藏有丰富的金矿和玉石,山坡下有很多青䨼,灵山上生长着很多桃树、李树、梅树和杏树。

龙山

【原文】

又东北七十里,曰龙山,上多寓木①,其上多碧,其下多赤锡,其草多桃枝、钩端。

【注释】

①寓木:寄生在树木上的植物。

【译文】

由灵山再往东北七十里有座山,名叫龙山,这座山上生长着一种寄生在别的树干上的寓树,这座山上有很多碧玉,山坡下则有很多赤锡矿石,草类主要是桃枝竹和钩端竹。

衡山　石山

【原文】

又东南五十里,曰衡山①,上多寓木②、穀、柞,多黄垩、白垩。

又东南七十里,曰石山③,其上多金,其下多青䨼,多寓木。

【注释】

①衡山,古山名。《五藏山经传》卷五:"信阳州南天平山,在倚带之北。"

②寓木,一种寄生树,也有的说是寄生草。郭璞注:"寄生也,一名宛童。"

③石山,古山名。《五藏山经传》卷五:"山在黄安县北双山门,其西曰石门也。"

【译文】

从龙山再往东南五十里的地方,有座山叫衡山。山上树木枝繁叶茂,其中寓树、构树、柞树尤其茂密,山中还有很多可制作涂料的黄色垩土和白色垩土。

从衡山再往东南七十里的地方,有座山叫石山。山上蕴藏着丰富的金矿,山下有很多青腰。还生长许多寓树。

若山

【原文】

又南百二十里,曰若山①,其上多琈珤之玉,多赭②,多邽石③,多寓木,多柘。

【注释】

①若山,古山名。《五藏山经传》卷五:"山以罗田县北天堂寨。若同如,顺也,象水形。"

②赭,一种红土。

③邽石。郝懿行曰:"'邽'疑'封'字之讹。"

【译文】

　　从石山再往南一百二十里的地方,有座山叫若山。若山遍布精美的琈珸玉,还有很多赭石、郱石,到处生长着寓树和柘树。

峣山　玉山

【原文】

　　又东南一百二十里,曰峣山^①,多美石,多柘。
　　又东南一百五十里,曰玉山^②。其上多金玉,其下多碧^③铁,其木多柏。

【注释】

　　①峣山,古山名。《五藏山经传》卷五:"山在杨桑湖口,东接萧家畈,湖水象峣形也。"
　　②玉山,古山名。《五藏山经传》卷五:"即大别山。"
　　③碧,即青碧之类。

【译文】

　　从若山再往东南一百二十里的地方,有座山叫峣山,山中有很多漂亮的石头,还有茂密的柘树。
　　从峣山再往东南一百五十里的地方,有座山叫玉山。这座山蕴藏着丰富的金矿和玉石,山下有丰富的铁矿和晶莹剔透的碧玉。山中树木葱茏,松柏常青。

灌山　仁举山

【原文】

又东南七十里,曰灌山①,其木多檀,多邽石,多白锡。郁水出于其上,潜于其下,其中多砥砺②。

又东北百五十里,曰仁举之山③,其木多穀柞。其阳多赤金,其阴多赭。

【注释】

①灌山,古山名。《五藏山经传》卷五:"山在麻城县东北曰龙井畈,为岐亭河所源。"

②砥砺,磨刀石。

③仁举之山,古山名。《五藏山经传》卷五:"女几东北也。仁举与灌举同义。山在今应城西北崎山司也。"

【译文】

从玉山再往东南七十里的地方,有座山叫灌山。山上树木茂盛,檀树尤其繁茂,山中遍布着邽石和白锡。郁水是从灌山顶喷涌而出,奔流直下,水中有很多磨刀石。

从灌山再往东北一百五十里的地方,有座山叫仁举山。山中树木成林,尤其构树和柞树茂密。山的南面盛产闪闪发光的金属矿物,山的北面有很多赭石。

师每山 琴鼓山

【原文】

又东五十里,曰师每之山①,其阳多砥砺,其阴多青䨼。其木多柏,多檀,多柘,其草多竹。

又东南二百里,曰琴鼓之山②。其木多榖、柞、椒③、柘,其上多白珉,其下多洗石,其兽多豕、鹿,多白犀,其鸟多鸩。

【注释】

①师每之山,古山名。《五藏山经传》卷五:"景山东南也。山在监利县东,临蒋师湖,江水所溢小湖也。湖水东北流,与其西之大马湖、南江湖水合,象拇指形,又东北流北注官湖之东南,湖长六十馀里,丰右杀左,象琴形,故此山以师每为号。每、拇古字通也。今江南岸有调弦口,与'师每'义相因也。"

②琴鼓之山,古山名。《五藏山经传》卷五:"琴鼓,琴之鼓处。山在官湖之北近西也。"

③椒,椒树。郭璞注,椒树是一种矮小而丛生的小树木,当属灌木或小乔木之类。

【译文】

从仁举山再往东五十里的地方,有座山叫师每山。山的南面有很多磨刀石,山的北面盛产青䨼。山中树木葱茏,松柏常青,檀树、柘树茂密。山中草丛郁郁葱葱,小竹丛满山遍野。

从师每山再往东南二百里的地方,有座山叫琴鼓山。山中枝木繁茂,柏树、檀树、柘树长得特别旺盛。山下遍布着洗石,山中出没的野兽主要有野猪、鹿,还有许多白色犀牛,而飞鸟大多是鸤鸟。

总观

【原文】

凡荆山之首,自景山至琴鼓之山,凡二十三山,二千八百九十里,其神状皆鸟身而人面。其祠:用一雄鸡祈瘗①,用一藻圭②,糈用稌③。骄山,冢④也,其祠:用羞酒少牢祈瘗,婴毛一璧。

鸟身人面神

鸟身人面神　清·汪绂图本

【注释】

①用一雄鸡祈瘗,毛物用一只雄鸡取血涂祭以后埋入地里。

②用一藻圭,意思是祀神的玉用一块藻圭。圭,是指有文彩的玉。

③糈用稌,祀神的米用精米。

④冢,同宗,宗主的意思。

【译文】

纵观《中次八经》荆山这一山系，从景山到琴鼓山，共二十三座山，沿途二千八百九十里。这些山神都是鸟的身形、人的面孔。祭祀这些山神的礼仪是，毛物用一只公鸡作祭品并埋入地下，还用精玉雕制成的玉器，祭祀用的米是稻米。骄山是众山的宗主，在祭祀骄山山神时，用美酒和猪、羊作祭品，将一块璧玉系在猪、羊颈上作饰品，祭祀后一同埋入地下。

【鉴赏】

《中山八经》即中部山区第八条山脉的考察记录，共记述有23座山，4条河流，6处地望，52处矿物，58处植物，33处动物。值得注意的是，《中山八经》是《五藏山经》26条山脉里记述矿产最多的山脉之一，表明这一带曾经有着发达的采矿活动(目的主要是制作颜料和冶炼青铜器，或许也包括贸易)。《中山八经》所述区域大体在今日湖北省的荆山、大洪山一带，这里的居民供奉鸟身人面之神，祭祀时要用雄鸡、藻圭、精米祭神。其中骄山是先祖陵墓所在地，因此骄山多松柏树(墓地用树)，多桃树(桃木有辟邪之效力)。

本章第1节中，景山所出睢水即今日湖北省西北部的沮水，第2节中荆山所出的漳水今日仍然名叫漳水，它们汇合后称为沮漳水，向南流入长江。荆山山脉的北面是武当山，西面是大巴山，著名的神农架就位于荆山与大巴山之间。荆山山脉长约150公里，宽约20至30千米，因盛产荆条而得名，其高峰望佛山海拔1946米，聚龙峰海拔1852米。在《五藏山经》里，除了《中山八经》总称荆山之外，《中山十一经》亦总称荆山。在先夏传说里，黄帝和大禹都曾在荆山铸鼎，相传黄帝铸鼎的荆山在河南省灵宝县，而大禹铸鼎的荆山则在陕西省大荔县或富平县。春秋战国时期卞和采玉处的荆山，一说在湖北省的荆山北麓南漳县，一说在安徽的怀远县。

第3节中骄山的神单围是当地居民供奉的守护睢漳之渊的吉神。在举行巫术活动时,由头戴羊角、装饰虎爪的巫师来装扮成神单围;在迎神和送神的过程中,民众都要燃起火把、打起灯笼、点燃篝火,以壮神威。

第8节中光山的漳渊与第3节骄山的睢漳渊,在当时应当是两处面积很大的湖泊,人们依湖而居,乘船来往或打鱼,为了保平安,需要祭祀湖神。两者对比之下,神单围似乎要温和一些,而神计蒙则显得脾气暴躁或威力更强,这可能与两处湖泊的风浪高低有关。今日上述地区属于江汉平原,境内的大湖泊已经很少了。

第9节中岐山的向阳面和山的上半部同时出产金,这在《五藏山经》记述的447座山中并不多见。此处未言神涉单的职能,当系缺文。所谓神涉单"方面",当指戴着方形面具;"三足",如果不是畸形,则可能是某种特殊的装饰,例如假腿、拐杖或尾饰、且饰。尾饰曾在史前人类社会广泛流行过一个时期,在世界许多地方的远古岩画中,都有绘着尾饰的人物画。我国青海大通县马家窑文化出土的一件彩陶盆上绘画的舞蹈纹,舞者均绘有尾饰;而阴山岩画上的人物画,无论是舞者还是猎人几乎都绘有尾饰。多数学者认为尾饰起源于捕猎,猎人伪装成动物的样子以吸引要捕猎的动物。与此同时,西王母豹尾以及九尾狐等有尾人神和多尾动物的传说,也都是有关尾饰的描述。所谓且饰,是远古人在生殖崇拜的巫术舞蹈活动中,对男性性器官的夸张装饰物或模拟替代物,类似的情景在今日民间舞蹈和戏曲中仍然可以见到蛛丝马迹。

第10节的铜山上多金、银、铁而无铜,或许是因为已经将山命名为铜山,故而考察者省略了记述产铜的文字,也可能此处铁字原本是铜字。今日湖北省大冶县境内的铜绿山是一处古老的矿山,赤铁矿、孔雀石、自然铜至今仍然遍布山野;每逢雨后,铜绿如豆点缀于土石之上,故而得名。经考古发掘,这里已清理出西周、春秋至汉代的采矿井巷数百条,矿井深度50余米,附近还有殷商、西周以及宋代炼铜遗迹遗物。

第22节中的师每山和第23节中琴鼓山的名称当有所指。其中,师每山出产的树被记述为"其木多柏,多檀,多柘",我们可以清楚地知道分别是三种树。对比之下,琴鼓山出产的树却被记述为"其木多榖柞椒柘",尽管我们知道它们分别是榖树、柞树、花椒树和柘树,但是这种表述方式仍然容易使我们产生误解。例如,琴鼓山"多豕鹿",我们就难以确定这里有豕和鹿两种动物,还是有一种又像豕又像鹿名叫"豕鹿"的动物。显然,这对我们今天统计《山海经》记述的动物、植物种类造成了困难,同时也对我们为《山海经》原文加注标点符号增加了难度。

九、中次九经

【导读】

中次九经记述了位于中国中部的十六座山,除了岷山、崃山、葛山等六座山外,其余的山的具体位置都难以确定,但它们大致在今四川、重庆、湖北境内。

中次九经中记述了种类丰富的动物和植物,无奇禽怪兽。较为引人注意的是,说有一个熊居住的洞穴,它夏启冬闭,经常有神人从洞中出来。

岷山　女几山

【原文】

《中次九经》岷山之首,曰女几之山,其上多石涅^①,其木多杻、橿,其草多菊、荣。洛水出焉,东注于江,其中多雄黄。其兽多虎、豹。

【注释】

①石涅:涅石,黑矾石,可为染料。

【译文】

《中次九经》记述的中部第九列山系,即岷山山脉,最西端的那座山名叫女几山,女几山上有很多可用作黑色染料的石涅石,这座山上生长的树种主要是杻树和橿树,草类主要有山菊和茶。洛水就发源于这座山,流出山涧后便向东流入长江,洛水中有很多雄黄石。女几山上最多的兽类主要是虎、豹。

岷山

【原文】

又东北三百里,曰岷山。江水出焉,东北流注于海,其中多良龟,多鼍^①,

其上多金玉,其下多白珉,其木多梅、棠,其兽多犀、象,多夔牛②,其鸟多翰、鷩③。

【注释】

①鼍:扬子鳄,爬行动物,吻短,体长两米多,背部、尾部均有麟甲。穴居江河岸边,皮可以蒙鼓。亦称"鼍龙"、"猪婆龙"。

②夔牛:传说中一种高大的野牛。

③鷩:鸟名。锦鸡,似山鸡而小,冠羽优美。

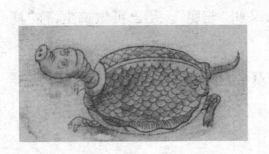

良龟

鼍　清·汪绂图本

【译文】

由女几山再往东北三百里有座山,名叫岷山。长江就发源于这座山,长江从这里流出后便浩浩荡荡向东北流入大海,长江水中盛产良龟、扬子鳄,岷山的山巅有很多金矿石和玉石,山坡下则有很多的珉石,岷山上主要有梅树和棠树两种,出没的野兽主要是犀牛和大象,还有很多夔牛,栖息在这座山上的鸟类主要是白翰和赤鷩。

崃山

【原文】

又东北一百四十里,曰崃山。江水出焉,东流注于大江。其阳多黄金,其阴多麢、麈①,其木多檀柘,其草多薤、韭。多药、空夺②。

【注释】

①麈:指一种似骆驼的鹿类动物,又叫"驼鹿"。尾巴可做拂尘,称"麈尾"。

②药:指白芷,一种香草。空夺:药草名。又名寇脱,俗名通草。

【译文】

由岷山再往东北一百四十里有座山,名叫崃山。长江有支流发源于这座山,流出山涧后便向东流入长江,崃山的南坡盛产黄金,北坡则生长有很多麢鹿和麈,崃山上生长着很多檀树和柘树,生长的草类主要是薤、韭等山菜,还有很多白芷、空夺。

崌山

【原文】

又东一百五十里,曰崌山。江水出焉,东流注于大江,其中多怪蛇,多鳌鱼,其木多楢、杻,多梅、梓,其兽多夔牛、麢、臭、犀、兕。有鸟焉,状如鸮而赤身白首,其名曰窃脂①,可以御火。

怪蛇

【注释】

①窃脂:传说中的一种鸟名,又名桑鳸、桑扈。

窃脂

窃脂　清·汪绂图本

【译文】

　　由崃山再往东一百五十里有座山,名叫崌山。长江的一条支流就发源于这座山,流出山涧后便向东流入长江,江水中有很多怪蛇,还有很多鳖鱼,崌山中生长的树种主要是楢树、杻树、梅树、梓树,出没的兽类主要是夔牛、羚羊、奠、犀、兕之类。山上有一种鸟,其形似鹊,身体是红色的,只有脑袋是白色的,这种鸟名叫窃脂,可用它来防御火灾。

高梁山

【原文】

又东三百里,曰高梁之山,其上多垩,其下多砥、砺,其木多桃枝、钩端。有草焉,状如葵而赤花、荚实、白柎,可以走马①。

【注释】

①走马:骑马疾走,驰逐。

【译文】

由崌山再往东三百里有座山,名叫高梁山,这座山上有很多可用作涂饰的各色土,山坡下有很多可用作磨刀的石头,山上生长的树种主要是桃枝竹和钩端竹。山上生长有一种草,其形状有点像葵草,但开有红色的花朵,结有荚果一样的果实,花萼是白色的,用这种草喂马,可以使马健跑。

蛇山

【原文】

又东四百里,曰蛇山,其上多黄金,其下多垩,其木多枸,多豫、樟,其草多嘉荣、少辛。有兽焉,其状如狐,而白尾长耳,名㹢狼,见则国内有兵。

【译文】

由高梁山再往东四百里有座山，名叫蛇山，这座山的山巅盛产黄金，山坡下则有很多可用来刷墙的白色土，这座山上生长的树种主要是枸树、豫樟树，生长的草类主要是嘉荣、少辛。山上有一种野兽，其形似狐，尾巴是白色的，耳朵很长，这种野兽名叫轴狼，这种野兽一旦出现，国家就将发生内战。

轴狼

轴狼　清·汪绂图本

鬲山

【原文】

又东五百里，曰鬲山，其阳多金，其阴多白珉。蒲鹥之水出焉，而东流注于江，其中多白玉。其兽多犀、象、熊、罴，多猿、蜼①。

【注释】

①蜼：一种体形较大的长尾猴，黄黑色，尾长数尺。

【译文】

由蛇山再往东五百里有座山，名叫鬲山，这座山的南坡有很丰富的金矿，山的北坡则有很多白色的珉石。蒲鹥水就发源于这座山，流出山涧后便向东

蜼

流入长江,水中有很多白色的玉石。嚣山上的野兽主要有犀牛、大象、熊罴、猿、蜼。

蜼

蜼 清·汪绂图本

隅阳山

【原文】

又东北三百里,曰隅阳之山[1],其上多金玉,其下多青䕫[2]。其木多梓桑,其草多茈[3],徐之水[4]出焉,东流注于江,其中多丹粟[5]。

【注释】

[1]隅阳之山,古山名。《五藏山经传》卷五:"简州之龙泉山即隅阳山。"

[2]青䕫,可以用作涂料的矿石。

[3]茈,同紫,指紫草。

[4]徐之水,《五藏山经传》卷五:"徐当作馀,馀水,赤水河也,东流合西北一水迳州北入北江,山北则龙泉水北流会沱水入北江,又东南而南与赤水会,四流象噍馀之形,亦象枭羊首也。"

[5]丹粟,像粟粒一样的细丹砂。

【译文】

从鬲山再往东北三百里的地方,有座山叫隅阳山。山上盛产金属矿物和美玉,山下有丰富的青䕫。山上树木茂密,梓树和桑树尤其繁茂。山中杂草丛生,紫草郁郁葱葱。徐水是从这座山流出,然后向东流入江水,徐水中有很多细丹石。

岐山

【原文】

又东二百五十里,曰岐山[1],其上多白金,其下多铁,其木多梅梓,多楣杻。减水[2]出焉,东南流注于江。

【注释】

[1]岐山,古山名。《五藏山经传》卷五:"蓬溪县西北高凤山也。"

[2]减水,《五藏山经传》卷五:"其水名马桑溪,东流南入涪水注江水,北有文井场,是多盐井,故为减水。"

【译文】

从隅阳山再往东二百五十里的地方,有座山叫岐山。山上有闪闪发光的白金,山下有丰富的铁矿。山上树木茂密,梅树、梓树、杻树和楣树苍翠。减水是从这座山流出,向东南流入江水。

勾檷山

【原文】

又东三百里,曰勾檷之山[1],其上多玉,其下多黄金。其木多栎[2]柘,其草多芍药。

【注释】

[1]勾檷之山,古山名。《五藏山经传》卷五:"檷同梟,牙豕之杙。勾,曲

也。大竹县之竹溪水形似之。"

②栎树,木名,有白栎、麻栎等品种。

【译文】

从岐山再往东三百里的地方,有座山叫勾檷山。山上有丰富晶莹剔透的玉石,山下遍地是闪闪发光的金属矿物。山上树木繁茂,栎树、柘树枝繁叶茂,山中杂草丛生,芍药长得郁郁葱葱。

风雨山

【原文】

又东一百五十里,曰风雨之山①,其上多白金,其下多石涅,其木多椆②禅,多杨。宣余之水出焉,东流注于江,其中多蛇。其兽多闾麋③,多麈、豹、虎,其鸟多白鹇④。

【注释】

①风雨之山,古山名。《五藏山经传》卷五:"绥定府治达县东南高头铺也。"

②椆、禅,郭璞注:"椆木,未详也;禅木白理,中栉。"禅木,古代用来制作梳子、杓子等物品。

③闾麋,山驴和麋鹿

④白鹇,古鸟名。

【译文】

从勾檷山再往东一百五十里的地方,有座山叫风雨山。山上盛产白金矿石,山下有丰富的石涅;山上树木繁茂,橄树和椵树最为茂密。宣余水是从这座山流出,然后向东流入江水,宣余水有很多蛇。山中野兽主要有山驴和麋鹿,还有许多麈、豹子、老虎。山林中百鸟飞翔,其中最多的是白鹇鸟。

玉山

【原文】

又东北二百里,曰玉山①,其阳多铜,其阴多赤金,其木多豫章、楢、杻,其兽多豕、鹿、麢、臭,其鸟多鸩。

【注释】

①玉山,古山名。《五藏山经传》卷五:"山为今峨眉山也。"

【译文】

从风雨山再往东北二百里的地方,有座山叫玉山。玉山南面蕴藏有丰富的铜矿,山的北面有丰富的金矿。山中树木繁茂,主要有豫章树、楢树、杻树。山中的野兽主要有豕、鹿、麢、臭,山林中百鸟飞翔,其中最多的是鸩鸟。

熊山

【原文】

又东一百五十里,曰熊山①,有穴焉,熊之穴,恒②出神人。夏启而冬闭③,是穴也,冬启乃必有兵。其上多白玉,其下多白金,其木多樗柳,其草多寇脱。

【注释】

①熊山,古山名。《五藏山经传》卷五:"山在荣县北,威远县西,荣县河及威远河并象熊经自投也。"

②恒,经常的意思。

③夏启而冬闭,意思是(这个洞)夏天开放,冬天关闭。

【译文】

从玉山再往东一百五十里的地方,有座山叫熊山。山中有很多洞穴,熊就居住在这些洞穴中,也常有神进进出出。这些洞穴,夏季洞穴门敞开,冬季便关闭。这些洞穴如果出现冬季敞开的情况,就会有兵乱之灾。熊山上有很多美轮美奂的白色玉石,山下有闪闪发光的白色金属矿物。山中树木茂密,樗树和柳树居多,山中的草丛多是冠脱草。

骒山

【原文】

又东一百四十里,曰骒山①。其阳多美玉赤金,其阴多铁。其木多桃枝、荆、芑②。

【注释】

①骒山,古山名。《五藏山经传》卷五:"在资州西北临江西岸,其北珠溪、资溪、杨华溪诸水象骒也。"

②荆芑,郝懿行曰:"芑盖'芑'字之讹,芑又杞字假借字也。《南次二经》云:'虖勺之山,其下多荆杞。'《中次十一经》云:'历石之山,其木多荆芑。'并

以荆芑连文,此误审矣。"

【译文】

　　从熊山再往东一百四十里的地方,有座山叫骢山,骢山的南面蕴藏着丰富美玉和金属矿物,山的北面有丰富的铁矿。山中树木繁茂,主要是桃枝竹、牡荆树、枸杞树最多。

葛山

【原文】

　　又东二百里曰葛山,①其上多赤金。其下多瑊石②。其木多柤、栗、橘、櫾、楢、杻,其兽多廳、㕙,其草多嘉荣。

【注释】

　　①葛山,古山名。《五藏山经传》卷五:"壁山城东分水岭也,其水屈曲如葛。"
　　②瑊石,一种似玉而质地次于玉的石头。

【译文】

　　从骢山再往东二百里的地方,有座山叫葛山。山上盛产金灿灿的金属矿物。山下有很多瑊石。山中树木苍翠,柤树、栗子树、橘子树、柚子树、楢树、杻树竞相生长。山中有许多羚羊和㕙,嘉荣草长得郁郁葱葱。

贾超山

【原文】

又东一百七十里,曰贾超之山[①],其阳多黄垩,其阴多美赭[②];其木多柤、栗、橘、櫾,其中多龙修[③]。

【注释】

①贾超之同,《五藏山经传》卷五:"山在綦江县治,为清溪、松坎河会处。贾,估也。贾超,审所逾也,两水形似之。"意思是指水的形状像商人看秤,这种说法有些迂曲。

②龙修,即龙须草。郭璞注:"龙须也,似莞而细,生山石穴中,茎倒垂。可以为席。"

【译文】

从葛山再往东一百七十里的地方,有座山叫贾超山。山的南面有很多可以用作涂料的黄色垩土。山的北面有许多精美赭石。这里树木苍茏,柤树、栗子树、橘子树、柚子树枝繁叶茂,山中的龙须草长得郁郁葱葱。

总观

【原文】

凡岷山之首,自女几山至于贾超之山,凡十六山,三千五百里。其神状皆马身而龙首。其祠:毛用一雄鸡瘞,糈用稌。文山[①]、勾櫉、风雨、騩之山,是皆冢也,其祠之:羞酒,少牢具,婴毛一吉玉。熊山,席②也,其祠:羞酒,太牢具,婴毛一璧。干儛③,用兵以禳:祈璆④,冕⑤舞。

马身龙首神

马身龙首神　清·汪绂图本

【注释】

①文山,郝懿行曰:"此上无文山,盖即岷山也。"

②席,郝懿行曰:"席当为帝,字形讹也,上下经文并以帝冢为对,此讹作席。"

③干儛,持盾牌、斧子的舞蹈。

④璆,一种美玉。

⑤冕,古代帝王、诸侯、卿大夫所戴的礼帽。汪绂曰:"求福祥则祭用缪玉。而舞者用冕服以舞也。"这里指礼帽礼服。

【译文】

　　纵观《中次九经》岷山这一山系,从女几山到贾超山,共十六座山,沿途三千五百里。这些山神都是马一样的身子,龙一样的头。祭祀这些山神的礼仪是,用一只完整的公鸡作祭品埋入地下,祭祀时用的米是精选的稻米。文山、勾檷山、风雨山、騩山,这四座山都是众山的宗主,祭祀这些山神的礼仪是,进献美酒,用猪羊二牲作少牢,再加上一块吉玉装饰。熊山山神,是众山之首,祭祀熊山山神的礼仪是,先进美酒,再进献猪、牛、羊三牲,用一块璧玉做装饰。在祭祀祈祷消除灾祸时,人们拿着盾牌,跳起舞蹈;在祈祷降福祥时,人们穿着礼服,手拿美玉,翩翩起舞。

【鉴赏】

　　《中山九经》即中部山区第九条山脉的考察记录,共记述有16座山,8条河流,10处地望,34处矿物,56处植物,39处动物。《中山九经》的居民供奉马身龙首图腾神(奇怪的是《中山九经》诸山没有一处直接提到马),祭品有雄鸡和精米。其中文山(岷山)、勾檷山、风雨山、騩山是先祖的墓地,祭祖扫墓时要献上美酒、吉玉和羊猪少牢之牲。熊山是祭祀熊神(帝)的地方,祭祀时要献上美酒、美璧,以及牛羊猪太牢三牲。如果举行盛大的万舞,舞者身穿战服手持盾而舞,那是为了预祝战争获胜,或者通过炫耀武力来驱逐灾祸;如果是为了祈求福祥,舞者则身穿礼服手持玉而舞。

　　本章第1节中女几山与《中山八经》的女几山当是异地同名,类似的情况在《五藏山经》里多处出现。今日四川省西部邛莱山山脉南段的四姑娘山,在3500米的距离内有四座雪峰南北排列,宛若四少女头披白纱,其海拔6250米,为青藏高原东部最高峰,或即此处所述的女几山,而所谓洛水东注入之江当指岷江。

第2节的岷山、第3节的崃山、第4节的崌山均记述有"江水出焉",这种情况在《五藏山经》中极为特殊,如果不是有文字讹误,那么就可能是极其特殊的地形地貌。岷山、崃山、崌山和第6节的蛇山、第7节的鬲山均位于今日四川盆地的岷山和大巴山一带,距离著名的三星堆、金沙文化遗址不远。值得注意的是。在《五藏山经》考察撰稿时期,这里还栖息有大量的犀牛和大象,说明当时的气候要比今日温暖许多;而在三星堆、金沙遗址出土了数量可观的象牙,可证明《五藏山经》的记述具有很高的真实性和可靠性。

第11节中的风雨山,顾名思义,其地形地势应多风雨。今日大巴山山脉高峰之一的光雾山,海拔2507米,从这里发源多条水系,分别流入嘉陵江和汉水。俗话说,风有风口,水有水道;实际上,飞云亦有路,而云下不下雨则往往与地形有关。对于我国来说,南方来的风通常都携带着大量水汽,它们在向北移动的过程中,每遇到高山,部分水汽就会转变成降水。具体来说,四川盆地之所以降水充沛,境内岷江、沱江、涪江、嘉陵江、渠江等水网密布,就是因为邛崃山、岷山、大巴山以及秦岭起到了把南来水汽(主要来自南太平洋和印度洋)转变成降水的作用。

第12节的玉山,是《五藏山经》记述的第三座玉山。前两座玉山,一是《西山四经》第11节中西王母所居的玉山,二是《中山八经》第19节中的玉山。此外,《中山十一经》亦提及玉山之名。

第13节的熊山理应多熊,熊有冬眠习性,熊冬季出来活动属于异常现象。众所周知,大熊猫是我国特产,其毛色黑白相间,非常有特色,主要分布在秦岭、岷山、大巴山一带。由于此处熊山位于大巴山山脉,因此这里的熊有可能是指大熊猫。此外,熊神也可能是由当地人装扮成大熊猫的样子,并于夏季在熊穴里举行祭祀熊神亦即战神的活动。因此,如果人们冬季聚集在熊穴里,一定是发生了紧急情况,预示着将爆发战争。

值得注意的是,楚国先祖有名"穴熊"者,表明其以熊为图腾神。《史记·

楚本纪》称"楚之先祖出自帝颛顼高阳",此后高阳生称,称生卷章(老童),卷章生重黎。重黎之弟为吴回(祝融),吴回生陆终;陆终生子六人,六曰季连,芈姓,楚其后也。季连生附沮,附沮生穴熊。其后中微,或在中国,或在蛮夷,弗能纪其世。周文王时,季连之苗裔曰鬻熊,其后世姓名多用"熊"字。据此,中山九经的熊山、熊穴、熊神,有可能记述的就是楚国先祖"穴熊"供奉图腾神的活动。

第16节的贾超之山出产龙脩,郭璞注谓:"龙须也,似芜而细,生山石穴中,茎倒垂,可以为席。"袁珂认为这是关于黄帝与龙须的神话,《古今注》记有:"世称皇帝(黄帝)炼丹于凿砚山,乃得仙,乘龙上天。群臣援龙须,须坠而生草,曰龙须。"

上述数山按方位在大巴山山脉的东段,亦即神农架一带。神农架主峰神农顶海拔3105米,相传神农在此尝百草,因山势陡峭需搭架才能攀上高峰,故而得名。目前神农架地区有野生植物2000多种,野生动物570余种,还有白熊、白蛇、白金丝猴等多种白色动物,并盛传有野人出没。

中山九经所述区域即今日四川盆地的西部和北部诸山,古称巴山蜀水,是古代巴人和蜀人居住的地方。在这一区域出土有200万年前巫山人的生存遗迹,以及大量旧石器和新石器时代的文化遗存;其中,广汉三星堆出土的大型青铜器,至今未在中原见到同类造型器物,显示出其独特的文化魅力。古史相传颛顼、鲧禹都曾居住在四川西部,蜀人先王有蚕丛、柏灌、鱼凫、杜宇(开明、鳖灵),巴人先祖有廪君。

十、中次十经

【导读】

中次十经记述了位于中国中部的九座山,所有的山的具体位置都难以确定,但它们大致位于今河南、湖北境内。

中次十经篇幅不长,除了记述一些常见的动植物及矿物,还记述了一种名叫跂踵的怪鸟,它的形状像鸮,只有一条腿,长着猪一样的尾巴。

首阳山

【原文】

《中次十经》之首,曰首阳之山,其上多金玉,无草木。

【译文】

《中次十经》记述的中部第十列山系最东端的山,名叫首阳山,首阳山上蕴藏有丰富的金矿和玉石,但山上光秃秃的,寸草不长。

虎尾山

【原文】

又西五十里,曰虎尾之山,其木多椒、栻,多封石,其阳多赤金,其阴多铁。

【译文】

由首阳山往西五十里有座山,名叫虎尾山,虎尾山上生长着很多椒树、栻树,还有很多封石草,这座山的南坡蕴藏有丰富的赤金,山的北坡蕴藏有丰富的铁。

繁缋山

【原文】

又西南五十里,曰繁缋之山,其木多楢、杻,其草多枝、勾。

【译文】

由虎尾山再往西南五十里有座山,名叫繁缋山,这座山上生长的树种主要是楢树、杻树,草类主要是桃枝竹、勾端竹。

勇石山

【原文】

又西南二十里,曰勇石之山,无草木,多白金,多水。

【译文】

由繁缵山再往西南二十里有座山,名叫勇石山,这座山上光秃秃的,没生长一草一木,但却有很多白金,还有很多水。

复州山

【原文】

又西二十里,曰复州之山,其木多檀,其阳多黄金。有鸟焉,其状如鸮,而一足彘尾,其名曰跂踵,见则其国大疫。

跂踵

跂踵　清·吴任臣康熙图本

【译文】

由勇石山再往西二十里有座山,名叫复州山,这座山上生长着很多檀树,这座山的南坡有很多黄金。山上有一种鸟,其形状有点像猫头鹰,但只长着一只脚,还长有一条猪尾,这种鸟名叫跂踵,这种鸟一旦出现在哪里,便预示哪个国家将有瘟疫流行。

楮山

【原文】

又西三十里,曰楮山,多寓木,多椒椐,多柘,多堊。

【译文】

由复州山再往西三十里有座山,名叫楮山,这座山上生长有很多寄生在别的树上的寓树,树种主要有椒树、椐树、柘树,这座山上还有很多可用作涂饰的各色土。

又原山 涿山 丙山

【原文】

又西二十里,曰又原之山①,其阳多青䨼②,其阴多铁,其鸟多鸜鹆③。

又西五十里,曰涿山④,其木多榖、柞、杻,其阳多㻬琈⑤之玉。

又西七十里,曰丙山⑥,其木多梓檀,多弞杻⑦。

【注释】

①又原之山,古山名。《五藏山经传》卷五:"又山之北原也。通渭县有江水,俗呼为悠江水,导自北山,南流入渭,三源象右手形,故山得名,亦犹闻喜有左水,曰左邑也。此原实山北麓尽处矣。"

②青䨼,青碧之类。

③鸜鹆,古鸟名,也称鸲鹆。俗称八哥。

④涿山,古山名。吕调阳校作"汤山",《五藏山经传》卷五:"今温泉山,在安定县东南。"

⑤琈珻,一种美玉。

⑥丙山,古山名。《五藏山经传》卷五:"今双峪山也。"

⑦欵杻,长而直的杻树。郝懿行曰:"欵,长也;东齐曰欵。"

鸜鹆

鸜鹆　清·《禽虫典》图本

【译文】

从楮山再往西二十里的地方,有座山叫又原山,山的南面有丰富的青䕫,山的北面有丰富的铁矿,这里的禽鸟以八哥最多。

从又原山再往西五十里的地方,有座山叫涿山,这里的树木繁茂,构树、柞树、杻树争奇斗艳,山的南面盛产精美的琈珻玉。

从涿山再往西七十里的地方,有座山叫丙山,这里的树木葱茏,梓树、檀树格外茂密,还有很多欵杻树。

总观

【原文】

凡首阳山之首,自首山①至于丙山,凡九山,二百六十七里。其神状皆龙身而人面。其祠之:毛用一雄鸡瘗②,糈用五种之糈③。堵山,冢也④,其祠之:少牢⑤具,羞酒祠,婴毛一璧瘗。骊山,帝⑥也,其祠:羞酒,太牢具;合巫祝二人儛,婴一璧。

龙身人面神　清·汪绂图本

【注释】

①首山,郝懿行曰:"首山即首阳山。"

②毛用一雄鸡瘗,毛物用一只雄鸡埋入地下。

③五种之糈,汪绂注:"黍、稷、稻、粱、麦也。"

④堵山,冢也,堵山,是众山的宗主。堵山,即楮山。冢,同"宗",宗主的意思。

⑤少牢,猪羊二牲。

⑥帝,即众山的首领。

【译文】

纵观《中次十经》这一山系,从首山到丙山,共九座山,沿途二百六十七里。这些山神都是龙的身形,人的面孔。祭祀这些山神的礼仪是,用一只雄鸡,埋在地下,祭祀用的米是精选的五谷米。堵山,是诸山的宗主,祭祀堵山时,用猪、羊二牲作祭品,进献美酒,并选用精美的玉器。騩山,是黄帝居住的地方,在祭祀这座山神时,选用美酒,并供以猪、牛、羊等牲畜,具以美玉器皿,让女巫师和男祝师二人一起跳舞。

【鉴赏】

中山十经即中部山区第十条山脉的考察记录,共记述有9座山,0条河流,0处地望,11处矿物,17处植物,2处动物,当地居民供奉龙身人面图腾神。

众所周知,山西省永济县境内的首阳山,海拔400米,又称雷首山。史传,孤竹君王子朝死后,伯夷、叔齐投奔周。周武王兴兵伐纣,伯夷、叔齐认为这是以暴易暴,于是兄弟二人叩马阻谏。武王灭殷后,他们以食周粟为耻辱,隐居首阳山,采薇而食,直至饿死在首阳山。第1节中的首阳山,与山西永济县境内中条山西南端的首阳山同名,但是两者并不是同一座山。或许,此处中山十经的首阳山之名,乃是在暗指这里也曾经发生过类似伯夷、叔齐的故事。

第9节丙山之名,表明当时已有天干的概念,已在使用天干字符。丙,十天干之第三,因而常用于代称第三。在金木水火土五行里,将十天干的丙丁划归属火,因此丙又成为火的代称。

特别值得注意的是,在《五藏山经》26条山脉里,唯独《中山十经》没有记录任何一条水系,也没有记述相关的地望标志点,而且它也是考察总里程距离最短的一条山脉,因此长期以来无人知晓其地望所指。在山海经艺术地理复原图里,《中山十经》诸山被画在今日河南省的南阳地区,王子朝携周室典籍奔楚后即定居此地,众多记录着中国上古文明信息的周室典籍从此神秘失踪,只有很少的图书外传,并被孔子整理成《尚书》、《诗经》等著作。

十一、中次十一经

【导读】

中次十一经记述了位于中国中部的四十八座山,其中绝大部分山的具体位置都难以确定,但它们大致在今河南、湖北、安徽境内。

中次十一经是《山海经》五篇山经的二十六篇小山经中篇幅最长、记述山的数目最多的一篇,但所记多为寻常的动植物及矿物。其中形状怪异的动物有三种:一为三足鳖,一为可引发洪水的蛟,一为形状如犬、虎爪有甲的獜。另有一位名叫耕父的神,出入时有光;还有一种名叫帝女桑的树,树围达五丈,叶子有一尺多大。

荆山　翼望山

【原文】

《中次一十一山经》荆山之首,曰翼望之山。湍水出焉,东流注于济;贶水

出焉,东南流注于汉,其中多蛟①。其上多松柏,其下多漆、梓,其阳多赤金,其
阴多珉②。

【注释】

①蛟:古代传说中能发水的一种龙。

②珉:珉石,似玉的美石。

【译文】

《中次一十一山经》记述的中部第十一列山系,即荆山山脉最西端的山,
名叫翼望山。有两条河流出,一条是湍水,向东流入济水;还有一条是觍水,
向东南流入汉水,觍水中有很多蛟龙。翼望山上有很多松树、柏树,山坡下有
很多漆树、梓树,山的南坡有很丰富的赤金矿,山的北坡有很多珉石。

朝歌山

【原文】

又东北一百五十里,曰朝歌之山,沅水出焉,东南流注于荥,其中多人鱼。其上多梓、枏,其兽多廳、麢。有草焉,名曰莽草①,可以毒鱼。

【注释】

①莽草:植物名,一种有毒植物,又称作水莽草。

【译文】

由翼望山往东北一百五十里有座山,名叫朝歌山,沅水就发源于这座山,流出山涧后便向东南流入荥泽,沅水中有很多人鱼。这座山上生长着很多梓树、楠树,山上有很多羚羊、麋鹿。还有一种草,名叫莽草,可以毒死鱼。

帝囷山

【原文】

又东南二百里,曰帝囷之山,其阳多㻭琈之玉,其阴多铁。帝囷之水出于其上,潜于其下,多鸣蛇。

【译文】

由朝歌山往东南二百里有座山,名叫帝囷山,山的南坡有很多㻭琈玉,山的北坡有很丰富的铁矿。帝囷水就发源于这座山的山顶,流至山脚便潜入地下,帝囷水中有很多鸣蛇。

视山

【原文】

又东南五十里,曰视山,其上多韭。有井焉,名曰天井,夏有水,冬竭。其上多桑,多美垩金玉。

【译文】

由帝囷山往东南五十里有座山,名叫视山,这座山上生长有许多山韭。山上有一眼井,名叫天井,井中夏季有水,而到了冬季就干枯了。山上有很多桑树,有很多上等的粉墙用土,还有丰富的金矿和玉石。

前山

【原文】

又东南二百里,曰前山,其木多楮①,多柏,其阳多金,其阴多赭。

【注释】

①楮:楮树,常绿乔木。初夏开黄绿色的花,果实外面或下面有壳斗。种类多。木材坚硬,可供建筑、造船、制器具等用。

【译文】

由视山往东南二百里有座山,名叫前山,这座山上生长着楮树和柏树,山的南坡有很丰富的金矿,山的北坡有很多赭石。

丰山

【原文】

又东南三百里,曰丰山。有兽焉,其状如猨,赤目,赤喙,黄身,名曰雍和,见则国有大恐。神耕父处之,常游清泠之渊,出入有光,见则其国为败。有九钟焉,是知霜鸣。其上多金,其下多金,其下多榖、柞、杻、橿。

耕夫

雍和

【译文】

由前山往东南三百里有座山,名叫丰山。这座山上有一种怪兽,其身形似猿,周身都是黄色的,长着红眼睛、红嘴,名叫雍和,这种兽一旦出现在哪里,就预示着哪个国家将有非常恐怖的事情发生。耕父神就住在丰山上,他经常到清泠渊中游玩,每当从渊中出入时都会有闪光出现,每当人们见到这种闪光,便预示这个国家将会衰败。这座山上还有九口钟,每当下霜时,这九口钟便会发生哄响。这座山的山顶蕴藏有丰富的金矿,山坡下生长有很多构树、柤树、枏树、橿树。

兔床山

【原文】

又东北八十里,曰兔床之山,其阳多铁,其木多薯萸。其草多鸡谷,其本如鸡卵,其味酸甘,食者利于人。

【译文】

由丰山再往东北八十里有座山,名叫兔床山,这座山的南坡蕴藏有丰富的铁矿,这座山上生长的树种主要是薯萸。山上生长有很多名叫"鸡谷"的草,这种草的根部像小球,形似鸡卵,草味酸中带甜,吃这种草,对人是有很多好处的。

皮山

【原文】

又东六十里,曰皮山,多垩,多赭,其木多松、柏。

【译文】

由兔床山往东六十里有座山,名叫皮山,这座山上有很多白色土和红色土,山上的树种主要是松树和柏树。

瑶碧山

【原文】

又东六十里,曰瑶碧之山,其木多梓、柟,其阴多青䨼,其阳多白金。有鸟焉,其状如雉,恒食蜚①,名曰鸩。

【注释】

①蜚:一种有害的小飞虫。

【译文】

由皮山往东六十里有座山,名叫瑶碧山,这座山的树种主要是梓树和楠树,山的北坡有很多青䨼,山的南坡有很多白金。山上有一种鸟,其形似野鸡,以食蜚虫为生,这种鸟名叫鸩。

支离山

【原文】

又东四十里,曰支离之山。济水出焉,南流注于汉。有鸟焉,其名曰婴勺,其状如鹊,赤目、赤喙、白身,其尾若勺,共鸣自呼。多㸲牛,多羬羊。

【译文】

由瑶碧山再往东四十里有座山,名叫支离山。济水就发源于这座山,流出山涧后便向南流入汉水。山上有一种鸟,名叫婴勺,其形似鹊,除眼睛和嘴是红色的外,周身都是白色的,这种鸟的尾巴像勺子,它的鸣叫声就像在呼唤自己的名字。支离山上生长的动物主要有㹬牛、臧羊。

婴勺

婴勺　清·汪绂图本

袟筒山

【原文】

又东北五十里,曰袟筒之山,其上多松、柏、机柏。

【注释】

①机:桤树。落叶乔木,叶长倒卵形,果穗椭圆形,下垂,木质较软,嫩叶可作茶的代用品。

【译文】

由支离山再往东北五十里有座山,名叫袟筒山,这座山的山顶有很多松树、柏树和无患子树。

菫理山

【原文】

又西北一百里,曰菫理之山,其上多松、柏,多美梓,其阴多丹雘,多金,其兽多豹虎。有鸟焉,其状如鹊,青身白喙,白目白尾。名曰青耕,可以御疫,其鸣自叫。

【译文】

由秩箇山再往西北一百里有座山,名叫菫理山,这座山的山顶有很多松树、柏树和梓树,山的南坡有很多丹雘和金,山上常出没的野兽主要有豹、虎。山上有一种鸟,其形似鹊,周身都是青色的,只有嘴、眼睛、尾巴是白色的。这种鸟名叫青耕,可利用这种鸟预报瘟疫的流行,这种鸟的鸣叫声就像是在呼喊自己的名字。

青耕

青耕　清·汪绂图本

依轱山

【原文】

又东南三十里,曰依轱之山,其上多杻、橿,多苴①。有兽焉,其状如犬,虎爪有甲,其名曰獜,善駚牟,食者不风②。

獜

【注释】

①苴:通"柤"。即柤树。

②风:风疾。

【注释】

由堇理山往东南三十里有座山,名叫依轱山,这座山的主要树种有杻树、橿树、柤树。山上有一种野兽,其形有点像狗,但长有虎爪,爪上还有鳞甲,这种兽名叫獜,擅长跳跃自扑,人若吃了它的肉就不会生风疾了。

即谷山

【原文】

又东南三十五里,曰即谷之山,多美玉,多玄豹,多闾、麋,多麢、臭。其阳多珉,其阴多青䨼。

【译文】

由依轱山再往东南三十五里有座山,名叫即谷山,山中有很多优质玉石,山上生长的动物有黑豹、山驴、麋、羚羊、臭。这座山的南坡有很多珉石,山的北坡有很多青䨼。

鸡山

【原文】

又东南四十里,曰鸡山,其上多美梓,多桑,其草多韭。

【译文】

由即谷山再往东南四十里有座山,名叫鸡山,这座山的山巅有很多奇形怪状的梓树,还有很多桑树,山上生长的草主要是山韭。

高前山

【原文】

又东南五十里,曰高前之山,其上有水焉,甚寒而清,帝台之浆也,饮之者不心痛。其上有金,其下有赭。

【译文】

由鸡山再往东南五十里有座山,名叫高前山,高前山上有一种水,水温很寒,但晶莹剔透,这是帝台神所用的玉浆,饮用这种玉浆可使人不患心绞痛病。这座山上有很丰富的金矿,山坡下有很多赭石。

游戏山

【原文】

又东南三十里,曰游戏之山,多杻、橿、榖,多玉,多封石。

【译文】

由高前山再往东南三十里有座山,名叫游戏山,这座山上有很多杻树、橿树、构树,多玉石和封石。

从山

【原文】

又东南三十五里,曰从山,其上多松、柏,其下多竹。从水出于其上,潜于其下,其中多三足鳖,枝①尾,食之无蛊疫。

【注释】

①枝:树枝,指有分支、分叉。

【译文】

由游戏山再往东南三十五里有座山,名叫从山,这座山的山顶有很多松树、柏树,山坡下有很多竹子。从水就发源于这座山的山顶,流至山底便潜入地下,水中有一种鳖,名叫三足鳖,尾巴像树枝,人若吃了这种鳖的肉,就不会患蛊疾。

三足鳖

三足鳖　清·汪绂图本

婴碶山

【原文】

又东南三十里,曰婴碶之山,其上多松柏,其下多梓、櫄①。

【注释】

①櫄:古同"椿",又叫杶树,类似于臭椿树。

【译文】

由从山往东南三十里有座山,名叫婴碶山,这座山的山巅生长的树种主要是松树、柏树,山坡下主要是梓树和櫄树。

毕山

【原文】

又东南三十里,曰毕山。帝苑之水出焉,东北流注于视,其中多水玉,多蛟。其上多琈瑶之玉。

【译文】

由婴碇山再往东南三十里有座山,名叫毕山。帝苑水就发源于这座山,流出山涧后便向东北流入视水,帝苑水中有很多水晶,还有很多蛟。毕山的山顶有很多琈瑶玉。

乐马山

【原文】

又东南二十里,曰乐马之山。有兽焉,其状如彙,赤如丹火,其名曰狼,见则其国大疫。

【译文】

由毕山往东南二十里有座山,名叫乐马山。乐马山上有一种野兽,其形似刺猬,周身都是红色的,像一团火。这种野兽名叫狼,一旦这种野兽在哪里出现,哪里就会有瘟疫流行。

狯

狯　清·《禽虫典》图本

蒇山

【注释】

又东南二十五里,曰蒇山,视水出焉,东南流注于汝水,其中多人鱼,多蛟,多颉。

【注释】

①颉:一种似狗的动物,皮毛青色,体型细长,嘴角有硬须,四肢粗短,毛棕色,短而密,有光泽,生活在水边。可能指水獭。

【译文】

由乐马山往东南二十五里有座山,名叫蒇山,视水就发源于这座山,流出山涧后便向东南流入汝水,视水中有很多人鱼、蛟龙和颉。

婴山

【原文】

又东四十里,曰婴山,其下多青雘,其上多金玉。

【译文】

由葰山再往东四十里有座山,名叫婴山,这座山的山坡下有很多青雘,山顶有很多金矿石和玉石。

虎首山

【原文】

又东三十里,曰虎首之山,多苴、椆、椐①。

【注释】

①椆:木名,一种遇寒不凋的树。椐:木名,即灵寿木。

【译文】

由婴山再往东三十里有座山,名叫虎首山,山上生长着很多苴树、椆树和椐树。

婴侯山

【原文】

又东二十里,曰婴侯之山,其上多封石①,其下多赤锡。

【注释】

①封石:篆刻立铭之石。

【译文】

由虎首山再往东二十里有座山,名叫婴侯山,山上有很多封石,山下有很多赤锡矿石。

大䘤山

【原文】

又东五十里,曰大䘤之山。杀水出焉,东北流注于视水,其中多白垩。

【译文】

由婴侯山再往东五十里有座山,名叫大䘤山。杀水就发源于这座山,流出山涧后便向东北流入视水,杀水中沉淀有很多白色的土。

卑山

【原文】

又东四十里,曰卑山,其上多桃、李、苴、梓,多櫐①。

【注释】

①櫐:同"藟",蔓生植物,有山藟、虎藟、蓬藟、陵藟等。

【译文】

由大孰山再往东四十里有座山,名叫卑山,这座山的山顶生长有很多桃树、李树、苴树、梓树,还有很多櫐豆。

倚帝山　鯢山

【原文】

又东三十里,曰倚帝之山①其上多玉,其下多金。有兽焉,其状如𪕋鼠②,白耳白喙,名曰狙③如,见则其国有大兵。

又东三十里,曰鯢山④。鯢水出于其上,潜于其下,其中多美垩。其上多金,其下多青雘⑤。

【注释】

①倚帝之山,吕调阳校作"倚带之山",《五藏山经传》卷五:"山在信阳州南四十馀里,曰桃花山,有谭家河导源西北流折而北,象倚带形,即古申水。"
②𪕋鼠,古代传说中的一种野兽。

③狙如,古兽名。

狙如

狙如　清·《禽虫典》图本

④鲵山,古山名。《五藏山经传》卷五:"今信阳州东南五十里曰灵山,有白龙池东北流出,名小黄河,盖即鲵水。"

⑤青臒,青碧之类。

【译文】

　　从卑山再往东三十里的地方,有座山叫倚帝山,山上有丰富的玉石,山下有丰富的金属矿物。山中有一种野兽,形状像猕鼠,长着白耳朵白嘴巴,名叫狙如,这种野兽出现在哪个国家,哪个国家里就会发生战乱。

　　从倚帝山再往东三十里的地方,有座山叫鲵山。鲵水从这座山顶上流出,潜流到山下,这里有很多优良垩土。山上有丰富的金属矿物,山下有丰富的青臒。

雅山

【原文】

　　又东三十里,曰雅山①。澧水②出焉,东流注于视水,其中多大鱼。其上多美桑,其下多苴③,多赤金。

【注释】

①雅山，吕调阳校作"雉山"，《五藏山经传》卷五："山在光山县南新店塘。"

②澧水，《五藏山经传》卷五："澧水今名潢河，流至光州东北名曰白露河，一作醴水，言白浊似醴也。其水东北流右合诸小水象雉飞前其爪距之形，故山得名。"

③苴，郝懿行注："经内皆云其木多苴，疑苴即柤之假借字也，柤之借为苴，亦犹杞之借为苬矣。"

【译文】

从鲵山再往东三十里的地方，有座山叫雅山。澧水从这座山流出，向东流入瀙水，水中有很多大鱼。山上有茂密的优良桑树，山下有茂密的柤树，这里还多产金属矿物。

宣山

【原文】

又东五十五里，曰宣山①。沧水出焉，东南流注于视水，其中多蛟。其上有桑焉，大五十尺，其枝四衢②，其叶大尺馀，赤理黄华青柎，名曰帝女之桑③。

【注释】

①宣山，《五藏山经传》卷五："宣同亘，作室所用钩援也，或以绳，或以竿，皆有援。山在霍山县西北九十馀里，壁河出而东南流经流波碛，又东至两河口会霍山水东北注视。象宣，沧，小波也。"

②其枝四衢，郭璞注："言枝交互四出。"这里形容树枝交错而出，四处伸展。

③名曰帝女之桑，郭璞注："妇女主蚕，故以名桑。"

【译文】

从雅山再往东五十里的地方，有座山叫宣山。沦水从这座山流出，向东南流入视水，水中有很多蛟。山上有一种桑树，树干合抱有五十尺粗细，树枝交叉伸向四方，树叶方圆有一尺多，红色的纹理、黄色的花朵、青色的花萼，名称是帝女桑。

衡山　丰山　妪山

【原文】

又东四十五里，曰衡山①。其上多青䰸②，多桑，其鸟多鸜鹆③。

又东四十里，曰丰山，其上多封石④，其木多桑，多羊桃，状如桃而方茎，可以为皮张⑤。

又东七十里，曰妪山⑥。其上多美玉，其下多金，其草多鸡谷⑦。

【注释】

①衡山，古山名。《五藏山经传》卷五："今山有天平关，在朱砂岭东。"

②青䰸，青碧之类。

③鸜鹆，古鸟名，也称鸲鹆。俗称八哥。

④封石，即《中次八经》中若山等处的封石。郝懿行曰："《本草别录》云：'封石味甘，无毒，生常山及少室。'下文游戏之山、婴侯之山、丰山、服山、声匈之山并多此石。"

⑤为皮张,郭璞注:"治皮肿起。"为,治理的意思,这时意为医治。皮张,即皮肤肿胀,张通"胀"。

⑥妪山,古山名。《五藏山经传》卷五:游戏东也。今县北有野人砦,盖即妪山。妪谓野女也,又有黄婆坳,在砦北三十馀里也。

⑦鸡谷,古草名。

【译文】

从宣山再往东四十五里的地方,有座山叫衡山,山上盛产青雘,还有茂密的桑树,这里的禽鸟以八哥最多。

从衡山再往东四十里的地方,有座山叫丰山,山上多出产封石,这里的树木大多是桑树,还有大量的羊桃,形状像一般的桃树却是方方的茎干,可以用它医治人的皮肤肿胀病。

从丰山再往东七十里的地方,有座山叫妪山,山上盛产优良玉石,山下盛产金,这里的花草以鸡谷草最为繁盛。

声匈山　大騩山

【原文】

又东五十五,曰声匈之山①。其木多穀,多玉,上多封石。

又东五十里,曰大騩之山②。其阳多赤金,其阴多砥石③。

【注释】

①声匈之山,古山名。《五藏山经传》卷五:"县西北之水吼岭,在两水会也。"

②大騩之山,古山名。《五藏山经传》卷五:"宁国县西南丛山关也。大騩

象东西两河合北流之形。"

③砥石,一种磨刀石。

【译文】

从区吴山再往东五十里的地方,有座山叫声匈山,这里有茂密的构树,到处是玉石,山上还盛产封石。

从声匈山再往东五十里的地方,有座山叫大騩山,山的南面多出产金属矿物,山的北面多产细磨石。

踵臼山　历石山

【原文】

又东十里,曰踵臼之山④,无草木。

又东北七十里,曰历石之山②。其木多荆芑,其阳多黄金,其阴多砥石。有兽焉,其状如狸,而白首虎爪,名曰梁渠,见则其国有大兵。

【注释】

①踵臼之山,古山名。《五藏山经传》卷五:"宁国县南狼山。踵臼,以足春也,亦象水形。"

②历石之山,郭璞注:"历,或作磨。"《五藏山经传》卷五:"叠石谓之磨石,在宁国东南石口镇也"

【译文】

从大騩山再往东十里的地方,有座山叫踵臼山,山上荒芜,没有生长花草树木。

梁渠

　　从锺臼山再往东北七十里的地方,有座山叫历石山,这里的树木以牡荆和枸杞最多,山的南面盛产金属矿物,山的北面盛产细磨石。山中有一种野兽,形状像野猫,却长着白色的脑袋,老虎一样的爪子,名称是梁渠,这种野兽出现在哪个国家,哪个国家里就会发生大的战争。

求山

【原文】

　　又东南一百里,曰求山①。求水出于其上,潜于其下,中有美赭。其木多苴,多嵋②。其阳多金,其阴多铁。

【注释】

　　①求山,古山名。《五藏山经传》卷五:"即鹿吴山,今西天目山,在于潜县

北,以产美术,故名。"

②鏥,一种小竹。

【译文】

从历石山再往东南一百里的地方,有座山叫求山,求水从这座山顶上流出,潜流到山下,这里有很多优良赭石。山中到处是柤树,还有矮小丛生的鏥竹。山的南面有丰富的金属矿物,山的北面有丰富的铁矿。

丑阳山

【原文】

又东二百里,曰丑阳之山①。其上多椆椐。有鸟焉,其状如乌而赤足,名曰𩾃䳜②,可以御火。

【注释】

①丑阳之山,古山名。《五藏山经传》卷五:"双桥溪水即丑水,山在溪之北也。"

②𩾃䳜,古代传说中的一种鸟。亦称𩾃鵌。

【译文】

从求山再往东二百里的地方,有座山叫丑阳山,山上有茂密的椆树和椐树。山中有一种禽鸟,形状像一般的乌鸦却长着红色爪子,名称是𩾃䳜,这种鸟能够预报火警,人们饲养它可以避免火灾。

奥山

【原文】

又东三百里,曰奥山,其上多柏、杻、橿,其阳多㻌珸之玉。奥水出焉,东流注于视水。

【译文】

从丑阳山再往东三百里的地方,有座山叫奥山,山上有茂密的松树、杻树、橿树,山的南面盛产㻌珸玉。奥水从这座山流出,向东流入溉水。

服山　杏山

【原文】

又东三十五里,曰服山①。其木多苴,其上多封石,其下多赤锡。
又东百十里,曰杏山②。其上多嘉荣草,多金玉。

【注释】

①服山,古山名。《五藏山经传》卷五:"山在牛食畈之西,史河东源所出,是两水象服马,其外两源象骖也。"
②杏山,古山名。《五藏山经传》卷五:"山在池州府正南近张溪河源处,亦曰香口。"吕调阳校作"香山。"
③嘉荣,古草名。

【译文】

从奥山再往东三十五里的地方,有座山叫服山,这里的树木以柤树最多,山上有丰富的封石,山下多出产红色锡土。

从服山再往东一百一十里的地方,有座山叫杳山,山上到处是嘉荣草,还有丰富的金属矿物和精美的玉石。

几山

【原文】

又东三百五十里,曰几山①。其木多楢、檀、杻,其草多香。有兽焉,其状如彘②,黄身、白头、白尾,名曰闻獜③。见则天下大风。

闻獜

【注释】

①几山,古山名。《五藏山经传》卷五:"山即尧光之山,香口河所出。"吕调阳校作"尧山"。

②彘,猪

③獜,古代传说中的一种野兽,异常凶猛。

【译文】

从杳山再往东三百五十里的地方,有座山叫几山,这里的树木,以栒树、檀树、杻树最多,而草类主要是各种香草。山中有一种野兽,形状像普通的猪,却是黄色的身子、白色的脑袋、白色的尾巴,名称是闻獜,这种野兽一旦出现天下就会狂风大作。

总观

【原文】

凡荆山之首,自翼望之山至于几山,凡四十八山,三千七百三十二里。其神状皆彘身人首。其祠:毛用一雄鸡祈,瘗用一珪,糈用五种之精①。禾山②,帝也,其祠:太牢之具,羞瘗倒毛③,用一璧,牛无常④。堵山、玉山,冢也,皆倒祠,羞毛少牢⑤,婴毛吉玉。

【注释】

①糈用五种之精,郭璞注:"备五谷之美者。"即用五种精米黍、稷、稻、粱、麦以祀神。"精"或为糈之误用。

②禾山,郝懿行注:"上文无此山,或云帝囷山之脱文,或云求山之误文。"

③羞瘗,倒毛,意思是进献之后,把所献的牲畜倒埋起来。

④牛无常,虽是用太牢礼,也不一定要三牲齐备。汪绂曰:"不必牲具也。"

⑤羞毛少牢,献祭的毛物用小牢(猪、羊)礼。

【译文】

纵观《中次十一经》这一山系,从翼望山到几山,共四十八座山,沿途三千七百三十二里。这些山神都是猪的身子而人的头。祭祀这些山神的礼仪是：在毛物中用一只公鸡来祭祀后埋入地下，在祀神的玉器中用一块玉珪献祭，祀神的米用黍、稷、稻、粱、麦五种粮米。禾山，是诸山的首领。祭祀禾山山神时在毛物中用猪、牛、羊齐全的三牲作祭品，进献后埋入地下，而且将牲畜倒着埋；在祀神的玉器中用一块玉璧献祭，但也不必三牲全备。堵山、玉山，是诸山的宗主，祭祀后都要将牲畜倒着埋掉，进献的祭祀品是用猪、羊。在祀神的玉器中要用一块吉玉。

【鉴赏】

中山十一经即中部山区第 11 条山脉的考察记录，共记述有 48 座山，14 条河流，13 处地望，64 处矿物，77 处植物，33 处动物，当地居民供奉龙身人面图腾神。

本章第 6 节中，丰山的神奇动物雍和，它的名字有吉祥安宁之意，经文却称"见则国有大恐"；神耕父的名字有辛勤务实之意，经文却称"见则其国为败"；而且经文还记有"有九钟焉，是知霜鸣"，这里的"九钟"应该是属于帝王专用的重要礼器。凡此种种，都不能不令人深思。值得注意的是，公元前516年秋冬降霜之际，晋国出兵支持王子匄(周敬王)复位，王子朝见大势已去，遂携周室典籍以及王室青铜礼器奔楚，并定居在南阳西鄂，随行的原周王室图书馆的学者(包括馆长老聃)及其后裔曾在当地进行过图书整理和抄录活动，其中就包括《山海经》的编辑成书，此处文字可能在影射上述事件。

第 16 节高前山位于今日的大别山，高前山的帝台之浆是中国有文字记载的最早的饮料之一，在"帝台觞百神"时所饮用，表明它很可能是一种具有防暑保健功效的人造饮料，或许就是最早的茶水。中山七经、中山十一经多次记述帝台事迹，袁珂先生注谓："则帝台者，盖治理一方之小天帝，犹人间徐偃王之类是也。《晋书·束皙传》云：'《穆天子传》五篇，言周穆王游行四海，见从《山海经》对帝台的记载和《晋书》将帝台与西王母并列来看,表明帝台王国在中原地区曾经创造出发达的文明与文化,并在中国先夏时期曾经显赫一时。或许,有一天我们能够在中原某处发现帝台王国的遗址,它的出土将与三星堆文化一样再次震惊世界。

进一步说,"帝台"只见于《山海经》,而鲜见于其他古籍。从"帝台"活动范围和时间段来看,帝台很有可能是帝禹在《五藏山经》里的另一种称呼,正如帝舜在《大荒四经》里被称为帝俊一样(或许这样做有点类似后世的避讳)。再进一步说,在古史记载中,也只有在帝禹时代曾经大规模建造众帝之台,因此将其称为帝台乃是名副其实、顺理成章的;而且《五藏山经·中山经》记述的帝台事迹,诸如帝台觞百神、帝台之石(棋)祷百神、帝台之浆,也符合帝禹的身份。

如其不谬,这也就同时解决了《五藏山经》的一个大谜团:《五藏山经》既然是帝禹时代的国土资源考察报告,那么里面就应该也有帝禹活动的记录,然而经文字面上却没有这样的记述;但是,如果帝台实际上就是帝禹的另一种称呼,那么这个问题就迎刃而解、不复存在了。与此同时,第20节毕山发源的帝苑水之名称"帝苑",当指某位帝的花园;由于中山七经和中山十一经频频出现帝台,因此这里的帝苑很可能是指帝台在毕山营造的花园别墅,非常类似黄帝在槐江山建造的平圃。此外,第28节的倚帝山之名,或亦有所指。

第31节中,宣山的帝女之桑,是中国人在先夏时期进行桑蚕活动的重要文字记录。《广异记》称:"南方赤帝女学道得仙,居南阳愕山桑树上。正月一日衔柴作巢,至十五日成。或作白鹊,或女人。赤帝见之悲恸,诱之不得,以火焚之,女即升天。因名帝女桑。今人至十五日焚鹊巢作灰汁,浴蚕子招丝,象此也。"袁珂认为此处帝女即赤帝之女,宣山即愕山,在今河南省泌阳县境内。其实,剥掉上述传说的神话外衣,其真实的信息是有关养蚕的活动,帝女桑是一棵品质优良的桑树，也是一棵神圣的桑树，在祭祀桑树之神和蚕神的巫术仪式中，古人曾经以少女为牺牲（活祭或模拟）。

在古史以及神话传说里，通常认为赤帝即神农炎帝，《列仙传》："赤松子者，神农时雨师也，服水玉以教神农，能入火自烧。往往至昆仑山上，常止西王母石室中，随风雨上下。炎帝少女追之，亦得仙俱去。"不过，在《中山经》里并没有明确提及炎帝，却多次提到帝台；因此这里的帝女，也可能指帝台之女，因为养蚕及其类似的祭祀活动并不是炎帝族的专利。

第42节的历石之山，其名称或许与历法活动有关。在我国的古史传说中，虽然没有明确见到"石头历法"的说法，但是《大荒四经》却记有用石头建造的"日月出入"之门，与英国古代巨石阵的天文活动类似。

第43节中丑阳山的𪃆鵌鸟，样子像红足乌鸦，当地人用它作为火灾的报警标志。从公元前6500年至公元前2000年的先夏时期大量建筑遗迹和聚落遗址可知，我国自古以来，绝大多数建筑都属于土木结构，而古人又习惯在居室内烧火做饭和取暖，因此极易发生火灾，这就需要建立一套火灾报警和救火的快速反应机制。与此同时，如何预防煤气中毒，同样是古人必须解决的问题，尽管古人不知道什么是煤气。为此，古人可能会在居室内养一种对煤气特别敏感的鸟，并根据鸟的反应来及时采取通风措施，或许这就是"可以御火"所要传达的信息吧。

值得注意的是24节中的虎首山，从其名称看应与《中山十经》第2节的虎尾山连麓，据此可推知《中山十经》诸山与《中山十一经》诸山有着地理方位关联。有趣的是，今日河南省桐柏县、唐河县之间，亦即桐柏山西端，仍然有一处虎山游览区，或可表明《中山十一经》的虎首向东，《中山十经》的虎尾在西。

《中山十一经》是《五藏山经》26条山脉里记述山数最多的一条山脉，其地望大体在今日的伏牛山及其余脉、桐柏山、大别山一带；其南麓发源的水系流入汉水和长江,其东麓和北麓发源的所有河流均属于淮河水系(淮河发源于桐柏山主峰海拔1140米的太白顶)。奇怪的是,《中山十一经》(包括全部《五藏山经》)并没有提及淮河,而是多次提到视水。一种可能是,当时淮河用的是其他名称,或者有关内容缺佚;另一种可能是,当时淮河流域沼泽甚多,淮河尚未形成稳定河道。

《太平广记》467卷"李汤"条,称唐代李公佐等人游洞庭、登包山,从石穴中得古本《岳渎经》第八卷,内容记述大禹治水三至桐柏山,均遇惊风迅雷,功不能兴,禹怒,囚禁当地鸿蒙氏、商章氏、兜卢氏、犁渎氏的君长,方知乃淮涡水神无支祁作怪,禹派出的多员战将均不敌无支祁,最后才由庚辰将其制服,从此淮河安流入海。所谓"岳渎",可指五岳四渎,亦可泛指所有山川,因此《岳渎经》的性质类似《山海经》,可惜失传了。此外《隋书·经籍志》记有《周地图记》109卷,亦失传了。在传说中无支祁貌若猿猴,神通广大,即《西游记》孙悟空的原型之一(另一为印度神猴哈努曼),而元代文学家吴昌龄《西游记》杂剧则称无支祁是孙悟空的姐妹。

十二、中次十二经

【导读】

中次十二经记述了中国中部的十五座山,除了位于今湖南的洞庭山和湖北的真陵山,其余之山的具体位置均难以确定,但它们大致在今湖北、湖南、江西境内。

中次十二经中记述了于儿神的形状特点,以及死后化身为神的尧帝的两个女儿娥皇和女英,其余所记多为寻常的动植物及矿物。该篇是中山经的最后一篇,也是五篇山经的结束篇,在该篇的末尾,有一段假借大禹之口说出的总结性的文字,内容包括天下名山的数目、出水之山的数目、出铜之山的数目、出铁之山的数目以及大地自东至西、自南至北的总长度,等等。

洞庭山　篇遇山

【原文】

《中次十二经》洞庭山之首,曰篇遇之山,无草木,多黄金。

【译文】

《中次十二经》记述的中部第十二列山系,即洞庭山山脉,这一山系最西端的山名叫篇遇山,这座山上光秃秃的,寸草不生,蕴藏着丰富的黄金矿产资源。

云山

【原文】

又东南五十里,曰云山,无草木。有桂竹①,甚毒,伤②人必死,其上多黄金,其下多琈珸之玉。

【注释】

①桂竹:竹子的一种,秆高大,坚韧致密,用作建筑材料,也可制器物。也作竹。

②伤:刺伤。

【译文】

由篇遇山再往东南五十里有座山,名叫云山,这座山上没有别的草、树,只有一种竹,名叫桂竹,含有剧毒,人若被此竹所伤,则必死无疑,这座山的山顶有很多黄金,山坡下有很多琈珸玉。

龟山

【原文】

又东南一百三十里,曰龟山,其木多穀、柞、椆、椐,其上多黄金,其下多青雄黄,多扶竹①。

【注释】

①扶竹:邛竹。中实而节高,因用以做手杖而著称于世,故名。

【译文】

由云山再往东南一百三十里有座山,名叫龟山,这座山上生长的树种主要是构树、柞树、椆树、椐树,这座山上蕴藏有丰富的黄金矿产,山下有很多青色雄黄石,还有很多扶竹。

丙山

【原文】

又东七十里,曰丙山,多筀竹,多黄金铜铁,无木。

【注释】

①筀竹:又名桂竹。秆高大,坚韧致密,用作建筑材料,也可制器物。

【译文】

由龟山再往东七十里有座山,名叫丙山,这座山上到处是桂竹,山上还蕴藏有丰富的黄金、铜、铁矿产资源,不生树木。

风伯山

【原文】

又东南五十里,曰风伯之山,其上多金玉,其下多酸石文石,多铁,其木多柳、杻、檀、楮。其东有林焉,曰莽浮之林,美木鸟兽。

【译文】

由丙山再往东南五十里有座山,名叫风伯山,风伯山上有很多金矿、玉石,山脚下有很多酸石和文石,山上蕴藏有丰富的铁矿,这座山上生长的树种主要有柳树、杻树、檀树、楮树。山的东麓有一片茂盛的森林,名叫莽浮林,林中右很多美丽的树木和鸟兽。

夫夫山

【原文】

又东一百五十里,曰夫夫之山,其上多黄金,其下多青雄黄,其木多桑、楮,其草多竹、鸡鼓。神于儿居之,其状人身,而身操两蛇,常游于江渊,出入有光。

于儿神

于儿神　清·汪绂图本

【译文】

由风伯山再往东一百五十里有座山,名叫夫夫山,这座山的山上有很多黄金,山下有很多青色的雄黄石,山上生长着很多桑树、楮树,草类主要是竹子和鸡鼓草。神于儿就住在这座山上。这个神仙像人,但身上总缠绕着两条蛇,神于儿常常在长江的江水深处巡游,每次进出江水都有一道闪光出现。

洞庭山

【原文】

又东南一百二十里,曰洞庭之山,其上多黄金,其下多银铁,其木多柤、梨、橘、櫾,其草多葌、蘪芜、芍药、芎藭。帝之二女①居之,是常游于江渊。澧沅之风②,交潇湘③之渊,是在九江之间,出入必以飘风暴雨,是多怪神,状如人而载④蛇,左右手操蛇,多怪鸟。

【注释】

①帝之二女:指帝尧的二女娥皇、女英,嫁于舜,即湘妃。

②澧:澧水,在湖南省,向东流入洞庭湖。沅:沅江,源出贵州云雾山,流经湖南注入洞庭湖。

③潇湘:指湘江。因湘江水清深故名。

④载:戴,缠绕。

【译文】

由夫夫山再往东南一百二十里有座山,名叫洞庭山,洞庭山的山巅有很丰富的黄金矿产,山坡下有很丰富的银、铁矿产,这座山上生长的树种主要是柤树、梨树、橘树、櫾树,生长的草类主要有兰草、蘪芜、芍药、川芎。娥皇、女英就住在这座山上,她俩常常在长江里深渊巡游。澧水和沅水吹来的风,在潇湘的渊底交会,那是九条江汇合的地方,她们在洞庭湖水中,每每出入都伴随暴风骤雨出现,洞庭山上还有很多奇怪的神仙,形状倒似人,只是身上总是缠绕着蛇,两只手也抓着蛇,这座山上还有很多奇形怪状的鸟。

帝之二女

帝之二女　明·蒋应镐绘图本

暴山

【原文】

又东南一百八十里,曰暴山,其木多棕、枏、荆、芑、竹、箭、镌、箘,其上多黄金玉,其下多文石铁,其兽多麋、鹿、麚、就。

【注释】

①箘:一种小竹子,箣竹属、青篱竹属和亲近的属中的木本或树状禾草。

【译文】

由洞庭山再往东南约一百八十里处有座山,名叫暴山,那里盛产棕树、楠树、牡荆树、枸杞树和竹、箭、镌、箘等各种竹子,这座山上还盛产黄金和玉石,山下出产文石和铁矿,那里还有麋鹿和麂以及雕等鸟兽。

即公山

【原文】

又东南二百里,曰即公之山,其上多黄金,其下多璂琈之玉,其木多柳、杻、檀、桑。有兽焉,其状如龟,而白身赤首,名曰蛫,是可以御火。

蛫

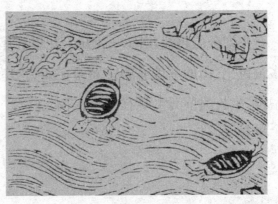

蛫　明·蒋应镐绘图本

【译文】

由暴山再往东南二百里有座山,名叫即公山,即公山的山顶蕴藏有丰富的黄金矿产资源,山坡下有很多璂琈玉,这座山上生长的树种主要有柳树、杻树、檀树、桑树。山上有一种野兽,其形状像龟,但全身都是白色的,脑袋是红色的,这种动物名叫蛫,可以用来免除火灾。

尧山

【原文】

又东南一百五十九里,曰尧山,其阴多黄垩,其阳多黄金,其木多荆、芑、柳、檀,其草多薯芎䒂。

【译文】

由即公山再往东南一百五十九里有座山,名叫尧山,这座山的北坡有很多黄色土,山的南坡有很多黄金矿石,这座山上生长着很多荆条、枸杞、柳树、檀树,生长的草类主要有山药、苍术、白术。

江浮山

【原文】

又东南一百里,曰江浮之山①,其上多银、砥砺②,无草木,其兽多豕③、鹿。

【注释】

①江浮之山,古山名。《五藏山经传》卷五:"水上沤曰浮,谓圜似鸟卵也。山即包山,今名鸡子团。山在澧口东也。"

②砥砺,磨刀石。

③豕,猪,这里指野猪。

【译文】

从尧山再往东南一百里的地方,有座山叫江浮山,山上盛产银、磨石,这里没有花草树木,而野兽以野猪、鹿居多。

真陵山

【原文】

又东二百里,曰真陵之山①。其上多黄金,其下多玉,其木多榖、柞、柳、杻,其草多荣草②。

【注释】

①真陵之山,古山名。《五藏山经传》卷五:"尧山东湘口之磊石山也。真,古颠字。"

②荣草,古草名,能入药。

【译文】

从江浮山再往东二百里的地方,有座山叫真陵山,山上多产金属矿物,山下多产玉石,这里的树木以构树、柞树、柳树、杻树最多,而草大多是可以医治风痹病的荣草。

阳帝山

【原文】

又东南一百二十里,曰阳帝之山①,多美铜,其木多橿、杻、檿、楮②,其兽多䴢、麞③。

【注释】

①阳帝之山,古山名。《五藏山经传》卷五:"平江县东北黄洞岭,铜坪在其南。"

②檿,即山桑树,木质坚韧,可制弓或车辕。

③麝,动物名,亦称"香獐",雌雄都无角。香獐的麝香腺中分泌的麝香,可作药用和香料用。肉可以食用,皮可制革。

【译文】

从真陵山再往东南一百二十里的地方,有座山叫阳帝山,到处是优质铜,这里的树木大多是檀树、杻树、山桑树、楮树,而野兽以羚羊和麝香鹿最多。

柴桑山

【原文】

又南九十里,曰柴桑之山①,其上多银,其下多碧,多泠②石、赭,其木多柳、芑、楮、桑,其兽多麋鹿,多白蛇、飞蛇③。

【注释】

①柴桑之山,古山名。《五藏山经传》卷五:"山在平江东南,曰卢洞,有水北入汨水,肖桑薪也。其西曰滑石桥也。"

②泠石,又作泫石。

③飞蛇,即腾蛇。

【译文】

从阳帝山再往南九十里的地方,有座山叫柴桑山,山上盛产银,山下盛产

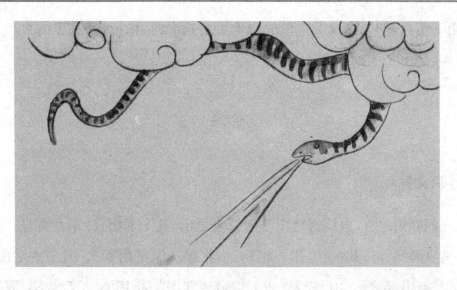

碧玉,到处是柔软如泥的泠石、赭石,这里的树木以柳树、枸杞树、楮树、桑树居多,而野兽以麋鹿、鹿居多,还有许多白色蛇、飞蛇。

荣余山

【原文】

又东二百三十里,曰荣余之山①。其上多铜,其下多银,其木多柳芑,其虫多怪蛇、怪虫②。

【注释】

①荣余之山,古山名。《五藏山经传》卷五:"山在袁州萍乡东南秀水河,其水三源,俱西北流十馀里而合,折东北会诸水,象华朵屈垂也。"

②怪虫,郝懿行注:"《海外南经》云,南山人以虫为蛇。"

【译文】

从柴桑山再往东二百三十里的地方,有座山叫荣余山,山上有丰富的铜矿,山下蕴藏着丰富银矿,这里的树木大多是柳树、枸杞树,这里的虫类有很多怪蛇、怪虫。

总观

【原文】

凡洞庭山之首,自篇遇之山至于荣余之山,凡十五山、二千八百里。其神状皆鸟身而龙首。其祠:毛用一雄鸡,一牝豚刉^①,糈用稌^②。凡夫夫之山、即公之山、尧山、阳帝之山,皆冢^③也,其祠:皆肆瘗^④,祈用酒,毛用少牢,婴毛一吉玉。洞庭、荣余山神也,其祠:皆肆瘗,祈酒太牢祠,婴用圭璧十五,五采惠^⑤之。

鸟身龙首神

鸟身龙首神　明·蒋应镐绘图本

【注释】

①一牝豚刉,用一只母猪取血涂祭。牝,雌。刉,划破。

②糈用稌,精米用稻米。

③冢,同宗,宗主。

④皆肆瘗,都先陈列玉,然后埋入地下。

⑤惠,装饰,绘饰的意思。

【译文】

纵观《中次十二经》洞庭山这一山系,从篇遇山到荣余山,共十五座山,沿途二千八百里。这些山的山神都是鸟的身子龙的脑袋。祭祀这些山神的礼仪是:在毛物中宰杀一只公鸡、一头母猪作祭品,祀神的米用稻米。凡夫夫山、即公山、尧山、阳帝山,都是诸山的宗主,祭祀这几座山的山神的礼仪是:都要陈列牲畜、玉器而后埋入地下,祈神用美酒献祭,在毛物中用猪、羊二牲作祭品,在祀神的玉器中要用吉玉。洞庭山、荣余山。是神灵显应之山,祭祀这二位山神的礼仪是:都要陈列牲畜、玉器而后埋入地下,祈神用美酒及猪、牛、羊齐全的三牲献祭,祀神的玉器要用十五块玉圭十五块玉璧,用青、黄、赤、白、黑五样色彩绘饰它们。

【原文】

右中经之山志,大凡百九十七山,二万一千三百七十一里。大凡天下名山五千三百七十,居地大凡六万四千五十六里。

【译文】

以上所述中部山系的情况,共一百九十七座山,沿途二万一千三百七十一里。

总体上看,天下有名的山共有五千三百七十座,分布在东南西北的各个方向中,绵延六万四千五十六里。

【原文】

禹曰:天下名山,经五千三百七十山,六万四千五十六里,居地也,言其五臧①，盖其馀小山甚众，不足记云。天地之东西二万八千里，南北二万六千里，出水之山者八千里，受水者八千里，出铜之山四百六十七，出铁之山三千六百九十。此天地之所分壤树谷也②，戈矛之所发也③，刀铩④之所起也，能者有馀，拙者不足。封于泰山⑤，禅于梁父⑥，七十二家，得失之数，皆在此内，是谓国用⑦。

右《五藏山经》五篇，大凡一万五千五百三字。

【注释】

①五藏，即"五脏"，即《五藏山经》，《东山经》、《南山经》、《西山经》《北山经》、《中山经》五篇中所记述的重要山名，如同人的五脏六腑一样，也是天地山海之间的五脏。

②天地之所分壤树穀也，树，种植，栽培。意思是这些就是天地划分疆土、种植五谷所凭借的。

③戈矛之所发，戈和矛（即战争）之所以兴起。

④刀铩，即刀和长矛。铩，古代的一种兵器，即长矛。

⑤封于泰山，封，古代称帝王在泰山上筑坛祭天的活动为"封"，在泰山行封的典礼。

⑥梁父，泰山下的一座小山；禅于梁父，即在梁父山行禅的小礼。

⑦是谓国用，是指国家的一切财用都从这块土地取的。

【译文】

大禹曾经说过：普天之下有名的大山，根据他的计算，共有五千三百七十座，蜿蜒长达六万四千五十六里。这些山分布在大地的东南西北各个方向。说起这些名山的山海天地，除了以上所列的山外，还有很多小山，无法一一列举。大地广阔，从东到西有二万八千里，从南到北二万六千里。山中泉水淙淙,成为江河的发源地,这些山有八千里长,流经的河流也有八千里长。蕴藏着丰富铜矿的山共有四百六十七座,蕴藏丰富铁矿的山,共有三千六百九十座。这富饶的山川,辽阔的大地,就是天下划分疆土、种植庄稼的凭借,是人们的衣食住用之源,也戈矛刀剑等兵器产生和战争兴起的地方。如果人们勤劳、节俭,这些资源就会富裕有余。如果人们笨拙、浪费,资源就会不足。历代君王在泰山上祭天、在梁父山上祭地,共有七十二家。或得或失,兴衰成败,都在这辽阔的大地上,这些名山大川,都是国家的财富。

以上是《五藏山经》五篇,共一万五千五百零三字。

【鉴赏】

中山十二经即中部山区第 12 条山脉的考察记录,同时也是中山经》和《五藏山经》最后一条山脉的考察记录,共记述有 15 座山,8 处地望,37 处矿物,55 处植物,19 处动物,当地居民供奉鸟身龙首图腾神(与南次一经相同),祭神的供品有雄鸡、母猪和精米,届时要割取母猪的血涂抹祭坛和祭品。其中夫夫山、即公山、尧山和阳帝山有先祖的陵墓,祭祀先祖时要将供品陈列在陵墓前,然后埋入地下,供品包括美酒、猪羊少牢和吉玉。洞庭山和荣余山是祭祀山神的地方,供品陈列后埋入地下,供品是美酒、牛猪羊太牢和十五枚圭璧,而且要用五彩颜料或五彩丝帛将供品装饰起来。

第 5 节风伯山之名,或与风伯的故事有关。风伯乃古代著名的部落或风神,曾助蚩尤战黄帝,后又归附黄帝(或即风后,发明指南车);此后在尧时又为害人间而被羿降服于青邱之泽。据此风伯是一个以风为图腾的部落,他们对风的运动流向特别关注,经常举行与风有关的巫术活动。

第 16 节经文"洞庭、荣余山,神也",疑是"洞庭、夫夫神也"之误,即夫夫山与荣余山的祭祀对象错位了。理由是中山十二经记述的 15 座山里,只有洞庭山和夫夫山记述有神人活动,而且神于儿与帝二女的职责亦存在着吉凶互补的关系(类似的情况也存在于其他地区)。

中山十二经虽然没有直接提及某山出某水流向某地,但是第7节洞庭山却是一个非常古老的地名,据此可知中山十二经诸山位于长江中游以南。经文洞庭山的九江指流入洞庭湖的所有主要水系(九为最大的单数),亦可代指洞庭湖;洞庭湖古称云梦泽,其地域非常宽广,雨水充沛时或可囊括今日的洞庭湖平原和江汉平原的低洼地。主要水系有四条,澧水发源于武陵山东段北麓,主峰天门山海拔1518米,张家界风景区就在这里。沅水发源于贵州苗岭的雷公山(海拔2178米)和广西南岭的猫儿山(海拔2141米)。湘水发源于南岭海洋山(主峰1935米),潇水是湘水的主要支流,发源于两广丘陵的萌渚岭(主峰1787米)。

第14节柴桑山,徐旭生认为即今日庐山,三国时吴国在鄱阳湖建水师,周瑜在庐山建立水军帅府,扼守着长江与鄱阳湖的通道。根据洞庭山和柴桑山的位置,可推知中山十二经诸山,大体在今日长江中段的南岸地区,即重庆市的东部、湖北省的南部以及湖南省和江西省的北部一带,其主要山脉有齐岳山、巫山、武陵山、幕阜山、庐山等。

中山十二经以及《五藏山经》其他山脉都有竹类的记述。中国是竹的故乡,与竹有关的字达三百字之多,竹制品与丝绸一样很早就成为中国的出口商品。我国竹类品种很多,常见的有毛竹、刚竹、慈竹、箬竹、淡竹、紫竹、湘妃竹,其中以毒性著称的是旁竹,《广群芳谱》引戴凯之《竹谱》云:"旁竹有毒,夷人以刺虎豹,辄死。"此外,我国西双版纳有箭毒木,号称见血封喉,高45米,枝叶含剧毒白汁。

《中山经》12条山脉,其中8条山脉自西向东记述,4条山脉自东向西记述。中山二经自东向西,沿着伊水南岸逆行依次记述了九座山的自然物产和人文习俗。从《中山经》12条山脉的分布方位来看,现存版本的中山二经排序编号可能有误。

西汉学者刘秀(歆)在《上山海经表》中指出：尧时洪水泛滥，禹在领导治水的过程中"乘四载，随山刊木，定高山大川。益与伯翳主驱禽兽，命山川，类草木，别水土。四岳佐之，以周四方，逮人迹之所希至，及舟与之所罕到。内别五方之山，外分八方之海，纪其珍宝奇物，异方之所生，水土草木禽兽昆虫麟凤之所止，祯祥之所隐，及四海之外，绝域之国，殊类之人。禹别九州，任土作贡；而益等类物善恶，著《山海经》。"

从《五藏山经》的文字可知，撰写者使用的均为陈述句，内容主要是甲地与乙地相隔多远、方位如何，当地有什么东西，这种东西有什么功能，显然这属于实录性质的考察报告。根据《山海经地理复原图注》一书，帝禹时代进行的国土资源普查工作的成果是绘制《山海图》、撰写《五藏山经》；不幸的是《山海图》早已失传，幸运的是《五藏山经》流传至今。公元前516年，王子朝携周室典籍奔楚后，原周王室图书馆的学者或其后裔将帝禹时代的《五藏山经》与夏代《海外四经》、商代《大荒四经》、周代《海内五经》合辑成《山海经》一书。

从五藏山经26条山脉方位图和《帝禹山河图》中可以清楚地看到，《南山经》3条山脉位于今日长江以南的广东、福建、浙江诸省，以及湖南西部、江西中部和南部、安徽南部、江苏南部；《西山经》4条山脉位于今日秦岭以北、托克托至潼关段黄河以西；《北山经》3条山脉位于山西和河北全省、辽宁西部，以及内蒙古中东部至蒙古草原；《东山经》位于山东省、江苏北部、安徽北部，以及东海诸岛；《中山经》12条山脉位于上述地区之中。显然，《五藏山经》东西南北中五个区域彼此存在着相互衔接关系，但是并不存在九州的区划，而是与北京紫禁城社稷坛的五色土存在着文化渊源关系。

在上述26条山脉里，存在着一个地理方位中心点，共计有9条山脉从这里或其附近开始记述；它就位于今日渭水与黄河交汇处，亦即华山、中条山、崤山交汇处的潼关附近。上述对五藏山经方位的文献考证，期待着有机会通过实地勘查予以验证。

《五藏山经》26 条山脉共计有东、西、南、北、中五个区域的 447 座山,以及河流 258 处、地望 348 处、矿物 673 处、植物 525 处、动物 473 处(其中许多神奇的动物都是由人装扮的)、人文活动场景 95 处。

《五藏山经》沿 26 条山脉分别记述各地居民的祭祀活动,大体上同一条山脉的居民有着共同的部落崇拜神和祭祀对象,其中比较长的山脉则有两个或两个以上的部落崇拜神和祭祀对象;显然,这表明先夏时期的部落存在着沿山脉走向的线性分布特征,这可能与古代部落扩展、迁徙的路途有关。具体来说,南 1 经鸟身龙首,南 2 经龙身鸟首,南 3 经龙身人面。西 1 经华山冢、喻山神等,西 2 经人面马身、人面牛身,西 3 经缺,西 4 经羊身人面。北 1 经人面蛇身,北 2 经蛇身人面,北 3 经马身人面、彘身载玉、彘身八足蛇尾。东 1 经人身龙首,东 2 经兽身载麋鹿角,东 3 经人身羊角,东 4 经缺。中 1 经(全缺),中 2 经人面鸟身,中 3 经缺,中 4 经人面兽身,中 5 经升山冢、首山神等,中 6 经缺,中 7 经豕身人面、人面三首、苦山等冢,中 8 经鸟身人面、骄山冢,中 9 经马身龙首、岷山等冢、熊山帝,中 10 经龙身人面、堵山冢、瑰山帝,中 11 经彘身人首、禾山帝、玉山等冢,中 12 经鸟身龙首、夫夫山等冢、洞庭山等神。

《五藏山经》共记述有预测行为 56 条,其中《南山经》7 条,《西山经》15 条,《北山经》4 条,《东山经》16 条,《中山经》14 条,可以看出居住在《东山经》所述地区的人们对预测活动有着更浓厚的兴趣。《五藏山经》所述预测活动均属于前兆判断,其水平尚处于初级阶段,这也是该书相当古老的标志之一。其中,具有前兆功能的事物绝大多数均为动物,计有 52 种,此外还有人神 2 种、器物 1 种、自然物 1 种,共计 56 种。预测的内容,劳役 1 项、土功 2 项、放士 1 项、多狡客 1 项、疾疫 4 项、火灾 2 项、恐慌 3 项、国败 1 项、战争 9 项、天下安宁 2 项、大风 2 项、大水 9 项、大旱 13 项、虫害 1 项、风雨水为败 1 项、霜 1 项、大穰 3 项,与农业相关的有 30 项,令人多少有些诧异的是缺少渔猎畜牧业的内容。

《五藏山经》记录有众多的湖泊、沼泽、湿地、水渊、海泽。其中,《南山经》记述有6处湖泽,《西山经》11处,《北山经》15处,《东山经》12处,《中山经》6处,共计50处湖泽(由于存在同名的现象,统计数字可能有少许出入)。从中不难看出,帝禹时代我国黄河以北地区(属于《西山经》、《北山经》)的湖泊数量非常多。根据《西山经》的记载,当时黄河的前套、后套是两个大湖泊,河套一带"其间尽泽也"。遗憾的是,上述北方诸多的湖泽,由于历史上的掠夺性开发,以及气候的变迁,如今多已萎缩、干涸甚至消失殆尽。

《五藏山经》是先夏时期的资源秘典,据徐南洲先生研究,《五藏山经》记录的矿产可分为12类90余种,其中玉分为20种,石有42种;并记有155处产金之地,它们多数都是金属共生矿(涉及黄金、银、铜、铁、锡、汞等)。其中许多矿石,经文并未明确提及它们的用途。例如《五藏山经》多处提到某山有赭,赭石主要用于颜料和染料,另外也有药用价值,相传神农尝百草时使用一种"赭鞭",用来鞭打各种草药,就能够获得各种草药的药性等信息。又据赵璞珊先生研究,《五藏山经》记录有种类繁多的药物,其中矿物类5种,植物类28种,木类23种,兽类16种,鸟类25种,水族类30种,其他4种;这些药物均为单味药,而且也没有说明剂量,充分显示出其年代的古远(详情可参阅《山海经新探》一书)。

综上所述,判定《五藏山经》成书时代古老的理由如下:记述的地理环境古老,大量湖泊水泽已经干涸或萎缩,许多动物已经灭绝或迁徙,植物分布(例如竹类)南移,均表明自然环境气候发生较大变迁,而这些变化需要经历漫长的时间。与此同时,《五藏山经》的地理资源考察者和记述者始终采用有什么说什么的陈述句,当时各地都有由巫师装扮的半人半兽,人们使用的都是单味药,颜料多为单色(色彩种类少),普遍采用单因素进行预测,只有东南西北中五方而无九州的观念,地理方位的描述是线性的(表明当时的部落仍然沿山脉走向或迁徙路线分布),全书未言及禹以后的人和事,表明它的写作时间或文献资料来源在先夏时期。

值得注意的是,在《五藏山经》里并没有关于九州的明确说法。中国古代典籍九州之说首见于《尚书·禹贡》,内容为"禹别九州,随山浚川,任土作贡。禹敷土,随山刊木,奠高山大川"。九州依次为冀州、兖州、青州、徐州、扬州、荆州、豫州、梁州、雍州,其地理范围大体与《五藏山经》相同;其中,冀州的方位区域与《北山经》接近,青州、徐州与《东山经》接近,扬州与《南山经》接近,荆州、豫州、梁州与《中山经》接近,雍州(包括梁州一部分)与《西山经》接近。此外,《禹贡》记述地理方位的顺序为北、东、南、中、西,与《五藏山经》的顺序南、西、北、东、中亦不同;《禹贡》记述有九条山脉,《五藏山经》则记述有二十六条山脉。

综上所述,《五藏山经》的内容极其丰富,它记述了光辉灿烂的华夏文明进程,涉及地理、地形、山脉,海洋、湖泊、河流,矿产、植物、动物,天文、历法、气象,历史、社会、民族,农业、医药、饮料,军事、巫术、祭祀,文艺、音乐、棋类,建筑、科学技术、发明创造,等等。在四五千年前,当埃及人在为法老建造陵墓的同时,中国人实施了人类史上最早最大规模的地理大发现,这是中国人对人类文明的伟大贡献,将永远载入史册,并将永远激励中国和全世界人民继续探索、开拓,实现更大范围(超越地球)的地理大发现。刘秀(歆)《上山海经表》称大禹治服洪水后"禹别九州,任土作贡,而益等类物善恶,著《山海经》",《海外东经》记有禹命竖亥步量天下;相传同时绘有《山海图》,而这些图又铸在了九鼎之上,正所谓:功成洪水退,帝禹定九州,踏勘海内外,千古一图收。

海外南经第六

《山海经》中以"海外"冠名的有四篇:《海外南经》、《海外西经》、《海外北经》、《海外东经》,可以统称为"海外经"。需要指出的是,"海外"中的"海"不能简单地理解为海洋或大海,而是指国土,"海外"就是指古代中国中心区域之外未开化或尚未被人充分了解的极远之地。

《海外南经》以结匈国为起点,从西南向东南对所经过的地域逐次展开叙述,它位于南山经所述地域的南面,大致在今中国的南部,但是具体位置难以确定。

海外南经

【导读】

《海外南经》中共记载了十二个国家,包括胸部骨肉向外凸出的结匈国、浑身长满羽毛的羽民国、口中能喷火的厌火国等;介绍了一些神奇的动植物,如翅膀并在一起的比翼鸟、人面独脚的毕方鸟、树叶皆为珍珠的三株树等。另外,书中还涉及了一些历史和神话传说,如帝尧、帝喾、周文王、火神祝融、羿与凿齿大战于寿华之野等。

【原文】

地之所载,六合①之间,四海②之内,照之以日月,经之以星辰,纪之以四时③,要之以太岁④,神灵所生,其物异形,或夭或寿,唯圣人能通其道。

海外自西南陬至东南陬⑤者。

【注释】

①六合：上下和东西南北四方，即天地四方，泛指天下或宇宙。

②四海：古代以中国四境有海环绕，各按方位为东海、南海、西海和北海，但亦因时而异，说法不一，犹言天下。

③四时：四季，春、夏、秋、冬。

④太岁：古代天文学中为纪年的方便而假设的星名。其运行的方向与岁星（即木星）相反，自东向西十二年运行一周天，每年行经一个星次，运行到某星次范围，就用"岁在某"来纪年。

⑤陬：角，角落。

【译文】

大地所承载的，天地四方之中、四海之内的空间，都承受日光和月光的沐浴，星辰纺织着经纬线，一年四季循环往复，时光在一年又一年的更替中流逝,神灵所赐的人间万物,形状各异,或早夭或长寿,其中的道理也只有圣人才清楚。

我所游历的海外南部地区是从西南角到东南角的。

结匈国

【原文】

结匈国在其西南,其为人结匈①。

【注释】

①结匈:结胸,指鸡胸,因佝偻病形成的胸骨突出像鸡的胸脯的症状。

结匈国

结匈国　明·蒋应镐绘图本

【译文】

结匈国位于海外的西南角,这个国家的百姓都长着鸡胸。

南山

【原文】

南山在其东南。自此山来，虫为蛇，蛇号为鱼。一曰南山在结匈东南。

【译文】

南山在结匈国的东南。从这座山里出来的人，都把虫叫作"蛇"，而把蛇称为"鱼"。有南山在结匈东南方的说法。

比翼鸟

【原文】

比翼鸟①在其东。其为鸟青、赤，两鸟比翼。一曰在南山东。

比翼鸟

比翼鸟　明·蒋应镐绘图本

【注释】

①比翼鸟：传说中的一种鸟，雌雄老在一起飞。比翼，一同振动羽翼。

【译文】

比翼鸟生活在南山的东边。这种鸟为一只青鸟和一只红鸟，两只鸟各有一只翅膀，必须一同振动羽翼才能飞翔。一种说法是比翼鸟生活在南山的东边。

羽民国

【原文】

羽民国在其东南，其为人长头，身生羽。一曰在比翼鸟东南，其为人长颊①。

羽民国

羽民国　清·吴任臣康熙图本

【注释】

①颊：面颊，脸的两侧从眼到下颌部分。

【译文】

羽民国在它的东南,羽民国的百姓脑袋较长,身上长有羽毛。也有说在比翼鸟东南,那儿的人都长着长长的脸颊。

二八神

【原文】

有神人二八,连臂①,为帝司夜②于此野。在羽民东。其为小人颊赤肩。尽十六人。

【注释】

①连臂:手搀手,臂挽臂。

②司夜:巡夜,主管夜间的报时。

【译文】

在羽民国的东边,有二八神人,他们互相挽着臂膀,天天为黄帝在山野中巡夜。他们在羽民国东。这些神人的脸颊都较短,肩胛是红色的。总共是十六个人。

毕方鸟

【原文】

毕方鸟在其东,青水西,其为鸟人面一脚。一曰在二八神东。

毕方

毕方　明·蒋应镐绘图本

【译文】

在二八神人的东边是毕方鸟，毕方鸟在青水的西边，毕方鸟的身形是鸟，但面孔是人，而且只长有一只脚。一说毕方鸟在二八神的东边。

讙头国

【原文】

讙头国在其南，其为人，人面有翼，鸟喙，方捕鱼。一曰在毕方东。或曰讙朱国。

【译文】

毕方鸟的南边就是讙头国，讙头国的人虽然有人脸，但有一对翅膀，嘴似鸟喙，擅长捕鱼。也有说头国在毕方鸟的东边，还有的说讙头国又叫讙朱国。

讙头国

讙头国　明·蒋应镐绘图本

厌火国

【原文】

厌火国在其国南,兽身黑色,生火①出其口中。一曰在讙朱东。

厌火国

厌火国　明·蒋应镐绘图本

【注释】

①生火:产生火气、热气。

【译文】

讙头国的南边是厌火国,厌火国的国民身形都像兽,全身黑色,嘴中能吐火。一说厌火国在讙头国的东边。

三珠树

【原文】

三珠树在厌火北,生赤水上,其为树如柏,叶皆为珠。一曰其为树若彗①。

【注释】

①彗:扫帚。

【译文】

厌火国的北边是三珠树,三珠树生长在赤水河边,三珠树像柏,树叶都是珍珠。也有的说三珠树像扫帚。

三苗国

【原文】

三苗国在赤水东,其为人相随。一曰三毛国。

【译文】

赤水河的东边是三苗国,三苗国君被尧杀死后,该国的百姓接连地迁徙到南海边。也有的说赤水河东边是三毛国。

载国

【原文】

载国在其东,其为人黄,能操弓射蛇。一曰载国在三毛东。

载国

载国　明·蒋应镐绘图本

【译文】

三苗国的东边是载国,这个国家的百姓皮肤都是黄色的,擅长用弓箭射蛇。也有的说载国在三毛国东部。

贯匈国

【原文】

贯匈国在其东,其为人匈有窍①。一曰在载国东。

【注释】

①窍:孔,洞。

【译文】

载国的东边是贯匈国,贯匈国的百姓胸部都有一个洞。一说贯匈国在载国东部。

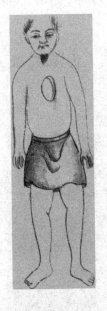

贯匈国

贯匈国　清·汪绂图本

交胫国　不死民　岐舌国

【原文】

交胫国在其东,其为人交胫①。一曰在穿匈②东。

不死民③在其东,其为人黑色,寿,不死。一曰在穿匈国东。

岐舌国④在其东。一曰在不死民东。

【注释】

①其为人交胫,郭璞注:"言脚胫曲戾相交,所谓雕题,交趾者也。或作颈,其为人交颈而行也。"意思是说,此地的人两只脚是互相交叉的。交胫,小腿弯曲相交。

②穿匈,即贯匈。

③不死民,郭璞注:"有员丘山,上有不死树,食之乃寿,亦有赤泉,饮之不老。"

④岐舌国,却反舌,舌头是反转生的。郭璞注:"其人舌皆岐,或云支舌也。"郝懿行按:支舌即岐舌,盖字讹也。

交胫国

交胫国　清·郝懿行图本

【译文】

交胫国在它的东面,这个国家的人总是互相交叉着双腿双脚。还有一种说法认为交胫国在穿胸国的东面。

　　不死民在交胫国的东面，这个国家人皮肤黝黑，个个都能长生不老。还有一种说法认为不死民在穿胸国的东面。

　　岐舌国在它的东面，这个国家的人都是舌根在前、舌尖伸向喉部。还有一种说法认为反舌国在不死民的东面。

岐舌国　明·蒋应镐绘图本

岐舌国　选自《中国清代宫廷版画》

昆仑虚　羿与凿齿战

【原文】

　　昆仑虚①在其东，虚四方②。一曰在岐舌东，为虚四方。

　　羿与凿齿战于寿华之野③，羿射杀之。在昆仑虚东。羿持弓矢，凿齿持盾，一曰戈④。

【注释】

①昆仑虚,即昆仑山,亦作昆仑丘。郭璞注:"虚,山下基也。"

②虚四方,即山是四方形的。虚,指山下底部的地基。

③羿,即后羿,传说中的天神,善射。凿齿,神名,齿长五六尺,状如凿子,故名。

④一曰戈,一作"一曰持戈"。

【译文】

昆仑山在它的东面,它的基部向四面八方延伸。还有一种说法认为昆仑山在岐舌国的东面,基部向四面八方延伸。

羿与凿齿在一个叫寿华的荒野交战厮杀,勇敢善战的羿把凿齿杀死了。地方就在昆仑山的东面。在这次交战中羿手持弓箭,凿齿手操盾牌。还有一种说法认为凿齿拿着戈。

三首国　周饶国

【原文】

三首国在其东,其为人一身三首①。一曰在凿齿东。

周饶国②在其东,其为人短小,冠带③。一曰焦侥国在三首东。

【注释】

①一身三首,意思是一个身子,三个脑袋。

②周饶国,传说中的小人国,其国人身高只有三尺。"周饶"亦作"焦侥",皆"侏儒"之声转。郭璞注:"其人长三尺,穴居,能为机巧,有五谷也。"

③冠带,戴着帽子,系着腰带。

三首国

三首国

【译文】

三首国在它的东面,这个国家的人都是一个身子三个脑袋。还有一种说法认为在凿齿的东面。

周饶国在它的东面,这个国家的人都是矮小身材,喜欢戴帽子、系腰带,整齐讲究。还有一种说法认为周饶国在三首国的东面。

长臂国　狄山　南方祝融

【原文】

长臂国^①其东,捕鱼水中,两手各操一鱼。一曰在焦侥东,捕鱼海中。

狄山②,帝尧葬于阳,帝喾③葬于阴。爰有熊、罴、文虎④、蜼⑤、豹、离朱、视肉。吁咽⑥、文王皆葬其所。一曰汤山。一曰爰有熊、罴、文虎、蜼、豹、离朱、鸱久⑦、视肉、虖交。其范林⑧方三百里。

南方祝融⑨,兽身人面,乘两龙。

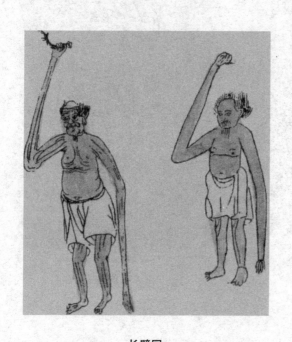

长臂国

长臂国　清·汪绂图本

【注释】

①长臂国,郭璞注:"旧说云,其人手下垂至地。"

②狄山,一名崇山,亦作蚩山,崇、蚩音相近。

③帝喾,传说中的上古帝五唐尧的父亲。

④文虎,兽名,即雕虎。

⑤蜼,一种长尾猿。

⑥吁咽,意即吁咽和文王都埋葬在这里。郭璞注:"所未详也。"疑是人名,也有可能是舜。

⑦鸱久,即猫头鹰。

⑧范林,指林木广泛。

⑨祝融,传说中的火神。郭璞注:"火神也。"

祝融 明·蒋应镐绘图本

【译文】

长臂国在它的东面,这个国家的人擅长在水中捕鱼,而且左右两只手能够各抓着一条鱼。还有一种说法认为长臂国在焦侥国的东面,这个国家的人擅长在大海中捕鱼的。

狄山,帝尧死后葬在这座山的南面,帝喾死后葬在这座山的北面。这里有熊、罴、花斑虎、长尾猿、豹子、三足乌、视肉。吁咽和文王也葬在这座山上。还有一种说法认为是在汤山。还有一种说法认为这里有熊、罴、花斑虎、长尾猿、豹子、离朱鸟、鹞鹰、视肉、虖交。有一片方圆三百里大小的范林。

南方有个叫视融的神,长着野兽的身子人的面孔,常常乘着两条龙飞行。

【鉴赏】

研究《山海经》的学者习惯将《山海经》18篇分为《山经》与《海经》两大部分,《山经》5篇即《五藏山经》,《海经》13篇包括《海外四经》、《大荒四经》、《海内四经》、《海内经》(海外、海内、大荒均是天下的意思)。从内容来看,《山经》以自然地理为主、人文地理为辅,所述地点均有明确的方位和距离,以及相关的物产。对比之下,《海经》则以人文地理为主、自然地理为辅,着重记述生活在各地的民族或部落、国家里人们的独特风土人情,他们的主要发明和贡献,以及他们的历史世系和文化传承关系。

《海外南经》叙述的内容是,中国的夏朝时期,在遥远的南方有许多小国家或部落,他们各自都有着奇异的习俗或者特殊的生活方式。相传羽民国的人身上都长着羽毛,今天看来他们实际上是喜欢穿用羽毛编织的服装。相传厌火国的人能够从嘴里吐出火来,今天看来他们很可能是在表演吐火的杂技魔术。相传岐舌国的人舌头像蛇一样分叉,今天看来很可能他们的工作是提供语言翻译服务。相传贯匈国的人胸口开着一个大洞,出门时可用竹竿穿过让人抬着走——这究竟是怎么回事?至今学者都没有找到令人信服的答案。

第2节的结匈国位于《海外西经》灭蒙鸟的西南方,当地人的特点是结胸。郭璞、袁珂都认为结胸即人的胸部肋骨向外凸出,今俗称鸡胸,通常是因为人在童年发育期缺钙所致。其实,结有屈曲之意,因此结胸可以泛指各种脊椎弯曲畸形的病症,例如驼背、佝偻病。此外,结又有盘结之意,因此结胸也可能指一种独特的胸部(包括背部)服饰或装饰,例如胸前佩戴着结状吉祥物(中国结或即源于此风俗),或者背后有类似日本和服的装饰结构。

第6节中之帝袁珂认为指黄帝,并总结道:"帝,天帝,《山海经》中凡言帝,均指天帝,而天帝非一:除中次七经'姑媱之山,帝女死焉,其名曰女尸'之'帝'指炎帝、中次十二经'洞庭之山帝之二女居之'之'帝'指尧而外,其余疑均指黄帝。"这个结论可能有值得商榷之处,因为它意味着《山海经》诸篇文字形成之时,各时期各地的人们都已经公认黄帝为天帝,而这种可能性并不大。

第7节中,毕方鸟在《山海经·西山经》里是火灾的报警标志,但是《韩非子·十过》却称:"昔者黄帝合鬼神于西泰山之上,驾象车而六蛟龙,毕方并辖,蚩尤居前,风伯进扫,雨师洒道,虎狼在前,鬼神在后,腾蛇伏地,凤凰覆上,大合鬼神,作为清角。"据此可知,毕方亦是一个部落或一种官职的名称,其职责是协助驾驭黄帝的象车或龙车。所谓黄帝"大合鬼神",与禹召集天下诸侯聚会的性质类似,都属于先夏时期民族整合与融合过程中的重大事件。

第8节中的讙头国又名讙朱国,其名称应与该族人的头部特殊装饰有关。所谓"其为人人面"的陈述存在着重复,既然是人,当然是人面;因此"人面"可能是"朱面"之误,也就是说当地人有将头部或全身涂红的习俗。所谓"有翼,鸟喙"当是一种与捕鱼有关的装饰、装束或用具,一种可能是当地人在模拟鱼鹰捕鱼的样子,另一种可能是当地人乘坐有帆的船,手持鱼枪扎鱼。所谓"方捕鱼",表明此处文字撰写者是在看图说话,而这正是《海经》的特点,即《海经》原本有图,而且图画的内容相当清晰,可能还写有人物的名称。

学者普遍认为讙头国即尧臣讙兜或尧子丹朱的后裔,郭璞注:"讙兜,尧臣,有罪,自投南海而死。帝怜之,使其子居南海而祠之。画亦似仙人也。"袁珂认为讙头国即丹朱国,讙兜亦即丹朱,由于丹朱不肖,尧以天下让诸舜,三苗之君同情丹朱,丹朱叛尧,尧击败三苗和丹朱,流放三苗和丹朱到南方。不过,在今天的民间传说里,既有谴责丹朱的故事,也有赞美丹朱的故事。

第10节提到的三珠树,陶潜《读山海经》有"灿灿三珠树,寄生赤水阴"之句。陶潜又名陶渊明(约公元365—427年),字元亮,浔阳柴桑人(今江西九江),曾任彭泽令,因不肯为五斗米折腰而去职归隐田园。陶潜晚于郭璞,他们所看到的山海经图均缺少山川地形地貌距离等地图要素,属于一幅幅插图性质。郝懿行认为,《庄子·天地篇》"黄帝游乎赤水之北,遗其玄珠"的故事,即源于此处三珠树的记载。当年黄帝北渡赤水,登上昆仑丘,归途时不慎遗失玄珠,黄帝先后派善于思考的人、眼力好的人、勤问的人寻找玄珠却都没有找到,后来派一个名叫"象罔"的人,他迷迷糊糊地就把玄珠找到了。袁珂认为这个古老的神话传说故事并非纯粹寓言:"意者此生赤水上之三珠树,或为黄帝失玄珠神话之别传,为所失玄珠所生树乎?"据此,三珠树实际上可能是人工用珠玉装饰的玉树、神树、星星树,亦即后世的摇钱树和圣诞树。

第11节中的三苗国,郭璞注:"昔尧以天下让舜,三苗之君非之,帝杀之,有苗之民,叛入南海,为三苗国。"《淮南子·修务训》:"尧立孝慈仁爱,使民如子弟。西教沃民,东至黑齿,北抚幽都,南道交趾。放讙兜于崇山,窜三苗于三危,流共工于幽州,殛鲧于羽山。"高诱注云:"三苗盖谓帝鸿氏之裔子浑敦、少昊氏之裔子穷奇、缙云氏之裔子饕餮三族之苗裔。"袁珂认为三苗即有苗,亦即苗民,而"相随"即该族人相随远徙南海之象也。

第13节中的贯匈国又称穿胸民。《艺文类聚》卷96引《括地图》记有大禹治水时,召集各地诸侯开会,因防风氏姗姗来迟,于是"禹诛防风氏。夏后德盛,二龙隆(降)之。禹使范氏御之以行,经南方,防风神见禹,怒射之。有迅雷,二龙升去。神惧,以刃自贯其心而死。禹哀之,瘗以不死之草,皆生,是名穿胸国。"袁珂注引元周致中纂《异域志》云:"穿胸国,在盛海东,胸有窍,尊者去衣,令卑者以竹木贯胸抬之。"

穿胸国之名得自防风氏"自贯其心而死"的行为,这可能是一种类似剖腹自杀的习俗。与此同时,所谓"防风"可能也是指一种特殊的装束,类似护心镜,以保护胸腹部不受外物伤害,同时也有预防风寒的作用;由于这种装束看起来仿佛胸部有窍洞,于是人们便称其为穿胸民。此外,也可能与用滑竿抬人走山路的方式有关。

第14节中的交胫国,郝懿行注:"《广韵》引刘欣期《交州记》云:'交趾之人,出南定县,足骨无节,身有毛,卧者更扶,始得起。'引此经及郭注,并与今本同。《太平御览》七百九十卷引《外国图》曰：'交胫民长四尺。'《淮南子·地形训》有交股民，高诱注云：'交股民脚相交切。'即此也。"

交胫国的人为什么有"交胫"的特征呢？一种可能是他们习惯盘腿而坐（古代中原流行跪坐式），另一种可能则与病态有关。众所周知，如果某一地区环境中（包括水里、食物里、煤、柴里）存在有毒有害元素，或者缺少某些必要的微量元素，就有可能导致该地居民患骨骼畸形或软骨病的几率增加；此外，某些疾病例如小儿麻痹症也会造成下肢残疾，从而出现"交胫"的行走特征。

第15节中的不死民，袁珂认为：古人所谓"不死"实有两种情况，第一种类型即《楚辞·远游》："仍羽人于丹邱，留不死之旧乡。"在这里羽人、不死乃学道登仙的两个阶段，初则不死为地仙，久乃身生羽毛，遐举而为天仙矣。《论衡·无形篇》："图仙人之形，体生毛，臂变为翼，行于云。"是仙人生羽翼之说明著于汉世者，证以武梁祠石刻画像，其伏羲与女娲交尾图像中所刻飞行云中之小仙人，确均生有翅翼。第二种类型即《山海经》之所谓羽民国、不死民，则殊方之族类，有其异形与异禀而已，非修炼之类也。

袁珂此论甚确，问题是此处不死民究竟有什么特殊的禀赋或习俗呢？可以考虑的解释包括，一是当地人不举行葬仪，老者自行离开族人走入山林而不归；二是当地人有将死者人体制成黑色木乃伊的习俗，并相信如此一来其人便获得永生。

第18节原文应作："凿齿国在昆仑虚东。羿与凿齿战于寿华之野，羿射杀之。羿持弓矢，凿齿持盾。一曰戈。"羿与凿齿之战，乃先夏时期一系列部落战争之一，根据《淮南子·本经训》的相关记载，上述战争的起因是自然灾变事件（十日并出）严重破坏了人类社会赖以生存的环境，从而导致部落间的迁徙和激烈冲突。值得注意的是，今日贵州的革家人，凡12岁以上的男人死后均要敲去两颗牙齿，意思是不要变成凿齿害人；而未婚女子则要戴"白箭射日"帽,以象征羿射九日。

第19节提到了三首国。在畸形胎儿中,偶有两个头共用一副身躯的情况,条件好的时候他们也能长大成人。但是,三个头共用一副身躯的畸形胎儿,非常少见,更不用说能存活下来了。因此,这里的三首国,可能是指一种佩戴面具的习俗。每个人可以有多个面具,根据不同情况或场合轮流佩戴,也可能是佩戴一种三面都有面孔图案的面具(所谓黄帝四面的传说,则可能是一种四面都有面孔图案的面具),或者是一种类似今日变脸的特技。佩戴面具的习俗曾经遍及世界许多地区,源于头部化装以及头颅灵魂崇拜。

第20节提到了周饶国。我国古史野史及文学故事里有关小人国的传闻甚多,例如《神异经·西荒经》记有:"西海之外有鹄国焉,男女皆长七寸,为人自然有礼,好经纶拜跪,其人皆寿三百岁。其行如飞,日行千里,百物不敢犯之,惟惧海鹄,遇辄吞之,亦寿三百岁。此人在鹄腹中不死,而鹄一举千里。"

第21节的长臂国,郭璞注:旧说(《三国志·魏志·东夷传》、《博物志》)云:"其人手下垂至地。魏黄初中,玄菟太守王颀讨高句丽王宫,穷追之,过沃沮国,其东界临大海,近日之所出,问其耆老,海东复有人否? 云:尝在海中得一布褐,身如中人,衣两袖长三丈,即此长臂人衣也。"所谓"魏黄初"指魏文帝黄初年号,即公元220年至226年,正值魏、蜀、吴三国战犹酣之际。

第22节的狄山又名汤山,是帝尧和帝喾的陵墓所在地,其中帝尧陵墓在狄山的南面,帝喾陵墓在狄山的北面。所谓"爰有"云云,均指陵墓里的陪葬物品或陵墓前的雕塑。关于视肉,经文并无任何描述,这表明它在当时应该是人所共知的东西。郭璞注:"聚肉,形如牛肝,有两目也;食之无尽,寻更复生如故。"据此视肉有可能是一种生长迅速的真菌,或许亦即民间所说的"不敢在太岁头上动土"的"太岁";在陵墓的随葬品里有视肉,意思是让墓主人拥有食之无尽的食物。有趣的是,近年我国不少地方陆续出土类似视肉的不明生物,它们能够自我生长,而且能够净化水质,有胆大的人尝试吃过,似乎并无毒副作用,甚至有不少人相信它有药效作用。奇怪的是,对这种不明生物却检验不出细胞结构和 DNA,或许它们是一种没有细胞膜和 DNA 的最原始的生物。

有必要指出的是,此段经文在长期流传过程中,玗琟讹变成吁咽,文玉讹变成文王,而不少学者又把吁咽、文王解释为人名,并认为这个"文王"就是周文王,接下来又据此认为《海外四经》乃至《山海经》都是周人的作品,显然是一错再错了。看来"玉"与"王"仅仅是一点之差,但是如果不能够认真审读,就难免谬之千里了。

第 23 节提到了南方祝融。《海外南经》所述区域的人们尊崇南方之神祝融,他身披兽皮,乘两龙而行,颇有些类似今日驯兽师两脚踏在两条海豚背上行游。在古史传说里,祝融既是火神,又指掌管火的官职,还指部落。郭璞注此:"火神也。"《吕氏春秋·孟夏篇》称:"其帝炎帝,其神祝融。"《淮南子·时则训》云:"南方之极,自北户孙之外,贯颛顼之国,南至委火炎风之野,赤帝(炎帝)祝融之所司者万二千里。"《山海经·海内经》称祝融为炎帝后裔,而《大荒东经》又称祝融为颛顼后裔,这种情况可能源于母系后裔和父系后裔的差异。

祝融的主要事迹,一是鲧治水失败后,受帝命杀鲧于羽郊。二是《史记》司马贞《补三皇本纪》称共工与祝融战,不胜而怒触不周山(《淮南子·天文训》则称共工与颛顼争为帝,怒而触不周山)。或谓鲧即共工,则两事可能指同一件事,实际上反映的是两大部落集团长期争战的故事。

此外,《墨子·非攻下》记有:成汤伐夏时"天命融(祝融)隆(降)火于夏之城间,西北之隅。"《尚书大传》、《太公金匮》等书称武王伐纣时,祝融等七天神雪天远来助周灭殷,则祝融乃革命者之吉神。今南岳衡山最高峰名祝融峰,海拔1290米,相传祝融氏葬此,峰上建有祝融殿(又名老圣殿),山顶有"天半祝融"等石刻。

综观《海外南经》所述诸国，涉及的地理地名仅有南山、赤水、寿华之野、昆仑虚、狄山等，涉及的地形也仅有捕鱼海中、司夜此野。在这种情况下，我们今天很难确指其地域范围。而且古代有地名随人走的习俗，即人迁徙到新的地方，仍然习惯用故乡的山名水名来命名新居的山和水，特别是当它们有某种相似之处的时候。与此同时，当人们迁居到新的地方后，也会重新设立祭祀先祖的墓地；由于同一族群的人们可能迁徙到不同的地方，因而使情况变得更为复杂。

例如赤水，在《西山经》里属于昆仑丘水系，位于黄河上游地区。但是在《海外南经》里，它可能仍然属于昆仑丘水系，例如无定河上游的红柳河；也可能指南方某处的水质发红的河流（流经红壤区或流域内有赤铁矿），例如贵州与四川交界处的赤水河，属于长江水系；或流经贵州和广西的红水河，属于珠江水系。

海外西经第七

《海外西经》中记载了海外西南角到西北角的国家及地区，以结匈国为起点，向北逐次展开描述。

海外西经

【导读】

《海外西经》中记叙了西部许多国家的地理位置及人物风貌。如三身国中的人一颗脑袋下有三个身子；一臂国中的人只长着一只眼睛、一个鼻孔和一只胳膊；奇肱国中的人长着一只胳膊、三只眼睛；女子国中的人都是女子；

丈夫国中只有男子,等等。此外,经中还记录了许多的神话故事,包括夏启在大乐之野举行歌舞;刑天被天帝砍掉脑袋后以乳为目、以脐为口,操干戚而舞的故事;大禹将王位传给儿子,中国从此进入了"家天下"的时代。这些故事除去夸张的神话色彩,就是一部可考据的历史。

【原文】

海外自西南陬至西北陬者。

【译文】

我所游历的海外西部地区是从西南角到西北角的。

灭蒙鸟

【原文】

灭蒙鸟在结匈国北,为鸟青,赤尾。

【译文】

结匈国的北边便是灭蒙鸟的巢穴,这种鸟全身的羽毛都是青色的,只有尾巴是红色的。

夏后启

【原文】

大运山高三百仞,在灭蒙鸟北。

大乐之野,夏后启①于此儛九代,乘两龙,云盖②三层。左手操翳③,右手操环④,佩玉璜⑤。在大运山北。一曰大遗之野。

【注释】

①夏后启:姓姒,禹之子,相传禹命伯益继位为王,禹死后,伯益推让,退隐箕山,启于是即位,在位九年。

②云盖:状如车盖的云。

③翳:用羽毛做的华盖,舞具。

④环:圆形而中间有孔的玉器。

④玉璜:半璧形的玉。

夏后启

【译文】

大运山高约二百多丈,灭蒙鸟栖息的地方再往北便到了大运山。

由大运山再往北就到了大乐之野。夏后启就曾在这里在天乐《九代》的音乐中跳舞。当时夏后启乘着两条龙,周围缭绕三层云雾。他左手举着羽毛做的华盖,右手持一玉环,衣佩玉璜。也有的说这儿不叫大乐之野,而叫大遗之野。

三身国

【原文】

三身国在夏后启北,一首而三身。

山海经诠解

《山海经》原典鉴赏

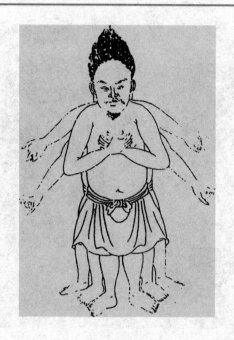

三身国

【译文】

　　夏后启的北边便是三身国,三身国的人都长着一个脑袋、三个身子。

一臂国

【原文】

　　一臂国在其北,一臂、一目、鼻孔。有黄马虎文,一目而一手。

【译文】

　　三身国的北边是一臂国,一臂国的人只有半体,只长着一只胳膊、一只眼睛、一个鼻孔。一臂国里有一种马,全身都是黄色的马鬃,并有虎斑,这种马只有一只眼睛和一条腿。

一臂国

一臂国

奇肱国

【原文】

奇肱之国在其北。其人一臂三目,有阴有阳,乘文马①。有鸟焉,两头,赤黄色,在其旁。

【注释】

①文马:毛色有花纹的马。

【译文】

一臂国的北边是奇肱国。奇肱国的人长有一只臂膀、三只眼睛,一身兼有阴阳两性,行走须骑文马。奇肱国里有一种鸟,长了两个脑袋,红黄色的毛,常随人而行。

奇肱国

奇肱国　明·蒋应镐绘图本

奇肱国

奇肱国　清·毕沅图本

形天与帝争神

【原文】

形天①与帝至此争神,帝断其首,葬之常羊之山。乃以乳为目,以脐为口, 操干②戚③以舞。

刑天

刑天　清·毕沅图本

【注释】

①形天:刑天,神话人物。刑天原是一个无名的巨人,因和黄帝争神座,被黄帝砍掉了脑袋,才被称作刑天。

②干:指盾。

③戚:指大斧。

【译文】

形天与黄帝在这里争战以夺其帝位,结果黄帝砍了他的首级,而将他的残身葬在常羊山。但形天仍不屈服,改用两乳为双目,以肚脐眼为口,挥舞着斧头和盾牌,欲与黄帝决一死战。

女祭女戚

【原文】

女祭、女戚在其北,居两水间,戚操鱼鲙①,祭操俎②。

【注释】

①鲙:古代小的圆形酒器。

②俎:供祭祀或宴会时用的四脚方形青铜盘或木漆盘,常陈设牛羊肉。

【译文】

女祭和女戚两位女神就居住在形天与黄帝争战地向北的两条河之间,女戚手中捧着圆形的酒器,而女祭总是手托肉盘。

丈夫国　女丑之尸

【原文】

丈夫国在维鸟北,其为人衣冠带剑①。

女丑之尸,生而十日炙杀之②。在丈夫北,以右手鄣③其面。十日居上,女丑居山之上。

【注释】

①衣冠带剑,穿衣戴帽,腰间佩剑。

②女丑之尸,生而十日炙杀之。意思是女丑的尸体横躺在此地,她很不幸,生前被十个太阳炙杀。

③鄣,遮蔽的意思。

丈夫国

丈夫国

【译文】

　　丈夫国在维鸟的北面,这个国家的人都是穿衣戴帽,佩带宝剑,一身英雄气概,丰常讲究。

　　有一具女丑的尸体,她是被十个太阳的热气烤死的。她横卧在丈夫国的北面。死时她用右手遮住自已的脸。十个太阳高高挂在天上,女丑的尸体横卧在山顶上。

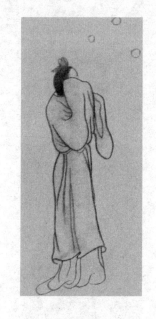

女丑尸

女丑尸　明·蒋应镐绘图本

巫咸国

【原文】

巫咸国在女丑北,右手操青蛇,左手操赤蛇。在登葆山,群巫所从上下也。

【译文】

　　女丑尸体的北边就是巫咸国,巫咸总是右手缠绕一条青蛇,左手缠绕一条赤蛇。巫咸国有一座登葆山,登葆山实际上是天梯,巫师们都从这里往返于天上和人间。

并封

【原文】

并封在巫咸东,其状如彘,前后皆有首,黑。

【译文】

巫咸国的东边就是并封出没的地方,并封是一种野兽,它的体形似猪,但头尾各长着一只脑袋,全身都是黑色的。

并封　明·蒋应镐绘图本

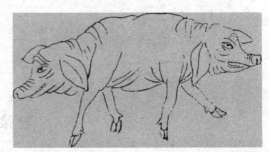

并封　清·汪绂图本

女子国

【原文】

女子国在巫咸北,两女子居,水周之。一曰居一门中。

【译文】

巫咸国的北边是女子国,有两个女子住在这里,这两个女子住处的周围都是水,也有的说这两个女子住在一个门里。

女子国

女子国　明·蒋应镐绘图本

轩辕国

【原文】

轩辕之国在此穷山之际,其不寿者八百岁。在女子国北。人面蛇身,尾交首上。

【译文】

女子国的北边就是轩辕国,轩辕国北邻穷山,轩辕国的人民都长寿,寿命最短的也能活八百岁。轩辕国的国民都长着人样的面孔和蛇样的身形,尾巴缠绕在头上。

轩辕国

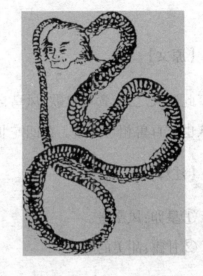

轩辕国　清·汪绂图本

穷山

【原文】

穷山在其北，不敢西射，畏轩辕之丘。在轩辕国北。其丘方，四蛇相绕。

【译文】

轩辕国的北边是穷山，站在穷山上，没有人敢向西射箭，因为那里便是黄帝的居住处——轩辕丘。轩辕丘的基座是方形的，丘上有四条蛇缠绕着，守护着轩辕丘。

诸夭之野

【原文】

此诸夭之野,鸾鸟自歌,凤鸟自舞;凤皇卵①,民食之;甘露②,民饮之;所欲自从也。百兽相与群居。在四蛇北。其人两手操卵食之,两鸟居前导之。

【注释】

①皇卵:凤凰蛋。
②甘露:甜美的露水。

【译文】

诸夭之野,这里有很多能歌善舞的鸾鸟和凤鸟,这里的人们吃的是凤凰蛋,喝的是天上降下的甘露,人们想要什么就能得到什么。天下所有的兽类这里都有,且与人们相安无事地生活在一起。这里的人们都是两手捧着凤凰蛋津津有味地吃着,鸾鸟和凤鸟领着人前行。

龙鱼陵居

【原文】

龙鱼①陵居在其北,状如狸。一曰鰕②。即有神圣乘此以行九野。一曰鳖鱼在夭野北,其为鱼也如鲤。

【注释】

①龙鱼:龙鲤。一说指鲵鱼、人鱼。

②鰕:同"虾"。

龙鱼

龙鱼　清·《禽虫典》图本

【译文】

诸夭之野的北边是龙鱼居住的地方,它的身形似鲤鱼。也有的说它的身形似鰕。龙鱼一般是天神、天圣的坐骑,天神、天圣常常乘着龙鱼巡游九天。也有的说诸夭之野的北边是鳖鱼,这种鱼的形状似鲤鱼。

白民国

【原文】

白民之国在龙鱼北,白身被①发。有乘黄②,其状如狐,其背上有角,乘之寿二千岁。

【注释】

①被:通"披"。
②乘黄:传说中的异兽名。

【译文】

龙鱼陵居的山再往北便是白民国,白民国的国民全身都是白色的,披头散发。白民国有种坐骑,名叫乘黄,其身形似狐,但背上长着角,人要是乘上这种坐骑,便可以长寿,能活二千岁。

犹湖

犹湖　明·蒋应镐绘图本

肃慎国

【原文】

肃慎之国在白民北。有树名曰雄常①,先入伐帝,于此取之。

【注释】

①雄常:神话中的树名,树皮可以制成衣服。

【译文】

白民国的北边便是肃慎国。肃慎国有种树名叫雄常,每当有圣人出世、替代暴君时,都要到这里来,用雄常树的树皮制成衣服。

长股国

中华传世藏书

【原文】

长股之国在雄常北，披发。一曰长脚。

【注释】

肃慎国的北边便是长股国，长股国的人都披散着头发。也有的说长股国人的脚很长。

长股国

长股国　清·吴任臣康熙图本

山海经诠解

《山海经》原典鉴赏

西方蓐收①

【原文】

西方蓐收,左耳有蛇,乘两龙。

蓐收

蓐收　明·蒋应镐绘图本

【注释】

①蓐收:古代传说中的西方神名,司秋,也是金神。

【译文】

西方有尊神,名叫蓐收。有人说他的左耳内有一条蛇守护着,他的坐骑是两条龙。

【鉴赏】

《海外西经》记述了从西南方到西北方的23处远方异国的景观,表明中国夏朝时,在遥远的西方有许多小国家或部落,其中特别值得一提的是有两个著名的长寿之乡。轩辕国普通人的寿命也有800岁,他们的健身术是在身体上画出蛇的图案,还要模仿蛇把脚放到头上。白民国有一种名叫乘黄的瑞兽,样子像狐狸,背上长着角,谁能够骑上它,就能活2000年。此外,还有一处富饶的人间仙境"诸夭(沃)之野",那里有鸾鸟在歌唱、凤鸟在舞蹈,人们饿了就吃凤凰卵(鸡蛋),渴了就饮甘露(天然饮料),自己想做什么就做什么。

其中第2节中的灭蒙鸟,毕沅、郝懿行都认为此处灭蒙鸟即《海内西经》的孟鸟,袁珂赞同此说,并认为灭蒙鸟亦即鸾鸟、凤鸟、五彩鸟之属,而且还进一步指出孟鸟乃颛顼或舜之后裔孟戏,其先祖即《诗·玄鸟》所谓"天命玄鸟,降而生商"之玄鸟,亦即燕子的化身。

《太平御览》卷915引《括地图》云:"孟亏人首鸟身,其先为虞氏驯百兽,夏后之末世,民始食卵,孟亏去之,凤凰随焉,止于此。山多竹,长千仞,凤凰食竹实,孟亏食木实。去九疑万八千里。"孟亏即孟戏;虞是掌管山泽的官职,舜曾任此职,此处虞氏即指舜。据此,灭蒙鸟当指人与鸟和睦相处的地方。

第4节提到了大乐之野。在历史上,夏后启是夏朝的开国之帝。在传说中,启既是禹之子,又是从石头中出生的。这种矛盾表明,启实际上只是禹的后代,或者自认是禹的后裔,因此他的权力基础并不充分。为此,他举行了盛大的登基仪式,通过巫术歌舞活动,向世人展示自己的权力得到了上天的认可。

《归藏·郑母经》记有:"夏后启筮:御飞龙登于天,吉。"《太平御览》82卷引《史记》称:"昔夏后启筮:乘龙以登于天,枚占于皋陶,皋陶曰:'吉而必同,与神交通;以身为帝,以王四卿。'"郭璞、郝懿行据此认为启属于仙人。

第6节提到了一臂国。《尔雅》(释地)云:"北方有比肩民焉,迭食而迭望。"郭璞注:"此即半体之人,各有一目、一鼻孔、一臂、一脚。"《交州记》则称:"儋耳国东有一臂国,人皆一臂也。"一臂国的传闻可能与当地的特殊服饰有关,例如服装只露出一臂(左袒或右袒),经辗转流传而夸张为半体人。近代西洋人来到中国,由于他们喜欢笔挺站立,又不肯向中国皇帝、官员下跪,民间遂传说西洋人没有膝盖骨,躺倒后要有人帮助才能站起来。这个例子说明了传闻与真相之间的关系，以及信息是如何讹变的。

第7节提到了奇肱之国。《博物志·外国》云："奇肱民善为栻扛，以杀百禽。能为飞车，从风远行。汤时西风至，吹其车至豫州，汤破其车，不以视民。十年东风至，乃复作车遣返。其国去玉门关四万里。"栻，原指古代占卜的用具，又称星盘，此处栻扛指性能优良的机械装置。所谓"汤破其车"云云，是说商朝的统治者为了不让百姓掌握先进的科学技术，就把飞车拆毁了。《淮南子·地形训》记海外三十六国里有奇股国，袁珂认为此处《海外西经》奇肱国应是奇股国之误，理由是独臂人很难制作复杂的机械，而独脚人则由于"痛感行路之艰，翱翔云天之思斯由启矣"。

第8节提到了刑天。袁珂注谓："刑天，炎帝之臣；刑天之神话，乃黄帝与炎帝斗争神话之一部分，状其斗志靡懈，死犹未已也。"在这场旷日持久的战争中，黄帝先后战胜炎帝、蚩尤、夸父、刑天。关于刑天为炎帝之臣，出自宋代学者罗泌所撰《路史·后纪三》："炎帝乃命刑天作《扶犁》之乐，制《丰年》之咏，以荐厘来，是日《下谋》。"

第10节提到了鸞鸟、鹧鸟。鸞鸟即青鸟，鹧鸟即黄鸟，鸞鸟又名维鸟，两者均为不祥之鸟。所谓"鸞鸟人面，居山上"，以及"所集"、"所经"云云，表明鸞鸟、鹧鸟可能是由巫师装扮的，正在山上举行某种巫术活动，而其目的是摧毁某个敌对的国家或部落。一般来说，鸟通常均指飞禽类动物，有时也指南方朱鸟星宿。但是，在《山海经》里，却常常用"鸟"代指部落、官职或人。这种称谓，可能与图腾崇拜有关，也可能与古人喜欢用鸟羽装饰自己有关。此外，"鸟"直至今日在土语中仍然是骂人的粗话，而这种粗话亦源于远古对鸟的生殖崇拜。

第11节提到了丈夫国。郭璞注："殷帝太戊使王孟采药，从西王母至此，绝粮，不能进，食木实，衣木皮，终身无妻，而生二子，从形中出，其父即死，是为丈夫民。"《太平御览》卷361引《玄中记》云："丈夫民。殷帝太戊使王英采药于西王母,至此绝粮,不能进,乃食木实,衣以木皮。终身无妻,产子二人,从背胁间出,其父则死,是为丈夫民。去玉门二万里。"《玄中子》相传亦为郭璞所著。

殷帝(生前称王,死后称帝)太戊,又作大戊、天戊,帝雍己之弟,任用伊陟(伊尹子)、巫咸治理国政,殷复兴。按郭璞所述故事,丈夫民乃出现在殷太戊年间或其后,约公元前15世纪。但是,从此处经文来看,丈夫国的特点并不是无妻生子,而是"衣冠带剑"。在家庭关系中"丈夫"乃是与"妻"相对而言的,既称为丈夫,当然就有妻室。因此,丈夫国的"丈夫",实际上是指身材魁伟、风度翩翩的君子。

第12节提到了女丑之尸。此处经文所描述的女丑与十日画面,属于巫术禳灾活动,其事件发生的原因即郝懿行注:"十日并出,炙杀女丑,于是尧乃命羿射杀九日也。"所谓远古曾经发生十日或多日并出的灾变事件,在世界各地许多民族中都有流传。能够造成这种古老记忆的自然现象可能有:日晕假日或幻日,气候异常干旱、阳光毒热,若干颗新星同时爆发,天外星体撞击地球前在大气层中燃烧并爆裂成多块光热体。在古代,巫师既有权力,又有责任;当灾祸、灾异事件发生后,如果巫师不能通过巫术活动消除灾祸,那么他(她)便要以身殉职。

《山海经》多有"××尸"的记述,尸字在古代的涵义非常多,除了指遇难者的尸体之外,代表死者或神来接受祭祀的活人亦称为尸,例如《仪礼·士虞礼》:"祝迎尸。"此外,尸又指有职务者或主持人,例如成语尸位素餐,以及《诗·召南·采蘋》:"谁其尸之?有齐季女。"

第13节提到了巫咸国。在古史传说中,神农、黄帝、尧、殷时均有名叫巫咸的人,表明巫咸实际上亦是部落或官职的名称。所谓"操蛇",乃巫师的身份装饰特征或举行巫术活动的道具。《水经注·涑水》称涑水流经山西省安邑县东的巫咸山北,其山陵上有巫咸祠,或谓此即《海外西经》的登葆山、《大荒西经》的灵山。安邑县位于中条山北麓，相传禹建都于此，由于禹妻涂山氏思恋故乡，遂在城南门筑高台供涂山氏远望，郦道元撰写《水经注》时其台尚存(当然不一定是禹时所筑之原台)。

第14节的并封，又称屏蓬、鳖封。《大荒西经》："有兽，左右有首，名曰屏蓬。"《周书·王会篇》："区阳以鳖封，鳖封者，若彘，前后皆有首。"袁珂赞成闻一多的观点，认为并封乃动物牝牡交合之状，传闻中的两头蛇、两头鸟亦源于此。问题是，动物牝牡交合乃自然界普遍现象，此处用"并封"作为国名或地名当有其特殊之处。我国今日西南少数民族有一种古老的游戏，男女两人各自双手撑地，头向两方，双脚相互盘搭在对方身体上，然后一起爬行或转圈，其象征意义显然与生殖崇拜有关。或许，在古代这种游戏的表演者，要将身体涂黑或穿着黑色服饰，并要装扮成猪的样子(表明其图腾崇拜物为猪)，以祈求人丁兴旺。

第15节的女子国，郭璞注："有黄池，妇人入浴，出即怀妊矣。若生男子，三岁辄死。周犹绕也。《离骚》曰：水周于堂下也。"《太平御览》395卷引《外国图》云："方丘之上，暑湿生男子，三年而死。有黄水，妇人入浴，出则乳矣。去九嶷二万四千里。"

根据民族史资料，某些地区的民族曾经有这样的习俗，即男女成年时要分别住到男子集体宿舍和女子集体宿舍里，并接受有关的生存技能和生理生殖教育，亦即郝懿行注谓："居一门中，盖谓女国所居同一聚落也。"《山海经》所述女子国、丈夫国可能即此种习俗的记录。此外，古代亦可能施行过某种极端的走婚制，从而形成过纯女性或纯男性的村落。不过，此处经文"两女子居，水周之"，其情景类似女祭、女戚的"居两水间"，因此不能排除她们的身份也是女巫。据此，女子之"子"，则相当于女丑之"丑"、女祭之"祭"，均为巫者之名。

第16节提到了轩辕之国。"轩"指车顶前高如仰之貌，"辕"即连接在车轴上牵拉车的直木或曲木,我国商周时期的车多为独辕,汉以后多为双辕。

有趣的是,《西山经》记述有轩辕丘,称其地无草木、多丹粟、多青雄黄,并未言其地居民的形貌。但是,到了《海外西经》、《大荒西经》却强调轩辕国人如何长寿,而长寿的原因则与他们的奇怪装束及其特殊的动作有关:"蛇身"即将身躯涂绘出蛇的花纹图案,"尾交首上"可能是一种巫术动作,即将双脚反向弯到头上,类似今日杂技里的柔功,通过模拟车轮旋转以象征生生不息。这是因为,在中国先民的观念里,旋涡状的图形或事物往往被认为是生命力旺盛的神秘标志,其中典型的图案即太极图。

第17节中的穷山"其丘方,四蛇相绕"云云,是说轩辕丘是一座四方台,台的四面都装饰有蛇纹浮雕或立有蛇状雕塑,来到此地的人都要对轩辕丘表示敬畏之意,射箭的方向也要避开轩辕丘,也就是说此处轩辕丘乃是一座金字塔形建筑物。关于穷山的地理方位,郭璞认为即长江流域的岷山。《楚辞·天问》记有:"阻穷西征,岩何越焉?化为黄熊,巫何活焉?咸播秬黍,莆藋是营;何由并投,而鲧疾修盈?"唐兰亦认为鲧化为黄熊西行受阻的穷山即此处所说的穷山,其目的是"求活于诸巫",而诸巫亦即此处穷山之南面的巫咸国,可供参考。

第18节中的诸天之野,或作诸沃之野,其地其民其国亦即《大荒西经》里的沃野、沃民、沃国。这里的居民与百兽和睦相处,鸾鸟、凤鸟自由地歌舞,人们饿了就吃鸟卵,渴了就喝甘露,用不着捕猎和耕作,生活得自由自在。画面的场景,描述的是沃民跟在鸾鸟、凤鸟的后面捡拾鸟卵吃。

众所周知,人类是一种杂食性动物,其获得食物的方式主要有采集、捕猎、畜牧、栽培、酿造等。通常所说的采集,主要指植物性食物的采集。根据此处的记述,表明古人曾经有过以鸟卵为主要食物的生存方式。一般来说,树林里的鸟卵数量较少而又不易采集;对比之下,沼泽地或湖泊周边的鸟卵则比较多,且易于捡拾。由于鸟卵是有季节的,因此以鸟卵为主要食物来源的居民,还需要掌握加工、存储鸟卵的技术。此外,以天然鸟卵为食,也有一个如何限制采集量的问题,否则鸟类会逐渐减少、鸟卵资源也会枯竭。在灭蒙鸟的故事里,正是由于当地人食鸟卵过量,凤凰才追随孟戏远走他乡。

解决的办法是,开展养殖业,人工饲养家禽,从而既能获得稳定的鸟卵来源,又不会损害自然界鸟类的生息繁衍。在《大荒西经》的沃之国时代,当地居民可能已经发展出一定规模的养殖业了。

第20节中白民国的居民,或者属于白色人种,或者喜穿白衣、喜欢将皮肤涂成白色,或者患有皮肤白化病。被发通常指披发,头发自然披垂,不施加人工编理或束发造型;亦可指假发,例如《诗·召南·采蘩》"被之僮僮"。中国先夏文化期遗址的出土文物里,已有梳、笄、束发器等多种梳理头发的用具,在出土的彩陶图案上也绘有那个时代人们的发型,计有髻发(将头发盘结头顶用笄束发为髻)、束发(将头发拢于脑后束成一束)、梳辫子、短发(前额为齐眉短发,两鬓和脑后为齐耳垂的齐整短发)等。

《人类文明编年纪事·经济和生活分册》(德国维尔纳·施泰因编著,中国对外翻译出版公司,1992年)称约在公元前1110年埃及使者到中国,此行很可能对埃及文化产生了影响。据此可知,居住在地中海周边地区的白种人,至少在三千多年前就曾来到中国。该书又称,约在公元前1501年(正值中国夏商交替之际),地中海桑托林火山(克里特岛以北约130公里)爆发,米诺斯王国毁灭。有人认为《旧约·出埃及记》描述的"天空立刻变得一片乌黑",说的就是此次火山爆发导致的"核冬天"这一自然灾害,通常这种大灾害都会导致当地民族向远方迁徙。《山海经》有关白民国的记载,或可说明当时已有白种人定居在中国。需要说明的是,今日许多中国人的皮肤也都很白,而且是健康的白。也就是说,《山海经》记述的白民国,不一定都是来自远方的白色人种,而可能也有皮肤保养得比较好的本地人。

第22节的长股之国,郭璞注:"国在赤水东也。长臂人身如中人而臂长二丈，以类推之，则此人脚过三丈矣。黄帝时至。或曰，长脚人常负长臂人入海中捕鱼也。"同时又注谓："或曰有乔国，今伎家乔人，盖象此身。"前注为想象臆测之词，后注则属于情理分析。事实上，长股国即以踩高跷闻名于世的部落或家族。踩高跷游戏流行于许多国家和地区，我国民间习惯将高跷直接绑在脚上，国外则习惯穿上长裤子将高跷藏在裤子里。高跷的起源，可能与采集树上的果子有关，或与巫术、舞蹈、战争(威慑敌人)有关。

第22节的蓐收在古史传说里为西方之神、金神、秋天刑杀之神。《尚书大传》："西方之极，自流沙西至三危之野，帝少昊、神蓐收司之。"《国语·晋语》记有虢公梦到天之刑神蓐收的样子是"人面，白毛，虎爪，执钺。"《楚辞·大招》则唱道："魂乎无西，西方流沙，漭洋洋只；豕首纵目，被发鬤只；长爪踞牙，俟笑狂只。魂乎无西，多害伤只！"不过，在《西山经》里，蓐收则是一位天文巫师。

海外北经第八

《海外北经》所记录的国家大致在中国北部，具体位置已难以考证。《海外北经》紧接着《海外西经》中的长股国，由西北向东北依次展开叙述。

海外北经

【导读】

《海外北经》中记述了我们所熟知的夸父逐日、禹杀相柳氏的故事，以及蚕神许配给马、钟山之神烛阴的传说。经中还记载了西方九个国家，包括国中人只长一只眼睛的一目国、国中人只有一手一足的柔利国、国中人肚里没肠子的无肠国,以及聂耳国、博父国等。此外,还记录了这些国家中的各种动植物。

无脊国　钟山神烛阴

【原文】

海外自东北陬至西北陬者。

无脊之国在长股东①,为人无脊②。

钟山③之神,名曰烛阴④。视为昼,暝为夜,吹为冬,呼为夏。不饮,不食,不息⑤。息为风,身长千里。在无脊之东。其为物,人面,蛇身,赤色,居钟山下。

烛阴

烛阴　明·胡文焕图本

【注释】

①无脋,郝懿行注:"《西荒北经》作'无继'。"没有后代,传说无脋国的人心脏不会腐朽,他们死后一百二十年又可以重新化成人,所以不需要生育。

②脋,腓肠肌,即小腿肚子。

③钟山,郝懿行注:"钟山《大荒经北》作'章尾山',章钟声转也。"

④烛阴,郝懿行注:"《大荒北经》烛阴作烛龙。"

⑤息,气息,这里用作动词,意为呼吸。

【译文】

海外从西北角到东北角的国家、山川、物产分布如下。

无脋国在长股国的东面,这个国家的人没有小腿肚子。

钟山的山神名叫烛阴,他睁开眼睛便是白昼,闭上眼睛便是黑夜,它用嘴猛吹,天下便变成寒冬,用嘴呵气便变成炎夏。它不喝水,不吃食物,不呼吸,一呼吸便生成风,身子有一千里长。这位烛阴神在无脟国的东面。它长着人一样的面孔,蛇一样的身子,全身赤红色,住在钟山脚下。

一目国　柔利国

【原文】

一目国①在其东,一目中其面而居。一曰有手足。

柔利国②在一目东,为人一手一足,反郤③曲足居上④。一云留利之国,人足反折⑤。

一目国

一目国　清·吴任臣康熙图本

【注释】

①一目国,《大荒北经》:"有人一目,当面中生。一曰是威姓,少昊之子。食黍。"

②柔利国,《大荒北经》:"有牛黎之国。有人无骨,儋耳之手。"牛黎即柔

利,音相近。

③反㬻,膝盖反转生。

④曲足居上,脚弯曲朝上。郭璞注:"一足一手反卷曲也。"

⑤人足反折,足是反折的。郝懿行注:"足反卷曲,有似折也。"

【译文】

一目国在钟山的东面,这个国家的人,在脸的中间长着一只眼睛。还有一种说法认为一目国的人有手有脚,与普通人一样。

柔利国在一目国的东面,这个国家的人是一只手一只脚,膝盖是向反卷,脚心也是反卷朝天。还有一种说法认为柔利国就是留利国,人的脚是反折着的。

柔利国

柔利国　清·汪绂图本

共工之臣相柳氏

【原文】

共工①之臣曰相柳②氏,九首③,以食于九山。相柳之所抵④,厥为泽溪。

禹杀相柳,其血腥,不可以树五谷种。禹厥⑤之,三仞三沮⑥,乃以为众帝之台。在昆仑之北,柔利之东。相柳者,九首人面,蛇身而青。不敢北射,畏共工之台。台在其东。台四方,隅有一蛇,虎色,首冲南方。

【注释】

①共工,郭璞注:"霸九州者。"

②相柳,郝懿行注:"'相柳'《大荒北经》作'相繇'。"

③"九首"两句,郭璞注:"头各自食一山之物,言贪暴难餍。"

④抵,触。

⑤厥,通"撅",掘的意思。

⑥三仞三沮,郭璞注:"掘塞之而土三沮滔,言其血膏浸润坏也。"沮,毁坏,塌陷。三沮,多次陷地。

相柳

相柳　清·汪绂图本

【译文】

天神共工有位大臣叫相柳氏,有九个头,九个头分别在九座山上吃东西。

凡是相柳氏所到之处，便会变成沼泽和溪流。后来，大禹杀死了相柳氏，血流过的地方血腥难闻，以至都不能种植五谷。大禹便掘除那些被相柳血浸的地方。掘地二丈多深，出现多次塌陷，于是大禹便把挖掘出来的泥土为众帝修造了帝台。这些帝台在昆仑山的北面，柔利国的东面。这个相柳氏，长着九个脑袋和人的面孔，蛇的身子，面容青色。人们不敢朝北射箭，因为敬畏北面的共工台。共工台在相柳的东面，台是四方形的，每个角上有一条蛇，身上的斑纹与老虎斑相似，蛇头朝向南方。

深目国　无肠国

【原文】

深目国①其东，为人举一手一目②，在共工台东。

无肠之国③在深目东，其为人长而无肠④。

深目国

深目国　明·蒋应镐绘图本

【注释】

①深目国，《大荒北经》："有人方食鱼，名曰深目国之民。"

山海经诠解

《山海经》原典鉴赏

无肠国

②为人举一手一目,深目国的人举起一只手,像是向人打招呼的样子。

③无肠之国,《大荒北经》:"又有无肠之国,是任姓,无继子,食鱼。"

④其为人长而无肠,郭璞注:"为人长大,腹内无肠,所食之物直通过。"

【译文】

深目国在它的东面,这个国家的人总是举起一只手,像是与人打招呼。还有一种说法认为深目国在共工台的东面。

无肠国在深目国的东面,这个国家的人身材高大但是奇怪的是肚子里没有肠子。

聂耳国

【原文】

聂耳之国①在无肠国东,使两文虎,为人两手聂其耳。县②居海水中,及水所出入奇物③两虎在其东④。

聂耳国

聂耳国　清·汪绂图本

【注释】

①聂耳之国，《大荒北经》："有儋耳之国，任姓，禺号子，食谷。"聂通摄。

②县，通"悬"，意为飘浮。

③及水所出入奇物，意思是海水里经常出现一些奇怪的生物。

④两虎在其东，两文虎在聂耳国之东。

【译文】

　　聂耳国在无肠国的东面，这个国家的人使役着两只花斑大虎，行走时习惯用手摄着自己的大耳朵。聂耳国人居住在海中的孤岛上，能看到出入海水的各种怪物。两只老虎在聂耳国的东面。

夸父与日逐走

【原文】

　　夸父与日逐走①，入日②。渴欲得饮，饮于河渭；河渭③不足，北饮大泽。

未至,道渴而死。弃其杖,化为邓林④。

夸父追日

夸父 明·蒋应镐绘图本

【注释】

①夸父,相传为炎帝的后裔。逐走,竞走。

②入日,郭璞注:"言及于日,将入也。"

③河渭,黄河,渭水。

④邓林,即桃林。

【译文】

神人夸父追赶太阳,一直追到接近太阳的地方。这时夸父很渴,想要喝水,于是就喝黄河和渭河中的水,喝完了两条河水还是不解渴,又要向北去喝大泽中的水,还没走到,在半路上就渴死了。他死时所抛掉的手杖,后来变成了一片桃林。

博父国　禹所积石山

【原文】

博父①国在聂耳东,其为人大,右手操青蛇,左手操黄蛇。邓林在其东,二树木。一曰博父。

禹所积石之山②在其东,河水所入。

【注释】

①博父,郝懿行注:"博父当即夸父,盖其苗裔所居成国也。"

②禹所积石之山。郝懿行注:"《大荒北经》云:大荒之中,有山名曰光槛大逢之山,其西有山名曰禹所积石山,即此。又《海内西经》云:河水出昆仑,入渤海,又出外入禹所导积石山。亦此也。"

【译文】

博父国在聂耳国的东面,这个国家的人身材高大,右手持一条青蛇,左手握着一条黄蛇。夸父死后由手杖变成的桃林在它的东面,所谓桃林,只不过是两棵,但是这两棵树非常大,所以二木成林了。

禹所积石山在博父国的东面,是黄河水的入口处。

拘缨国　寻木

【原文】

拘缨之国在其东,一手把缨①。一曰利缨之国。

寻木②长千里,在拘缨南,生河上西北。

拘婴国

拘婴国　清·《古今图书集成·边裔典》

【注释】

①一手把缨,郭璞注:"言其人常以一手持冠缨也。或曰缨宜作瘿。"郝懿行曰:"郭云'缨宜作瘿',是国盖以一手把瘿得名也。"

②寻木,郭璞注:"姑繇,大木也。《山海经》云:'寻木长千里,生河边。'即此木之类。"

【译文】

拘缨国在禹所积石山的东面,这个国家的人,常用手持帽子上的缨穗。还有一种说法认为拘缨国叫做利缨国。

寻木是一种参天大树,高可达千里,它生长在拘缨国的南面,黄河上游西北方。

跂踵国　欧丝之野

【原文】

跂踵国^①在拘缨东，其为人大，两足亦大。一曰大踵^②。

欧丝^③之野在大踵东，一女子跪据树欧丝^④。

跂踵国　清·汪绂图本

跂踵国　明·蒋应镐绘图本

【注释】

①跂踵，或作"反踵"、"大踵"，郝懿行注："跂踵之为反踵，亦犹岐舌之为反舌矣，已见《海外南经》"；"大踵疑当为支踵或反踵，并字形之讹"。今按：跂踵当指脚后跟分叉，犹如歧舌指舌头分叉。

②大踵，一种说法是，此地人的脚掌是反转生的（如这人往南走，看起来他的脚迹却是朝北的）。

③欧丝，即"呕丝"，吐出蚕丝。

④一女子跪据树欧丝，郭璞注："言噉桑葚而吐丝，盖蚕类也。"

【译文】

跂踵国在拘缨国的东面,这个国家的人都是身材高大,两只脚也特别大。所以也有的认为跂踵国就叫大踵国。

欧丝之野在大踵国的东面,有一女子跪着靠树旁吐丝。

三桑无枝　范林

【原文】

三桑无枝①,在欧丝东,其木长百仞,无枝。

范林方三百里②,在三桑东,洲环其下③。

【注释】

①三桑无枝,即三棵桑树,没有树枝。郭璞注:"言皆长百仞也。"《大荒北经》:"有三桑无枝。"《北次二经》:"洹山,三桑生之,其树皆无枝,其高百仞。"

②范林方三百里,即浮泛在水上的一座森林,方圆约三百里。

③洲环其下,河洲环绕在它的下面。郭璞注:"洲,水中可居者;环,绕也。"洲,水中的陆地,即岛。

【译文】

有三棵桑树,没有枝干,在欧丝之野的东面,这种树虽高达一百仞,却不生长树枝。

有片大树林,称为范林,方圆三百里,在三棵桑树的东面,小岛环绕着这片范林。

务隅山

【原文】

务隅①之山,帝颛顼②葬于阳,九嫔③葬于阴。一曰爰有熊、罴、文虎、离朱、鸱久、视肉。

【注释】

①务隅,郝懿行注:"务隅,《大荒北经》作附禺,《东经》作鲋鱼。"

②颛顼,传说中的上古帝王,号为高阳,坟冢在濮阳帝丘。郭璞注:"颛顼,号为高阳,冢今在濮阳,故帝丘也。一曰顿丘县城门外广阳里中。"

③嫔,郭璞注:"嫔,妇。"九嫔,即颛顼的九个妃嫔。

【译文】

务隅山,天帝颛顼就埋葬在它的南面,他的九位嫔妃埋葬在它的北面。还有一种说法认为这里有熊、罴、花斑虎、离朱鸟、鹞鹰、视肉等怪兽。

平丘

【译文】

平丘在桑三东,爰有遗玉、青鸟①、视肉②、杨柳、甘柤、甘华③,百果所生,有两山夹上谷,二大丘居中,名曰平丘。

【注释】

①遗玉,郭璞注:"玉石。"青鸟,一作"青马"。

②视肉,郭璞注:"聚肉,形如牛肝,有两目也,食之无尽,寻复更生如故。"

③甘柑,甘华,柑即山楂。甘华,木名。郭璞注:"亦赤枝干,黄华。"

【译文】

平丘在三棵桑树的东面。这里有千年的玉石、青马、视肉、杨柳树、甘柤树、甘华树,是各种果树生长的地方。在两座山相夹的一道山谷上,有两座大丘位于其中,名叫平丘。

北海诸兽　北方禺强

【原文】

北海内有兽,其状如马,名曰騊駼①。有兽焉,其名曰駮②,状如白马,锯牙,食虎豹。有素兽焉,状如马,名曰蛩蛩③。有青兽焉,状如虎,名曰罗罗。

北方禺强④,人面鸟身,珥⑤两青蛇,践两青蛇。

【注释】

①騊駼,传说中的野兽名。状如马,色青。

⑦駮,传说中的野兽名。

③蛩蛩,传说中的怪兽。郭璞注:"即蛩蛩,巨虚也,一走百里,见《穆天子传》。"

④禺强,也叫玄冥,水神名。郭璞注:"字玄冥,水神也。庄周曰:'禺强立于北极。'一曰禺京。一本云,北方禺强,黑身手足,乘两龙。"

⑤珥,耳朵上悬挂着。贯穿,悬挂的意思。

禺强

禺强　明·蒋应镐绘图本

【译文】

北海内有一种野兽,形状像一般的马,名叫騊駼。还有一种野兽,名叫
駮,形状像白马,长着锯齿般的利牙,专吃老虎和豹子。还有一种白色的野
兽,形状像马,名叫蛩蛩。还有一种青色的野兽,形状像老虎,名叫罗罗。

最北方有个神叫禺强,长着人的面孔、鸟的身子,耳朵上插着两条青蛇,
脚下踩着两条青蛇。

【鉴赏】

《海外北经》记述了从西北到东北的人文地理景观,其中有几处非常著名
的人文景观。第3节中的钟山之神烛阴,在《大荒北经》中又称烛九阴或烛
龙,而在《西山经》中又称钟山之子名鼓,状为人面龙身,被黄帝击杀后化为鵕
鸟。中国古籍对烛龙的记载比较丰富,其渊源应与人造光源的发明和使用有

关。《楚辞·天问》:"日安不到? 烛龙何耀?"《楚辞·大招》:"魂乎无北,北有寒山,逴龙(烛龙)赩只。"《淮南子·地形训》:"烛龙在雁门北,蔽于委羽之山,不见日;其神人面龙身而无足。"郭璞注引《诗含神雾》:"天不足西北,无有阴阳消息,故有龙衔火精以往照天门中也。"《玄中记》:"北方有钟山焉,山上有石首如人首,左目为日,右目为月,开左目为昼,闭右目为夜;开口为春夏,闭口为秋冬。"据此,袁珂认为烛龙属于开天辟地之神,与后世盘古开天的传说类似。所谓"身长千里"云云,或解释为北极地区的极光现象。

值得注意的是,烛龙的形象并非空穴来风,而是源于先民对长蛇(长龙)的敬畏。《北山经》中帝都山和镎于毋逢山西面的幽都山,守护神就是长蛇,而中国北方辽宁省阜新蒙古族自治县色拉乡查海村西的查海遗址已发现有8000年前的摆塑长龙。有趣的是,在美洲也有类似的摆塑长蛇。英国学者D. M. 琼斯、B. L 莫里努《美洲神话》(希望出版社,2007年)第20—21页写到,美国俄亥俄州亚当斯县布洛斯河岸上一个狭长的地峡上,雕塑着一条长达440米的巨蟒状土丘,是用黄土和石头堆砌而成的,巨蟒的嘴里含着一个象征着宇宙创生的蛋,尾巴卷曲盘绕,是由阿德纳人或霍普韦尔人在大约2000年前制作的。

第6节中提到,共工之臣曰相柳氏,此处文字记述的是共工部落联盟主要成员相柳部落的事迹。相柳部落是由九个氏族组成的,他们分别迁徙到九个地方生活;迁徙所到的地方,都变成了湿地沼泽。禹消灭相柳,相柳的血(实际指相柳带来的咸水)污染过的田地,不能够种庄稼。禹多次开挖田地、排除积水都失败了,不得已在这里建筑了众帝之台,它们位于昆仑之北、柔利之东的地方。其中有一座共工台,形状为四方台,台前面的一角有一座蛇形雕像(即相柳),虎皮色,蛇头威严地向着南方,因此南来的人不敢把箭指向共工台。据此可知,众帝之台与埃及金字塔和美洲金字塔一样,都是人类文明早期的伟大建筑。

显然，这个古老的故事记录着许多珍贵的远古信息。众所周知，远古时期地广人稀，各部落的生存空间余地很大；如果发生了长期、激烈的部落冲突，或远距离的部落迁徙，那么通常都是因为自然生态环境发生了重大改变。从这个角度来说，所谓"其血腥，不可以树五谷种"，很可能是指土地严重盐碱化。一般来说，土地盐碱化，一是海水淹没陆地，二是在低洼地的农田里的灌溉水量大而又蒸发量大。若为前者，相柳的故事则与先夏时期的海侵事件有关。若为后者，则表明相柳由于采取筑坝抬升河道水位以灌溉低洼地农田的方法，反而使本部落的农田盐碱化，同时也使上游地区的农田盐碱化，并触发部落战争，从而给本部落招致毁灭性灾难。

共工是先夏时期的著名部落，徐旭生在《中国古史的传说时代》中指出："对于共工氏的传说颇不一致：有恭维它的，也有诋毁它的。可是不管是恭维与诋毁，它的传说几乎全同水有关。"由于"共工"连读之音即"鲧"，因此也有学者认为共工即鲧。

第7节中的深目国，"深目"通常可理解为眼窝凹陷，属于欧洲人的典型相貌。其实，中国古代也将窥管称为深目，经文"为人举一手一目"，实际上是用一手持窥管放在一眼上远望之状，而以管窥物则源于古代捕猎的需要。值得注意的是，在四川省广汉三星堆出土了众多"凸目"造型的青铜面具，其"凸目"造型正是使用窥管的真实写照。《淮南子·泰族训》称："人欲知高下而不能，教之用管、准则说（悦）。欲知轻重而无以，予之以权、衡则喜。欲知远近而不能，教之以金目则射快。"冯立升在《中国古代测量学史》中指出，"金目"在汉代又称"深目，所以望远近，射准也"，并推测"金目"可能也是窥管一类的测望工具。

《路史·后纪五》注引《尸子》云："四夷之民有贯胸者，深目者，有长股者，黄帝之德尝致之。"据此，深目国当是从远方迁徙到黄帝文明区域的部落族群。《尸子》一书系战国时期楚人尸佼所著，20篇，记有少昊、禹、汤、徐偃王的故事,《汉书·艺文志》将其列于杂家。

第9节的聂耳之国,郭璞注:"言耳长,行则以手摄持之也。"袁珂注:"唐李冗《独异志》云:'《山海经》有大耳国,其人寝,常以一耳为席,一耳为衾。'则传说演变,夸张又甚矣。"其实,所谓聂耳、长耳、大耳,均指耳部的装饰或装束,类似今日北方特别是极地人的防寒耳套,因为在高寒地区耳朵如果没有耳套保护,很容易被冻伤甚至冻掉。据此,经文所述"使两文虎"云云,很像是居住在北极地区的孤岛上或浮冰上的爱斯基摩人,他们戴着大耳套,坐在狗拉或鹿拉雪橇上,正带着猎犬去捕猎海狮、海豹。

英国学者李约瑟博士在《中国科学技术史·地学卷》中,对比了中国古代与欧洲古代有关怪人的传闻。欧洲人最早有关怪人的文献是公元前5世纪希罗多德的作品,公元3世纪索利努斯在《记闻集》中收集的怪人资料里,亦有类似刑天的无头人和类似聂耳国的长耳人。

第10节提到了博父国,袁珂指出此处博父国即夸父国,所言甚是。进一步说,此处经文的两段文字存在着前后颠倒问题,正确的文序应是:"博父国在聂耳东,其为人大,右手操青蛇,左手操黄蛇。夸父与日逐走,入日。渴欲得饮,饮于河渭,河渭不足,北饮大泽。未至,道渴而死。弃其杖,化为邓林。邓林在其东,二树木。一曰夸父。"这样两段话的意思才完整,而且也符合《海外四经》每段文字开头为国名或地名的叙述惯例。

根据《大荒北经》、《海内经》等书的记述,袁珂认为:"则夸父者,炎帝之裔也。以义求之,盖古之大人(夸,大;父,男子美称)也。"从此处经文可知,夸父国人的特点正是身躯魁伟高大。与此同时,夸父左右手操蛇,则明显是巫师的标志。与日逐走或作与日竞走,入日或作日入。大泽,袁珂认为即《大荒北经》、《海内西经》所述大泽。邓林、毕沅认为即《中山经》夸父山的桃林。

如何解释夸父逐日的信息内涵?郭璞认为:"夸父者,盖神人之名也。其能及日景而倾河渭,岂以走饮哉,寄用于走饮耳。几乎不疾而速,不行而至者矣。此以一体为万殊，存亡代谢，寄邓林而遁形，恶得寻其灵化哉！"其实，夸父逐日是远古的一种驱逐"妖日"（包括太阳异常发光、新星爆发、特大流星陨星等）的巫术活动或表演，届时巫师要表演追逐太阳、干渴而死的一系列场景，结束时众人要象征性地展现妖日被驱逐、万木复生的景象。也就是说，夸父逐日故事渊源与当时发生的天地大冲撞导致的自然环境大劫难有关，在中国，类似的著名神话传说故事还有女娲补天、后羿射日、共工撞倒不周山等。

第14节的跂踵国，郭璞注："其人行，脚跟不着地也。《孝经·钩命诀》曰'焦侥、跂踵，重译款塞'也。"高诱注《淮南子·地形训》跂踵民为"踵不至地，以五指行也。"袁珂评论道："大约跂踵本作支踵，支、反形近易讹，故兼二说。"并指出经文"两足亦大"应作"两足皆支"，《吕氏春秋·当染篇》"夏桀染于跂踵戎"即此处跂踵国。

跂踵又作大踵，"两足亦大"实际上是说当地人穿着大尺寸的鞋。我国先夏时期的出土文物表明当时已经有鞋（包括皮靴），到了夏商周时人们已经普遍穿鞋。一般来说，鞋的起源，一是保护脚在行走或劳动时不受伤、不受寒以及防滑、防陷等，二是化装狩猎（模仿动物的足迹），三是与服饰搭配（美化、巫术）。据此，生活在北方的跂踵国人，应当是以穿着大毛窝鞋（保暖）、大板鞋（防止脚陷入雪地）或穿着类似今日满族人的高底鞋为显著特征。或者也可指寒冷地区人的脚趾冻伤之状。

跂踵又作反踵，《文选》王元长《曲水诗序》注引高诱注文则作"反踵，国名，其人南行，迹北向也。"《海内南经》中的枭阳国和《海内经》中赣巨人的特征亦为"反踵"。有趣的是，远在南美洲巴西的原住民亦流传着反踵的故事，有人故意反穿鞋子，逃避猎人的追杀。

此外，《东山经》中的跂踵山，其地即今日黄海的济州岛，如果跂踵国与跂踵山有关，《吕氏春秋·当染篇》"夏桀染于跂踵戎"的记载也与跂踵山有关，那么或可表明夏桀曾派人到过济州岛。

第 15 节提到了欧丝之野,所谓"女子欧(呕)丝",乃是古人祭祀蚕神时的一种巫术表演,由女巫(养蚕是女子之职)模拟蚕吐丝的样子,中国古代蚕马故事、《中山经》中关于宣山帝女桑的记述,均与古人选育和改良桑蚕品质的活动有关,而煮元宵吃的习俗亦源于煮蚕茧、祭蚕神。袁珂认为此处寥寥数字即蚕马故事之雏形,《搜神记》卷 14 记有《太古蚕马记》:古时一少女为见远方的父亲,许愿嫁给能把父亲接回家的马;其父回家了解真相后,将马射杀,晾马皮于院,少女踏在马皮上,马皮忽然卷起少女飞去,数日后人们在一棵大桑树上找到少女,她与马皮已化为蚕,其茧硕大异于普通蚕茧。

第 17 节的经文误断为三段,实原本应为一整段,且其文字顺序为:"平丘在三桑东。务隅之山,帝颛顼葬于阳,九嫔葬于阴。爰有遗玉、青鸟、视肉、杨柳、甘柤、甘华,百果所生。有两山夹上谷,二大丘居中,名曰平丘。一曰爰有熊、罴、文虎、离朱、鸱久、视肉。范林方三百里,在三桑东,洲环其下。"

务隅山在《大荒北经》作附禺山,西山一经亦记有符禺山,但是未言颛顼葬的内容。此外,在郭璞著《水经注》(其书已佚失,有部分文字误入《山海经·海内东经》里)中,其文称:"汉水出鲋鱼之山,帝颛顼葬于阳,九嫔葬于阴,四蛇卫之。"所谓"四蛇卫之"当指镇守陵墓的神兽造型。在古史传说里,颛顼是黄帝之孙、北方之帝,曾与共工战,其墓地在今日河南省濮阳。《史记·五帝本纪》集解引《皇览》云:"颛顼冢,在东郡濮阳顿丘城门外广阳里中。"值得注意的是,1987 年在濮阳西水坡六千年前的仰韶文化遗址墓葬里出土蚌壳塑成的龙虎等图案,其中有北斗图造型,而《国语·周语下》称:"星与日辰之位皆在北维,颛顼之所建也。"

根据此处经文,帝与嫔妃葬于同一处,可能始自颛顼;其陪葬物与帝尧、帝喾类似,其中某些陪葬物有可能是用贝壳塑造而成的图案,或者是祭祀场所的雕像、壁画,也可能是象征性的明器,类似今日为死者烧的纸人纸马纸轿车。遗玉,吴任臣认为即千年琥珀。青鸟或作青马。"杨柳"有告别、离别之意,而柳枝的婆娑和柳叶的形状又可以被人们赋予女性和生殖的内涵。范林,袁珂注:"范、泛通。《太平御览》57卷引顾恺之《启蒙记》曰:'泛林鼓于浪岭。'注云:'西北海有泛林,或方三百里,或百里,皆生海中浮土上,树根随浪鼓动。'即此也。"据此,范林像是海中绿岛,其实它是一大片墓地林,属于颛顼葬所。从上述随葬品和祭品来看,帝颛顼与九嫔的陵墓具有相当规模,应当会留下遗迹。

第18节的经文内容,疑原本应属于北山经。北海,可指位于北方的大海或大湖泊,而北海内则指北海之南的广大地区;此外"海"亦可泛指大原野,例如瀚海。駮,已见于西山三经中曲山,形貌习性与此处所述大同小异,唯这里称"锯牙"。众所周知,锯的发明对扩展木材使用范围的价值甚大,事实上我国先夏时期盛行一时的彩陶及彩陶画的忽然衰落、消失,就可能与锯的发明有关,因为有了锯,就可以制作大而平整的木板,并在木板上作画。罗罗,吴任臣注:"今云南蛮人呼虎亦为罗罗,见《天中记》。"

第19节中北方禺强"珥两青蛇",意思是戴着青蛇形状的耳环装饰物;"践两青蛇",可能是脚踏绘有蛇纹图案的滑雪板,而早在一万年前中国新疆阿勒泰地区就出现绘着猎人踏滑雪板追逐野牛、野马的岩画。此外,《大荒北经》亦记有禺强,《大荒东经》则记有黄帝后裔北海海神禺京。郭璞注:"(禺强)字玄冥,水神也。庄周(《庄子·大宗师》)曰:'禺强立于北极。'一曰禺京。一本云:'北方禺强,黑身手足,乘两龙。'"袁珂认为禺京之为海神,其原形乃海洋中的巨鲸,并引《淮南子·地形训》"禺强,不周风之所生也"谓其同时为风神,而且进一步指出《庄子·逍遥游》所谓鲲鹏之变:"似乎非仅寓言,实有神话之背景存焉。"

或许,其为风神时,称为禺强,状为人面鸟身践两蛇;其为海神时,称为禺京,状如人面鱼身乘两龙(郭璞注"黑身手足"袁珂疑为"鱼身手足"之误)。对于古代生活在海边的渔民来说,同时祭祀海神和风神,并将其合而为一,亦在情理之中。

海外东经第九

《海外东经》紧接着《海外北经》中的狄山,记录了海外东南角到东北角的国家及山川河岳。

海外东经

【导读】

《海外东经》中记载了海外八个国家和地区的地理物产、民俗传说及独特风貌。如大人国中居民身材高大、君子国中居民衣冠带剑、青丘国中栖息着九尾狐、黑齿国中居民牙齿乌黑,还有玄股国、毛民国等。另外,经中还记载了十个太阳沐浴、八面八首的天吴神、兽身人面的奢比尸等神话。这些民俗传说可能是古人对于其他民族的独特想象,也说明了中华民族早期的对外交流情况。

【原文】

海外自东南陬至东北陬者。

【译文】

我所游历的海外东部地区是自东南角至东北角的。

嗟丘

【原文】

嗟丘,爰有遗玉、青马、视肉、杨柳、甘柤、甘华。甘果所生[1],在东海。两山夹丘,上有树木。一曰嗟丘。一曰百果所在,在尧葬东。

【注释】

①甘果:香甜的果子。泛指各种水果。

【译文】

嗟丘山上有千年琥珀、青马、视肉、杨柳、甘柤、甘华。天下各种果子这里都有,嗟丘位于东海中两个相连的山之间,山上有树木。嗟丘,也有作嗟丘的;也作"百果所在",在帝尧墓冢东方。

大人国

【原文】

大人国在其①北,为人大②,坐而削船③。一曰在嗟丘北。

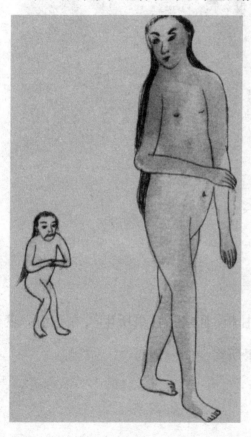

大人国

大人国　清·汪绂图本

【注释】

①其:指嗟丘。

②大：身体高大。

③削船：削，通"梢"。梢指长竿，梢船即用长竿划船。

【译文】

蹉丘的北边是大人国，大人国的人身材都异常高大，他们坐着划船。也有在蹉丘北的说法。

奢比尸

【原文】

奢比①之尸在其北，兽身、人面、大耳，珥两青蛇。一曰肝榆②之尸在大人北。

奢比尸

奢比尸　清·吴任臣康熙图本

【注释】

①奢比：奢龙。传说为黄帝之臣。

②肝榆：古代传说中的神名，即奢比。

【译文】

大人国的北边是奢比神的尸体,奢比的身形是兽,面似人,两只耳朵很大,耳垂上各穿一条青蛇。也有肝榆之尸在大人国北面的说法。

君子国

【原文】

君子国在其北,衣冠①带剑,食兽,使二大虎在旁,其人好让不争。有薰华草,朝生夕死。一曰在肝榆之尸北。

【注释】

①衣冠:衣和冠。古代士以上戴冠,因用以指士以上的服装。

【译文】

奢比尸体的北边是君子国,君子国的人个个衣冠楚楚,人人佩带宝剑,那里的人都吃野兽,身旁总有两只大老虎,他们性格谦和,为人忍让不好争斗。君子国有一种植物,名叫薰华草,寿命极短,早晨生长,到晚上便会死。还有一种说法认为君子国在肝榆之尸的北面。

蚩蚩

【原文】

蚩蚩①在其北,各有两首。一曰在君子国北。

【注释】

①虹霓:虹霓,为雨后或日出、日没之际天空中所现的七色圆弧。常有内外二环,内环称虹,也称正虹、雄虹;外环称霓,也称副虹、雌虹或雌霓。

【译文】

君子国的北边是虹霓,虹霓如一条弯曲盘旋的蛇,前后各长有两个脑袋。有的说虹霓在君子国的北面。

朝阳之谷神天吴

【原文】

朝阳之谷,神曰天吴,是为水伯。在虹霓北两水间。其为兽也,八首人面,八足八尾,皆青黄。

天吴

天吴　明·胡文焕图本

【译文】

朝阳谷的谷神,名叫天吴,天吴也就是水伯。蜪蜪国北边有两条水,两条水之间就是天吴。天吴看上去是兽,长着八个脑袋、八只角、八条尾巴,倒是脸长得还像人,全身都是青黄色的。

青丘国九尾狐

【原文】

青丘国在其北,其狐四足九尾。一曰在朝阳北。

【译文】

朝阳谷的北边是青丘国,青丘国有一种狐,长着四只脚、九条尾巴。青丘在朝阳谷的北面。

帝(禹)命竖亥步

【原文】

帝命竖亥步①,自东极至于西极,五亿十选②九千八百步。竖亥右手把算③,左手指青丘北。一曰禹令竖亥。一曰五亿十万九千八百步。

【注释】

①竖亥:神话传说中的人物,走得很快。步:步量。

②选:数词,万。

③算:竹制的筹,古代人计数之用。

【译文】

禹命竖亥步量出大地从东极到西极的长度,竖亥计算出共五亿十选(万)九千八百步。竖亥是一边用右手计算、一边用左手指青丘国的北边。还有的说,禹命竖亥测量,一共是五亿十万九千八百步。

黑齿国

【原文】

黑齿国在其北,为人黑,食稻啖蛇,一赤一青,在其旁。一曰在竖亥北,为人黑首,食稻使蛇,其一蛇赤。

黑齿国

黑齿国　清·汪绂图本

【注释】

①啖:吃。

【译文】

竖亥的北边有个国家,名叫黑齿国,黑齿国的百姓牙齿都是黑色的,主食是稻米,爱吃蛇,人人身边都总有两条蛇,一条是红色的,一条是青色的。另有一种说法,说黑齿国在竖亥的北面,人人的脑袋都是黑的,吃稻米,使唤蛇,其中总有一条红蛇。

汤谷十日

【原文】

下有汤谷①。汤谷上有扶桑,十日②所浴③,在黑齿北。居水中,有大木,九日居下枝,一日居上枝。

【注释】

①汤谷:旸谷。古代传说中的日出之处。
②十日:十个太阳。
③浴:沐浴,洗澡。

【译文】

黑齿国的下面有个谷,这就是汤谷。汤谷上有一种神树叫扶桑,这里是十个太阳洗澡的地方,在黑齿国的北面。扶桑树就生长在汤谷水中,树干树枝很大很高,九个太阳在下面的树枝上,一个太阳在上面的树枝上。

雨师妾

【原文】

雨师妾在其北。其为人黑,两手各操一蛇,左耳有青蛇,右耳有赤蛇。一曰在十日北，为人黑身人面，各操一龟。

雨师妾

雨师妾　清·吴任臣康熙图本

雨师妾

雨师妾　清·汪绂图本

【译文】

　　汤谷的北边是雨师妾国。雨师妾国的人皮肤很黑，两手总是各握一条蛇，两只耳垂也各穿着一条蛇，左耳穿的是青色的蛇，右耳穿的是红色的蛇。另外也还有一种说法，说雨师妾国在汤谷的北面，雨师妾国的国民全身都是黑色的，人面，两手各握一只龟。

玄股国

【原文】

玄股之国在其北。其为人衣鱼①食鸥，使两鸟夹之。一曰在雨师妾北。

玄股国

玄股国　选自《中国清代宫廷版画》

【注释】

①衣鱼：以鱼皮为衣。

【译文】

雨师妾国的北边是玄股国。玄股国的人都以鱼皮做衣，以鸥鸟为食。他们的身旁总是一左一右地有两只鸟供他们使唤。有种说法是在雨师妾北。

毛民国

【原文】

毛民之国在其北,为人身生毛。一曰在玄股北。

毛民国

毛民国　清·吴任臣康熙图本

【译文】

玄股国的北边有个国家,名叫毛民国,毛民国的人全身都长着又黑又粗的鬃毛。有种说法是在玄股北。

劳民国

【原文】

劳民国在其北,其为人黑。或曰教民。一曰在毛民北,为人面目手足尽黑。

【译文】

毛民国的北边就是劳民国，劳民国的人皮肤都是黑黝黝的劳民。也有的称"教民"。皮肤黑黝黝的，脸、眼、手、脚都是黑色的。有种说法是在毛民北。

劳民国

劳民国　明·蒋应镐绘图本

东方句芒

【原文】

东方句芒[1]，鸟身人面，乘两龙。

【注释】

[1]句芒：古代传说中的主木之官。又为木神名。

【译文】

东方的司神名叫句芒，身形似鸟，面似人，句芒常常乘着两条龙。

句芒

句芒　明·蒋应镐绘图本

【鉴赏】

《海外东经》是《海外四经》的最后一经,记述的是从东南方到东北方的人文景观。遥远的东方有大人国,那里的人们正在制作远航的船。更有趣的是君子国,那里的人喜欢吃肉,出门时都要穿礼服戴礼帽,还要佩戴宝剑;据说君子国的人非常讲礼貌和谦让,其实这是因为他们身旁总有两只像宠物一样的花纹老虎,因此谁也不敢冒犯他们。黑齿国的人牙齿都故意染成黑色,因为他们认为黑牙齿才是美丽健康和富贵时髦的标志。玄股国的居民喜欢穿鱼皮制成的衣服,因此看起来两腿都是黑漆漆的。

《海外东经》的起始点亦即第一处景点䂮丘是一处帝王陵墓,其方位在《海外四经》第一经《海外南经》的终端景点,亦即东南隅的狄山的北面。此处经文缺失记述䂮丘的墓主人是谁的内容,根据《海外南经》关于狄山的记载,帝喾葬于狄山的北面来看,䂮丘的墓主人应是帝喾。帝陵是由墓地、墓林、墓丘三种景观共同构成的:墓地埋葬死者及陪葬物,墓林环绕并保护墓地;而墓丘则可能是人工堆筑的祭祀台,祭祀时要供奉干鲜果品,因此要在这里种植多种果树,例如桃、梨、红果、枣之类。

《大戴礼·帝系篇》记有:"黄帝产玄嚣,玄嚣产紧蛴极,蛴极产高辛,是为帝喾。帝喾产放勋，是为帝尧也。"《皇览·墓冢记》云："帝喾冢在东郡濮阳顿丘城南台阴野中。"《吕氏春秋·安死篇》称："尧葬构林。"构林地属成阳，袁珂注谓"故城在今山东省濮县东南"。濮县今名濮城，位于濮阳东约百里。

君子国人的特点是衣冠齐整、佩剑，讲道德讲礼让，喜养宠物，用今天的话来说即一派彬彬有礼的绅士风度。《艺文类聚》八十九卷引《外国图》云："君子之国，多木堇之华，人民食之，去琅邪三万里。"《说文》曰："东夷从大，大人也；夷俗仁，仁者寿，有君子、不死之国。"《博物志·外国》则称："君子国人，衣冠带剑，使两虎，民衣野丝，好礼让不争。土千里，多薰华之草。民多疾风气，故人不蓄息。"两者一说君子国人寿长，一说君子国人寿短，如果从"薰华草，朝生夕死"的影射意义来看，君子国人不大像是长寿的。

第6节的虹虹"各有两首"，袁珂认为系指虹霓双出。《毛诗正义》引《郭氏音义》云："虹双出色鲜盛者为雄，雄曰虹；暗者为雌，雌曰霓。"并指出古人以虹隐喻爱情，以虹霓同现为"阴阳交"。战国时楚国诗人宋玉《高唐赋》描写巫山神女自称"旦为朝云，暮为行雨"，闻一多认为朝云即朝虹，神女即虹霓之所化。《诗·候人》："荟兮蔚兮，南山朝隮；婉兮娈兮，季女斯饥。"袁珂认为正是用虹象征少女对爱情的饥渴。

雄虹又称正虹，红光在外圈，蓝紫光在内圈。雌霓又称副虹，红光在内圈，蓝紫光在外圈。由于虹在自然界是一种常见的景观，而且是一种没有实体的气象景色，因此本处经文所述的"各有两首"的虹虹，似应是当地人供奉的虹霓神，亦即中国式的爱神或婚姻神。

第7节的朝阳之谷，当是其山谷方向朝着日出的东方。水伯天吴所在地是虹虹北面的"两水间"，这种地貌在《海外四经》里通常是巫师举行巫术活动的特定场所，已见于女祭、女戚等。因此，所谓天吴的形貌"八首"云云，实际上是巫术活动中的一种化装造型，大约是八个人，身穿青黄色衣，身后带着青黄色尾饰，他们共同构成了一个整体形状。由于天吴的职责是水伯，因此这种八人造型应当与水有关，有点像是一组水利小分队在巡查河堤，又像是八个人坐在同一条船上奋力向前划，船身上还画有青黄色的图案，或许这正是后世跑旱船、龙舟竞渡的雏形。

第8节中，狐本四足，经文仍称"其狐四足"似有误，疑原文当作"其狐白足"。《吴越春秋·越王吴余外传》云："禹三十未娶，行到涂山，恐时之暮，失其制度，乃辞云：'吾娶也，必有应矣。'乃有九尾白狐，造于禹。禹曰：'白者吾之服也，其九尾者王之证也。'涂山之歌曰：'绥绥白狐，九尾厖厖；我家嘉夷，来宾为王；成家成室，我造彼昌；天人之际，于兹则行。'明矣哉！禹因娶涂山，谓之女娇。"据此，九尾白狐当是涂山族的图腾神或婚姻神，而禹与涂山氏的联姻实际上也是黄河文明与长江文明的联姻。

第9节提到了帝命竖亥步。郝懿行注引刘昭注《郡国志》云："《山海经》称禹使大章步自东极至于西垂，二亿三万三千三百里七十一步；又使竖亥步南极北尽于北垂，二亿三万三千五百里七十五步。"《山海经·禹曰》亦称："天地之东西二万八千里，南北二万六千里。"上述记载表明，帝禹时代曾进行过大规模的测绘工作，主持上述测绘工作的工程师是大章和竖亥，古代有用职务作为人名的习惯，大章即绘大图者，竖亥即竖立标杆测量者。

算，古代的计算器。巫字，其形象是两人持绳测量，又像两人上下于天。相传禹因腿疾而走路的步伐特殊，被称为禹步，巫者多学禹步。其实，步乃丈量用具，一步长六尺，其形若弓，即将两根直杆一端衔连住，另一端连接一条六尺绳，用者撑开两根直杆即得六尺，然后一杆支地并转身将另一杆移到下一点又得六尺，这种测量步伐才是禹步的本意。

关于大地测量的数据，中国古代典籍里并不一致。2006年日本出版了一本《〈山海经〉的比较研究》，其第62页表2列出了多种中国古籍记述的大地测量数据。其中，《山海经·中山经末尾（禹曰）》、《管子·地数》、《吕氏春秋·有始》、《淮南子·坠形训》、《河图括地象》、《尔雅·释地》均是东西二万八千里、南北二万六千里。《山海经·海外东经》记述自东极至于西极五亿十万九千八百步。《吕氏春秋·有始》记述四极之内,东西五亿有九万七千里,南北五亿有九万七千里。《淮南子·坠形训》记述自东极至于西极二亿三万三千五百里七十五步,自北极至于南极二亿三万三千五百里七十五步。《诗含神雾》记述东西二亿三万三千里,南北二亿三万一千五百里。《河图括地象》记述东西二亿三万三千里,南北二亿三万三千五百里。《河图括地象》记述南北二亿三万五千五百里。《春秋命历序》、《尔雅·释地》记有神农时,东西九十万里,南北八十一万里。

第10节的黑齿国以居民齿黑为主要特征。牙齿变黑,一是食物所致,今日台湾原住民有嚼食槟榔的习俗,久之牙齿则被染黑;二是以齿黑为美而染成,即纹身绘身扩展到牙齿上,《文选·吴都赋》刘逵注引《异物志》:"西屠以草染齿,染白作黑。"啖,既指自己吃,也指给别人吃,此处当指喂给蛇食物;蛇是古代巫术活动的重要道具,因此需要养蛇。此外,亚洲许多国家都有祭祀家蛇和养蛇护家的习俗。

第11节的汤谷又称阳谷,郭璞注:"谷中水热也。"扶桑又称扶木,《文选·思玄赋》注引《十洲记》:"叶似桑树,长数十丈,大二十围,两两同根生,更相依倚,是以名之扶桑。""十日所浴"表明这里是举行演示太阳运行巫术活动的地方,演示者即《大荒南经》记述的"生十日"的羲和,而汤谷、扶桑则是演示场景和道具。这是因为,古人直观看到火热的太阳升于东海之上,便推测想象太阳升起的地方是一处热水沸腾的山谷,并称之为汤谷。与此同时,由于古人采取甲乙丙丁戊己庚辛壬癸十天干记日,十日为一旬,周而复始,便认为天上共有十个太阳,它们轮流东升西落,其模拟场景即"九日居下枝,一日居上枝"。据此可知"扶桑"当有"不丧"、"无伤"之义,亦即该树不会被太阳炙伤。

第12节提到了雨师妾。按《海外四经》惯例,此处雨师妾当是国名,这里的代表人物的特点是身穿黑衣或将身体涂成黑色,手持蛇或龟,戴蛇状耳环。

从形貌来看,其人当是巫者;从名称来看,其职责与求雨有关;从性别来看,当是女性。以古人的思维来说,风雨雷电既可以由相应的自然神管辖,也可以由巫者来操纵。从今天的科学技术发展来说,呼风唤雨并非完全不可能,它实际上属于人工影响天气技术,例如人工降雨、防雹、驱雾等,而对大气环流的人工导向研究则仍然在探索和尝试中。

第13节中的毛民国,郭璞注:"今去临海郡东南二千里,有毛人在大海洲岛上,为人短小,而(面)体尽有毛,如猪能(熊),穴居,无衣服。晋永嘉四年,吴郡司盐都尉戴逢在海边得一船,上有男女四人,状皆如此。言语不通,送诣丞相府,未至,道死,唯有一人在。上赐之妇,生子,出入市井,渐晓人语,自说其所在是毛民也。《大荒(北)经》云:'毛民食黍'者是矣。"从其情节来看当非虚构。事实上,人类原本浑身有浓厚的毛发,后来由于用火取暖,住在居室内,以及纹身、绘身、穿衣服(出于保暖、防晒、避虫咬伤害等,以及化装、美容、巫术的需要)等多方面的原因,体毛逐渐退化。不过,不同地区人的体毛退化速度有早有晚,体毛退化的程度有轻有重,体毛退化的人如果重新回到野生状态仍然会再生出浓厚的体毛,此外返祖现象亦会使人长出浓厚的体毛。毛民国之名可能与体毛重有关,也可能与毛革加工有关。

第15节提到了劳民国。郭璞注:"食果草实也,有一鸟两头。"郝懿行指出"郭注此语疑本在经内,今亡",并注谓:"今鱼皮岛夷之东北有劳国,疑即此,其人与鱼皮夷面目手足皆黑色也。"关于劳民国名称的来源,袁珂引《淮南子·地形训》高诱注:"劳民,正理躁扰不定。"意思是该地人脾性躁动不安。或许,所谓劳民国人"面目手足尽黑",有可能是开采煤矿的苦力,以致裸露在外的皮肤都被煤炭粉尘染黑。由于《海外四经》在记述诸景点时彼此首尾普遍存在着相互衔接关系,因此劳民国位于《海外东经》所述诸景点之末,其方位在东北隅,按惯例也应与《海外北经》的末处景点、同样位于东北隅的"北海内有兽"存在相互衔接。但是,两处经文均未提及两者的衔接关系,可能是经文缺失,也可能是所记述景点(劳民国和北海)的实际地理方位确实相距较远。

第16节提到了东方句芒。《尚书大传》云:"东方之极,自碣石东至日出榑木之野,帝太昊、神句芒司之。"在中国传统文化里,句芒为东方之神,同时也是春神和木神。春秋战国时期,相传神句芒曾显形,为秦穆公赐寿19年,则句芒又为生命之神。海外四经之神多有"乘两龙"的特征,可能是双腿绘有龙的图案,也可能是双足踏在大鱼背上进行巫术表演,类似今天驯海豚的人踩在两条海豚背上进行表演一样。

第17节的文字乃丁望、王龚、刘秀(亦名刘歆)等学者受命校定完成《山海经》时所写,时在公元前6年。此前一年,王莽推荐刘歆(汉代学者刘向之子)继承父业,主持古籍整理校定工作,刘歆将群书分类编成《七略》(辑、六艺、诸子、诗赋、兵书、术数、方伎)上奏朝廷。

综观整个海外四经,《海外南经》诸景自西南向东排列,其首端的结匈国与《海外西经》的灭蒙鸟相邻;《海外西经》诸景自西南向北排列,其末端的长股国与《海外北经》的无启国相邻;《海外北经》诸景自西北向东排列,其末端的北海位于东北隅;《海外东经》诸景自东南向北排列,其末端的劳民国亦位于东北隅。上述地理方位衔接关系表明,《海外四经》的撰写者有着某种程度的人文地理知识。

但是,令人困惑的是,撰写者既没有提及自己的身份和所处的地理位置,也没有提及中心区与海外诸景的距离,以及海外诸景彼此之间的距离,甚至没有提及著名的地理方位参照标志点,例如华山、嵩山、泰山等。在这种情况下,由于我们不清楚《海外四经》的地理中心在哪里,以及中心区的范围大小,因此也就难以搞清海外诸景的地理方位。大体而言,《海外四经》诸景可能在秦岭以南、阴山以北、六盘山以西、泰山以东。从其文字具有说图性质来看,好像是对着一处壁画回廊进行的说明,或许这正是撰写者没有提及自己的身份和所处地理位置的原因所在。

《海外四经》的撰写时间（或者资料来源的时间，下同）也是一个难解之谜。幸运的是，《海外四经》记述了一位具有历史时间标志的人物，他就是夏启。据此，我们可以推知其撰写时间在夏启之后。与此同时，由于《海外四经》没有记述夏启之后的夏王，也没有记述商朝及其以后的人物和事件，因此其撰写时间应当在商朝之前。也就是说，《海外四经》的撰稿人（包括绘图者）可能是生活在与夏启同时或稍后一段时间的学者，他以当时夏朝所管辖区域为中心，依次记述周边国家或族群的情况，其关注的不是那些国家的人口、物产，而是那里人们的服饰特点和特殊习俗，具有旅游者猎奇或博闻者搜异的性质。

《吕氏春秋·求人篇》记有："禹东至榑木之地，日出九津、青羌之野，攒树之所，扱天之山，鸟谷、青丘之乡，黑齿之国。南至交阯、孙朴、续樠之国，丹粟、漆树、沸水、漂漂、九阳之山，羽人、裸民之处，不死之乡。西至三危之国，巫山之下，饮露吸气之民，积金之山，共肱、一臂、三面之乡。北至人正之国，夏海之穷，衡山之上，犬戎之国，夸父之野，禺强之所，积水（羽）积石之山。"事实上，旅游考察活动，在禹之前有，在禹之后也有。我国古代的旅游之神，称为祖神或道神。唐王瓘《轩辕本纪》："（黄）帝周游行时，元妃嫘祖死于道，帝祭之以为祖神。"《宋书·礼志》注引崔实《四民月令》："祖，道神也。黄帝之子曰累祖，好远游，死道路，故祀以为道神，以求道路之福。"《风俗通义》："共工之子曰修，好远游，舟车所至，足迹所达，靡不穷览，故祀以为祖神。"据此，《海外四经》的内容，或许得自远游者的陈述。

《海外四经》所述诸国，流传到汉代已经有所变化。《淮南子·地形训》："凡海外三十六国：自西北至西南方，有修股民、天民、肃慎民、白民、沃民、女子民、丈夫民、奇股民、一臂民、三身民。自西南至东南方，结胸民、羽民、讙头国民、裸国民、三苗民、交股民、不死民、穿胸民、反舌民、豕喙民、凿齿民、三头民、修臂民。自东南至东北方,有大人国、君子国、黑齿民、玄股民、毛民、劳民。自东北至西北方,有跂踵民、句婴民、深目民、无畅民、柔利民、一目民、无继民。"反映了西汉时期对海外诸国的认识。

海内南经第十

《海内南经》描写的国家和山川大部分位于今海南、广西、广东、福建、浙江、四川、湖南、湖北长江以南一带。

海内南经

【导读】

《海内南经》所记事物众多,有伯虑国、离耳国、氏人国、匈奴国等国家,也有大可吞象的巴蛇、长着龙头的窫窳、知晓人名的狌狌等怪兽,还有一些著名历史人物的故事,如夏启之臣孟涂断案的故事,并记录了帝舜和帝丹朱的埋葬之地。

瓯居海中　三天子鄣山

【原文】

海内东南陬以西者。

瓯居海中①。闽在海中②,其西北有山。一曰闽中山在海中③。

三天子鄣山④在闽西海北。一曰在海中。

【注释】

①瓯居海中,郭璞注:"今临海永宁县即东瓯,在岐海中也;音呕。"东瓯,即今浙江省旧温州府地。

②闽在海中,郭璞注:"闽越即西瓯,今建安郡是也,亦在岐海中。"

③闽中山在海中,闽所属的山在海中。

④三天子鄣山,郝懿行注:"《海内东经》云:浙江出三天子都,庐江出三天都。一曰'天子鄣'。即此。"

【译文】

海内由东南角向西的国家、山川分布如下。

东瓯在海中。七闽也在海中,它的西北方向有座山。还有一种说法认为七闽中的山也在海中。

三天子鄣山在闽的西北方向。还有一种说法认为三天子鄣山在海中。

桂林八树　伯虑国

【原文】

桂林八树在番隅①冻。

伯虑国②、离耳国②、雕题国④、北朐⑤国皆在郁水南。郁水出湘陵南海⑥。一曰相虑。

【注释】

①番隅，或作贲禺，皆今番禺。

②伯虑国，郭璞注："未详。"郝懿行注："《伊尹四方令》云：'正东伊虑'，疑即此。"

③离耳，郭璞注："即儋耳也。"

④雕题国，郭璞注："点涅其面，画体为鳞采，即鲛人也。"大意是略似今纹身。

⑤北朐，郝懿行注："疑即北户也。"

⑥郁水出湘陵南海，郁水一作"郁林"；南海一作"南山"。

【译文】

桂林的八棵树高大成林，位于番隅的东面。

伯虑国、离耳国、雕题国、北朐国都在郁水河的南面。郁水是从湘陵南山流出。还有一种说法认为伯虑国又叫做相虑国。

枭阳国

【原文】

枭阳国在北朐之西。其为人人面长唇,黑身有毛,反踵①,见人笑亦笑,左手操管②。

枭阳国

枭阳国　清·吴任臣康熙图本

【注释】

①反踵,足跟是倒转生的。

②左手操管,左手握着一只竹筒。

【译文】

枭阳国在北朐国的西面。这个国家的人样子像人,但是嘴唇又大又长,黑黑的身子还长毛,脚跟在前而脚尖在后,一看见人就张口大笑;左手握着一根竹筒。

枭阳国

枭阳国　清·汪绂图本

兕　苍梧山

【原文】

兕[1]在舜葬东,湘水南,其状如牛,苍黑,一角。

苍梧之山,帝舜葬于阳,帝丹朱葬于阴。

【注释】

①兕,郭璞注:"兕亦似水牛,青色,一角,重三千斤。"

【译文】

兕生活在帝舜墓葬的东面,在湘水河的南边。兕的形状像一般的牛,全身青黑色的毛,头上长着一只角。

苍梧山,帝舜葬在这座山的南面,帝丹朱葬在这座山的北面。

氾林　狌狌知人名

【原文】

氾林方三百城,在狌狌①东。

狌狌知人名,其为兽如豕而人面,在舜葬西。

【注释】

①狌狌,同"猩猩"。郝懿行注:"《海内经》云:'猩猩,青兽。'"

【译文】

氾林方圆三百里,在猩猩生活之地的东面。

猩猩能知道人的姓名,这种野兽的形状像一般的猪却长着人的面孔,生活在帝舜葬地的西面。

犀牛　夏后启之臣孟涂

【原文】

狌狌西北有犀牛①,其状如牛而黑。

夏后启之臣曰孟涂②,是司神③于巴人。有请讼于孟涂之所,其衣有血者乃执之,是请生。居山上,在丹山西。丹山在丹阳南,丹阳居属也。

【注释】

①犀牛,郭璞注:"犀牛似水牛,猪头,庳脚,三角。"

②孟涂,或作"血涂"、"孟余"、"孟徐"。传说曾受帝启之命到巴国处理

案件。

③司神,管理神事。其中包括处理案件。

【译文】

猩猩的西北面有犀牛,它的形状像一般的牛,全身长着黑色毛。

夏朝国王启有个臣子叫孟涂,是主管巴地诉讼的神。巴地的人到孟涂这里来告状,而告状人中有谁的衣服沾上血迹,就会被孟涂拘禁起来。这是他爱护生命的表现。孟涂住在丹山的西面。丹山在丹阳的南面,而丹阳是巴的属地。

窫窳龙首

【原文】

窫窳①龙首,居弱水中,在猩猩知人名之西,其状如龙首,食人。

【注释】

①窫窳,郭璞注:"窫窳,本蛇身人面,为贰负臣所杀,复化而成此物也。"贰负臣杀窫窳事,见《海内西经》。

【译文】

窫窳长着龙一样的头,生活在弱水中,也就是猩猩知人名的西面,它的形状像龙一样,异常凶猛,还会吃人。

建木

【原文】

有木,其状如牛,引之有皮,若缨、黄蛇①。其叶如罗②,其实如栾③,其木若蓲④,其名曰建木⑤。在窦窳西弱水上。

【注释】

①其状如牛,牵引它就有皮掉下来,像冠上的缨带,又像黄蛇。郭璞注:"言牵之皮剥如人冠缨及黄蛇状也。"

②其叶如罗,郭璞注:"如绫罗也。"

③栾,郭璞注:"木名,黄本,赤枝,青叶,生云雨山。或作卵,或作麻。"

④蓲,树名,即刺榆。

⑤建木,郭璞注:"青叶紫茎,黑华黄实,其下声无响,立无影也。"

【译文】

有一种神木,形状像牛,它的皮像人帽子上的缨穗,也像黄色蛇皮。它的叶子像罗网,果实像栾树结的果实,树干像刺榆,这种神木叫建木。这种建木生长在窦窳龙首西边的弱水上。

氐人国　巴蛇食象

【原文】

氐人国①在建木西,其为人人面而鱼身,无足②。

巴蛇食象,三岁而出其骨,君子服之,无心腹之疾。其为蛇青、黄、赤、黑③。一曰黑蛇青首,在犀牛西。

氏人国

氏人国　清·吴任臣康熙图本

【注释】

①氏人国,《大荒西经》:"有互人之国。炎帝之孙,名曰灵恝,灵恝生互人,是能上下于天。"郭璞注:"人面鱼身。"

②其为人人面而鱼身,意思是此地的人是人的脸,鱼的身子,没有足。郭璞注:"尽胸以上人,胸以下鱼也。"

③其为蛇青黄赤黑,言此种蛇色彩驳斑,诸色并存。

【译文】

氏人国在建木所在地的西面,这个国家的人都长着人的面孔,鱼的身子,没有脚。

巴蛇能吞下大象,但是三年后才能排泄出大象的骨头,贤人吃了巴蛇的肉,就不会患心腹的疾病。这种巴蛇的颜色是青色、黄色、红色、黑色混合间杂的。还有一种说法认为巴蛇是黑色身子,青色脑袋,在犀牛所在地的西面。

旄马　匈奴开题之国

【原文】

旄马,其状如马,四节有毛①。在巴蛇西北,高山南。

匈奴、开题之国、列人之国并在西北②。

巴蛇

巴蛇　明·胡文焕图本

【注释】

①旄马,其状如马,四节有毛,意思是旄马这种动物,它的形状像马,四条腿的关节上都长有毛。旄马,即豪马。

②匈奴、开题之国、列人之国并在西北,郭璞注:"三国并在旄马西北。"

【译文】

旄马,形状像普通的马,但四条腿的关节上都有长毛。旄马在巴蛇所在地的西北面,也就是一座高山的南面。

匈奴国、开题国、列人国都在旄马的西北方向。

巴蛇

巴蛇　清·汪绂图本

旄马

旄马　清·汪绂图本

【鉴赏】

　　《海内南经》记述从东南到西南的诸多景观，内容显得有些支离破碎，当与发生过严重的缺简、错简有关，类似的情况也或多或少发生在《海内四经》乃至《山海经》的其他各章里。

　　由于缺简，许多场景的内容描述仅仅剩下了一个名称。尽管如此，这些地名、国名仍然是不可多得的远古信息载体。事实上，《山海经》国名、人名的用字均有所指，这有助于我们今天通过"望文解义"的方法复原或部分复原其所承载的古代文明信息。《道德经》："道可道，非常道。名可名，非常名。无名天地之始,有名万物之母。"老子的这一句话,揭示出命名行为对人类文明发展的重要作用,所谓"无名"即处于自然状态,"有名"则进入智慧领域(在信息学里,"名"是一种信息集成结构,它的出现有助于大脑里的信息实现归类和积累)。这是因为,动物的智力之所以不能继续提高,就在于它们没有命名事物的能力;而人类文明则始于给万事万物起名,人类自述的文明史亦起始于人有名的那一天。从这一天起,一个人做的事情与他的名称同时被记忆下来,这就是历史:什么人做过(包括看到、听到、想到)什么事。从这个角度来说,《山海经》的文明价值正在于它保留下来大量的古人(包括国、族)名称,这些名称所承载的文明信息是出土的瓦片所不能替代的。

在中国西周神庙四壁的壁画上,画着许多远方的故事和历史上的故事。在南墙的壁画上,描绘着南方的一座丹山,那是巴族人居住的地方;当地的法官名叫孟涂,如果有人打官司,凡是理亏的人,他的衣服上就会出现血迹,不知道孟涂使用的是什么样的高科技破案技术。在巴族聚集的地方,还有一种巨大的蟒蛇,名叫巴蛇,它的身躯大到能够把一只大象吞下去,要过三年后才吐出骨头;据说谁要是吃了巴蛇肉,就不会有心脏病。从今天来看,巴蛇好像是恐龙时代幸存下来的一种巨兽,它会是哪一种食肉恐龙呢?会不会是霸王龙?

第6节的枭阳国,郭璞认为枭阳即狒狒,并注谓:"今交州南康郡深山中皆有此物也。长丈许,脚跟反向,健走,被发,好笑;雌者能作汁,洒中人即病;土俗呼为山都。南康今有赣水,以有此人,因以名水。"袁珂先生旁征博引指出,狒狒类动物在古代北方又称吐喽、山臊,亦即《北山经》中狱法山的山挥,或谓即一足夔,后世又传为山精、山魅等,《神异经·西荒经》云:"西方深山中有人焉,身长尺余,袒身捕虾蟹,性不畏人。见人止宿,暮依其火以炙虾蟹。伺人不在而盗人盐,以食虾蟹,名曰山臊,其音自叫。人尝以竹著火中,爆朴而出,臊皆惊惮,犯之令人寒热。此虽人形而变化,然亦鬼魅之类,今所在山中皆有之。"

　　问题是，经文称枭阳"左手操管"，此乃人类行为；而称枭阳为国者，或可表明其族尚处于半开化阶段，类似今天所说的野人或仍然处在原始社会阶段的部落氏族。由于近年科学家已观察到黑猩猩、倭黑猩猩，甚至猴类都会使用简单工具，有的黑猩猩还会对树枝进行加工，因此是否使用工具已经不能成为判断人与猿的绝对分水岭。根据生命智力学暨智因进化论，生命与生命智力同时起源、同步进化，生物进化的实质是生命智力的方式变化和生命智力水平的提高。据此可知，人类与类人猿的分水岭取决于生命智力的某种跨越式进展，其标志应该是而且只能是人类能够使用火。也就是说，只有举起火把才是人。人类的前身是直立猿，举起火把的直立猿就进化成为直立人。当直立人进一步掌握更高水平的生命智力，例如丰富复杂的语言时，就发展成为智人。

　　第9节提到狌狌知人名。狌狌即猩猩。《南山经》曾记招摇山有猩猩"其状如禺而白耳，伏行人走"，未言其"知人名"。《水经注校·叶榆水》（卷37）云："（封溪）县有猩猩兽，形若黄狗，又状㺍㺍。人面，头颜端正，善与人言，音声丽妙，如姹人好女。对语交言，闻之无不酸楚。其肉甘美，可以断谷，穷年不厌。"《后汉书·西南夷传》云："哀牢出猩猩。"李贤注引《南中志》称，山中猩猩百数为群，喜食酒、穿草鞋，当地人以此为饵，诱捕猩猩；猩猩见到后，便知设饵者姓名，但耐不住诱惑终被人捕。凡此种种，所谓"猩猩知人名"，表明他们不是普通的猩猩，而是类似野人。有趣的是，关于野人的传闻至今不衰，诸如神农架野人、喜玛拉雅山雪人，以及美国的大脚怪。这些野人如果真的存在，他们既可能是残存的未开化的原始部落，也可能是仅存的始终未能掌握用火技术的直立猿。

　　第12节提到窫窳食人。所谓"食人"，可能与猎人头习俗有关，世界上许多民族都曾经流行猎人头习俗，其俗源自先民对头颅的崇拜，他们相信人的生命力就蕴藏在骨头特别是头骨里。我国古代早在先夏时期就盛行二次葬，其目的就是要将圣洁的骨头与肮脏的血肉分离开来，而且要反复多次洗骨，以使祖先灵魂能在洁净的骨头里安居，不去伤害活着的人。在新石器时代的墓葬里，随葬品往往有多颗人头骨，有的头骨被打碎后放入彩陶器内；此外，在陶塑人头的顶部，为了使灵魂自由出入，还留有黄豆大小的孔。

猎首习俗在许多偏远地区一直延续到近代，猎首活动一般在春播前后和秋收前施行，猎得人头后要举行接头、祭头、送头仪式，人们兴高采烈地跳起猎头舞，然后将人头放进竹篾编的兜子里，轮流供奉在各家的鬼门外和村寨的木鼓房里。其间一项重要的内容，就是把灰撒在人头上，让灰与鲜血混在一起滴落地上，然后每家分一份混有人头血的灰土，在春播时与种子一道撒在田地里，人们相信这样一来农作物的种子就获得了特别强大的生命力，庄稼就能丰收。

第15节提到巴蛇食象。《淮南子·本经训》称羿射日除害有"断修蛇于洞庭"，袁珂注引《江源记》称："羿屠巴蛇于洞庭，其骨若陵。曰巴陵也。"又注引《岳阳风土记》称："今巴蛇冢在州院厅侧，巍然而高，草木丛翳……兼有巴蛇庙，在岳阳门内。""象骨山。《山海经》云：'巴蛇吞象。'暴其骨于此。山旁湖谓之象骨港。"其实，古人关于修蛇、巴蛇、长蛇的种种传闻，有可能出自对恐龙化石的推测和想象；这是因为，在古代恐龙的巨型化石要比今日有更多的出露，应当会引起古人的震惊和联想。

中国古代中原地区曾有野象生息，并被古人驯化。已故画家徐悲鸿先生在创作《愚公移山》时，画面上就有大象帮助人们驮运山石。袁珂认为古史传说中舜与其弟象的矛盾和斗争，即人类驯服野象的过程；在其所著《中国神话大词典》舜耕历山节称："近代坊间所刻《二十四孝图说》所绘图像，其使用牲畜，乃长鼻大耳之巨象，知《楚辞·天问》所谓'舜服厥弟'者，实舜服野象。舜以耕田，当即舜服野象之结果。《图说》所绘，犹存古神话舜象斗争之痕迹。"

第 17 节的开题国，"题"有头颅的意思，"开题"有打开头颅的意思，据此开题国可能是实施开颅巫术的部落，其目的是打开天灵盖、开天目，使当事人具有与天神沟通的特殊能力，这也是他成为巫师的标志。此外，《海内经》"术器首方颠"的记载，也可能与实施开颅巫术有关。大量事实表明人类很早就施行过开颅巫术，从 1974 年首次在陕西出土 4000 年前的有洞头骨以来，中国考古工作者已陆续发现数十颗有洞头骨，头骨洞口的直径约在数厘米左右；出土有洞头骨的范围西至新疆、东至山东半岛，时间跨度在 5200 年前至 3000 年前之间。有必要指出的是，许多学者误把开颅巫术当成开颅手术，其实两者有着本质的不同。开颅巫术仅限于把头盖骨(俗称天灵盖)钻出一个洞，以达成某种巫术目的，其相对风险比较小。对比之下，开颅手术不仅要把头盖骨钻出一个洞，而且还要对颅内的大脑组织进行以治病为目的的手术，其感染的风险和脑组织损伤的风险非常大，这在没有消毒技术和大脑结构功能知识的远古时代，是难以想象的。

第 17 节记述的内容，吴承志在《山海经地理今释》卷六指出："此经当与下篇首条并在《海内北经》'有人曰大行伯'之上。匈奴、开题之国、列人之国并在西北，叙西北陬之国，犹《海内东经》云'钜燕在东北陬'也。不言陬，文有详省。贰负之臣在开题西北，开题即蒙此。大行伯下贰负之尸与贰负之臣亦连络为次。今大行伯上有'蛇巫之山'、'西王母'二条，乃下篇'后稷之葬'下叙昆仑隅外山形神状之文，误脱于彼。"并引《武陵山人杂著》云："《海内西经》'东胡'下四节当在《海内北经》'舜妻登比氏'节后。'东胡在大泽东'即蒙上'宵明烛光处河大泽'之文也。《海内北经》'盖国'下九节当在《海内东经》'钜燕在东北陬'之后，'盖国在钜燕南'即蒙上'钜燕'之文，而朝鲜、蓬莱并在东海，亦灼然可信也。《海内东经》'国在流沙'下三节当在《海内西经》'流沙出钟山'节之后，上言流沙，故接叙中外诸国；下言昆仑墟、昆仑山，故继以'海内昆仑之墟在西北'。脉络连贯，更无可疑。不知何时三简互误，遂致文理断续,地望乖违。今移而正之,竟似天衣无缝。"

吴承志、顾光观(武陵山人)的上述观点,袁珂等众多学者均表赞同。

海内西经第十一

《海内西经》记载的国家大致位于今陕西、山西、内蒙古、河北、辽宁一带。

海内西经

【导读】

《海内西经》重点记载了昆仑山及其附近的山脉河流、动植物。此处流传着一些奇异的神话传说,如贰负神杀死窫窳神被反绑囚禁在山中的故事、九

头开明神兽威风凛凛地守护昆仑山的传说、六巫用不死药救窫窳神的故事。

【原文】

海内西南陬以北者。

【译文】

再说说海内西南角以北的海内西部地区。

危与贰负杀窫窳

【原文】

贰负①之臣曰危,危与贰负杀窫窳②。帝乃梏③之疏属之山,桎④其右足,反缚两手与发,系之山上木。在开题西北。

危神

【注释】

①贰负：古代传说中的神名，人面蛇身。

②窫窳：古代传说中的神名，原来为人面蛇身，被贰负及危杀死后而化成龙头、猫身。

③梏：古代木制的手铐。戴上手铐，也泛指械系，拘系。

④桎：古代拘系罪人的木制脚镣，这里是指给脚带上刑具。

危

危　清·毕沅图本

【译文】

　　有位天神名叫贰负神，贰负神有位下臣名叫危，危与贰负神一起杀死窫窳。天帝于是将危拘禁在疏属山，将他的右脚锁住，将他的双手与头发捆在一起，系在疏属山上的一棵树上。这座山就在开题国的西北边。

大泽

【原文】

大泽方百里,群鸟所生及所解。在雁门北。

【译文】

有个地方叫大泽,这儿方圆有百里,是群鸟繁殖和换羽毛的栖息地。大泽就在雁门山的北边。

雁门山

【原文】

雁门山,雁出其间。在高柳北。

【译文】

雁门山,是大雁的栖息地,大雁都是从那里飞出来的。雁门山,就在高柳山的北边。

高柳

【原文】

高柳在代北。

【译文】

高柳山位于代州的北边。

后稷之葬

【原文】

后稷之葬，山水环之。在氐国西。

后稷

后稷祠

【译文】

后稷死后葬在一处景色幽雅的地方，那儿周围都有青山绿水环绕着。在氐人国西边。

流黄酆氏国

【原文】

流黄酆氏之国,中方三百里;有涂①四方,中有山。在后稷葬西。

【注释】

①涂:通"途"。指道路。

【译文】

在后稷葬地的西边便是流黄酆氏国,流黄酆氏国国土方圆三百里,东南西北四方都有道路,国内中心有一座山。

流沙

【原文】

流沙①出钟山,西行又南行昆仑之虚,西南入海,黑水之山。

【注释】

①流沙:水名,即流沙河。

【译文】

流沙发源自钟山,向西流出再转向南流至昆仑山,再向西南流入西海,最终流至黑水山。

东胡

【原文】

东胡在大泽东。

【译文】

东胡国在大泽的东边。

夷人

【原文】

夷人在东胡东。

【译文】

东胡国的东边便是夷人国。

貊国

【原文】

貊国在汉水东北。地近于燕,灭之。

【译文】

貊国在汉水的东北。与燕国毗邻,后被燕国灭亡。

孟 鸟

【原文】

孟鸟在貊国东北。其鸟文赤、黄、青,东乡①。

【注释】

①乡:通"向"。

【译文】

貊国的东北边生长着一种鸟,名叫孟鸟。它的羽毛是彩色的,嵌有红色、黄色和青色的花纹,任何时候它们都面向东方。

海内昆仑之虚

【原文】

海内昆仑之虚,在西北,帝之下都①。昆仑之虚,方八百里,高万仞。上有木禾②,长五寻③,大五围④。面有九井,以玉为槛⑤。面有九门。门有开明兽⑥守之,百神之所在。在八隅之岩,赤水之际,非仁羿莫能上冈之岩。

【注释】

①下都:神话传说中天帝在地上所住的都邑的名称。

②木禾:传说中一种高大的谷类植物。

③寻:中国古代的一种长度单位,八尺为寻。

④围:量词,两臂合抱的圆周长。

开明兽

⑤槛:栏杆。也指井栏。

⑥开明兽:传说中的神兽名。

【译文】

海内昆仑山在西北方,那里是天帝在下界的都邑。昆仑山方圆八百里,高达万仞。昆仑山上生长有一种植物,名叫木禾,高约五寻,粗约五围。昆仑山的四面,每面都有九口用玉石围栏的井。每面还有九扇门,门由开明神把守,而众神则把守着昆仑山的各方悬崖和山脚赤水岸边。由此可见这座山山势陡峭,没有后羿那样的本领是攀不上去的。

赤水

【原文】

赤水出东南隅,以行其东北。西南流注南海,厌火东。

【译文】

赤水就发源于昆仑山的东南麓,并向山的东北脚流出。赤水向西南流去,在厌火国东注入南海。

河水

【原文】

河水出东北隅,以行其北,西南又入渤海,又出海外,即西而北,入禹所导积石山。

【译文】

昆仑山的东北麓是黄河的发源地,黄河流出昆仑山后便向北、再折向西南流入渤海,再流出海外,再折向西、折向北,最后流至当初禹治理黄河时所垒成的积石山。

洋水

【原文】

洋水、黑水出西北隅,以东,东行,又东北,南入海,羽民南。

【译文】

昆仑山的西北麓是洋水、黑水的发源地,这两条河流出昆仑山后便向东流去,再折向东北,再折向南流入海,最终流至羽民国的南边。

弱水

【原文】

弱水、青水出西南隅,以东,又北,又西南,过毕方鸟东。

【译文】

昆仑山的西南麓是弱水、青水的发源地,这两条河流出昆仑山后便折向东,再折向北,再折向西南,最终经过毕方鸟以东。

开明兽

【原文】

昆仑南渊深三百仞。开明兽身大类虎而九首,皆人面,东向立昆仑上。

【译文】

昆仑山的南面有个深渊,深达三百仞。深渊中有一头兽,名叫开明兽。开明兽身躯很大,身形似虎,长着九个脑袋,九个面孔都似人,开明兽总是面向东方站在昆仑山巅。

开明兽

开明兽　清·汪绂图本

开明兽

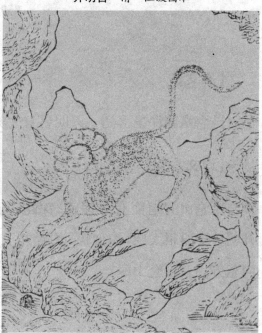

开明兽　明·蒋应镐绘图本

开明西凤凰

【原文】

开明西有凤凰、鸾鸟,皆戴蛇践蛇,膺①有赤蛇。

【注释】

①膺:胸腔,胸部。

【译文】

开明兽的西边有凤凰、鸾鸟,这里的凤凰、鸾鸟的头上都戴看蛇,脚下踩着蛇,胸前还挂着蛇。

开明北不死树

【原文】

开明北有视肉、珠树①、文玉树②、玗琪树③、不死树④。凤凰、鸾鸟皆戴瞂。又有离朱⑤、木禾、柏树、甘水、圣木曼兑,一曰梃木牙交。

【注释】

①珠树:神话传说中的仙树,上面能长出珍珠。

②文玉树:传说中的五彩玉树。

③玗琪树:神话传说中的神树,能长出红色玉石。

④不死树:神话传说中的一种树,人食之可得长生。

⑤离朱:传说中的神禽。

【译文】

开明兽的北边有视肉，还生长有珠树、五彩斑斓的玉树、玕琪树、不死树。那里的凤凰和鸾鸟头上都戴着似盾的冠。那里还有离朱鸟、木禾、柏树、醴泉、圣木曼兑，圣木曼兑还可以叫梃木牙交。

开明东诸巫疗窫窳

【原文】

开明东有巫彭、巫抵、巫阳、巫履、巫凡、巫相，夹窫窳之尸，皆操不死之药以距之。窫窳者，蛇身人面，贰负臣所杀也。

【译文】

开明兽的东边居住着巫彭、巫抵、巫阳、巫履、巫凡、巫相几位巫师，这几位巫师围着窫窳的尸体，都拿着各自炼制的长生不老药，想使这位天神复活。窫窳，长得像蛇，面孔似人，就是那位被贰负下臣危所杀的天神。

服常树上三头人

【原文】

服常树，其上有三头人，伺琅玕树①。

【注释】

①琅玕树：琅玕，像珠子的美石。琅玕树是传说一种能结出珠玉的仙树。

【译文】

开明兽东边还有一种树,名叫服常树,这棵树上有人长着三个脑袋,盯着前面的琅玕树。

开明南树鸟

【原文】

开明南有树鸟,六首;蛟①、蝮②、蛇、蜼、豹、鸟秩树,于表池树木,诵鸟、鹒视肉。

【注释】

①蛟:古代传说中能发水的一种龙。

②蝮:动物名,蝮蛇,一种毒蛇,也叫"草上飞"、"土公蛇"。体呈灰褐色,有黑褐色斑纹,头略呈三角形。毒液可供药用。

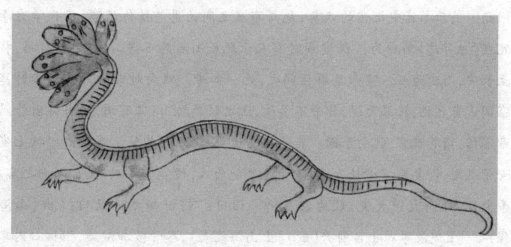

六首蛟

【译文】

开明兽的南边有只鸟,名叫树鸟,长有六只脑袋。那里还有蛟龙、蝮蛇、小蛇、长尾猿、豹和鸟秩树,树都是环绕着瑶池排列生长的。另外还有诵鸟、雕、视肉。

【鉴赏】

《海内西经》记述从西南到西北的场景,虽然存在着若干错简,但是其描述的内容仍然弥足珍贵。在西周神庙西墙的壁画上,描绘着西方的一座规模宏大的昆仑都城;它方圆八百里,高万仞(一仞为八尺);城上有大树,五个人才能抱住;还有九口井,都是用玉石做成的栏杆;共有九座城门,其中东门由开明兽把守。开明兽本名启明兽,它的样子是人的面孔、虎的身躯,类似埃及金字塔前的狮身人面像,其职责之一是负责观测预报启明星的出现。在开明兽的南面有一棵奇异的树鸟,树鸟的下面是华池;树鸟的六个主要树枝上各有一种图腾动物,周围各部落氏族的人们经常聚集在树鸟下商议共同关心的问题。关于本篇中记述的贰负、危与窫窳之间的恩怨情仇故事,唐代学者李冗在《独异志》解释为:"汉宣帝时有人于疏属山石盖下得二人,俱被桎梏,将至长安,乃变为石。宣帝集群臣问之,无一知者。刘向对曰:'此是黄帝时窫窳国贰负之臣,犯罪大逆,黄帝不忍诛,流之疏属之山,若有明君,当得出外。'帝不信,谓其妖言,收向系狱。其子歆自出应募,以救其父。其父曰:'欲七岁女子乳之,即复变。'帝使女子乳,于是复能为人,便能言语应对,如刘向之言。帝大悦,拜向大中大夫,歆为宗正卿。诏曰:'何以知之?'歆曰:'出《山海经》。'"上述故事源出自刘秀(歆)《上山海经表》,尽管多加渲染,但核心内容未变,即汉宣帝时(公元前 1 世纪中期)上郡(管辖范围包括今陕西北部与河套南部)疏属山出土有古尸,其形貌可以用《山海经》的记载进行解释。对此袁珂先生感慨道："于以见民间传说之恒合古传,为可贵矣。"

　　第12节的海内昆仑之虚,昆仑虚"方八百里"指的是鄂尔多斯高原,"高万仞"指的是黄帝族圣山桌子山。《古小说钩沉》辑《玄中记》曰:"昆仑西北有山,周回三万里,巨蛇绕之,得三周。蛇为长九万里。蛇居此山,饮食沧海。"其山可能即桌子山,而巨蛇或即烛龙之想象。昆仑虚的"九井"、"九门",除了水井、城门的功用之外,还可能与天文观察及其天文巫术活动有关;这是因为,远古的天文观察仪器或设施,经常使用井状结构和门状结构,例如坐井观天,以及《大荒西经》的"丰沮玉门,日月所入"等等。

　　《西山经》记有昆仑丘为帝之下都,但是没有记述黄帝都城的建筑规模和形式。对比之下,此处《海内西经》则称"帝之下都"建筑在高高的昆仑丘上,那里有玉栏杆的井和九座城门,开明兽站立在城门东。《汉唐地理书钞》辑《河图括地象》云:"昆仑之城,西有五城十二楼,河水出焉,四维多玉。"《水经注·河水》引《十洲记》亦云:"昆仑山有三角,其一角正东,名曰昆仑宫。其处有积金,为天镛城,面方千里,城上安金台五所,玉楼十二。"关于黄帝都城的描述,以《淮南子·地形训》最详尽,大意是禹治服洪水后,对昆仑墟进行大规模发掘,其中有增城九重,计有四百四十门,打开北门,不周风就能吹进城;城内有倾宫、旋室、县圃、凉风、樊桐、疏圃、丹水等景观,凉风山在昆仑丘之上,悬圃在凉风山之上,再向上就能成为天神·与太帝一同居住在天上。

　　鄂尔多斯高原的面积辽阔,这里古代曾经是水草丰茂的富饶之地,东西与南北各有360公里,与古人所说的昆仑虚"方八百里"基本相符。在鄂尔多斯高原西部有一座突兀挺拔的唯一高山,它就是桌子山,海拔2149米,顶部平坦如桌面。如果说,鄂尔多斯高原是黄帝族的发祥地,那么桌子山就是黄帝族的圣山。值得注意的是,桌子山至今仍然保留有众多古代岩画,其中不乏先夏时期的岩画,它们应该就是黄帝族留下来的。桌子山北麓已发现面积约2万平方米的先夏时期聚落遗址,地表遍布彩陶残片和磨制石器,文化层厚约50厘米。桌子山区矿产资源丰富，除了煤炭之外，还有铁、铅、锌、石墨、白云母、芒硝、石膏、耐火黏土、石灰石、石英砂岩等。

《穆天子传》卷二记有："吉日辛酉，天子升于昆仑之丘，以观黄帝之宫，而封□隆之葬，以诏后世。"周穆王在河宗氏（辖地位于黄河河套及其以上黄河河段）的陪同下祭祀昆仑丘后，又派人守护黄帝之宫，登舂（春）山并"铭迹于悬圃之上"。据此可知，当时尚有黄帝都城遗址，惜今日已荡然无存矣。或许，黄帝都城仍然静悄悄地埋藏于某处的地下，殷切地等待着我们的光临。

第13节记述的是昆仑虚发源的诸多水系，基本源自《西山经》昆仑丘的水系。对比之下，此处《海内西经》的记述存在几处问题：其一，诸水流向忽南忽北，与理不合，当有错简。其二，洋水、黑水为两条河，不应并述。其三，由于误将洋水、黑水的流向并述，以致经文中有若干方向词原本应只属于黑水或只属于洋水，却被混在一起，或者放入其他水系里。其四，弱水、青水当是后来形成的昆仑水系，或可表明自然环境发生了变化，或者是人们对昆仑方位的认识发生了变化。其五，弱水、青水既然各有其名，当是两条不同的水系（不排除彼此是上下游关系），亦不应并述其流向。有价值的是，此处《海内西经》的记述增加了若干新的地理标志点，它们分别是《海外南经》的厌火国，《西山经》和《海外北经》的积石山，《海外南经》的羽民国，《西山经》和《海外南经》的毕方鸟。需要说明的是，"昆仑南渊，深三百仞"亦属于昆仑水系。

《海内西经》记述的特别有价值的人文景观还有开明兽景区。九首人面虎身的开明兽，当是一座巨型塑像，立于黄帝都城的东门前，昂首向着东方，与古埃及金字塔前的狮身人面像，有着异曲同工之妙。开明兽的形象在《大荒西经》为"昆仑之丘，有神，人面虎身，有文有尾，皆白处之"，在《西山经》为"帝之下都，神陆吾司之。其神状虎身而九尾，人面而虎爪。是神也，司天之九部及帝之圃时"。进一步说，古文"开"与"启"可互换，开明兽（神）原应作启明兽（神），正如夏后开即夏后启，因抄书者避汉景帝刘启讳而改。从其名称和东向立可知，开明兽的职责是观测启明星，迎接太阳的东升，与神陆吾"司天之九部及帝之囿时"相符，而九首或九尾则象征着九重天。

根据《山海经》的惯例，凡是有视肉、不死树等物的地方，通常都是先祖陵墓的所在地，或者是后人祭祀先祖的场所。从开明北的场景可知，这里是黄帝族祭祀先祖的场所。珠树、文玉树、玗琪树、不死树，其文化内涵与中国后世的摇钱树和西方的圣诞树有类似之处，均源于"星星树"，即在树上装饰着象征星星的玉石，通过供奉祭祀满天星斗来祈求平安、财富和长寿。

第17节开明东的六巫和窫窳均属于黄帝族，而贰负则属于炎帝族。上述巫医活动的方位选择在东方，当有所考虑。一是，东方是太阳升起的方向，可以象征着新生。二是，这里可能是距离前线战场最近的地方，因此有利于及时对伤员进行救治，以及对阵亡者的尸体进行防腐处理，并对其灵魂进行安抚。事实上，在古史传说中，黄帝族的敌人多居住在东方，因此战场通常也都在黄帝族大本营的东面。《大荒西经》灵山十巫为巫咸、巫即、巫盼、巫彭、巫姑、巫真、巫礼、巫抵、巫谢、巫罗。与此处六巫对照，相同的有巫彭、巫抵，郝懿行认为巫履即巫礼，巫凡即巫盼，巫相即巫谢。此处六巫之行为，郭璞认为乃神医用不死药清除窫窳身上的"死气"以使其重生，并概括为："窫窳无罪，见害贰负，帝命群巫，操药夹守；遂沦弱渊，变为龙首。"其实，所谓"皆操不死药以距之"，既指正常的手术，也包括对尸体的防腐处理，因为古人相信如果某人的尸体不腐，那么他的灵魂亦可不死。

郝懿行认为三头人与《海外南经》三头国属同类，并引《艺文类聚》（卷90）及《太平御览》（卷915）引《庄子》曰："老子见孔子从弟子五人，问曰：'前为谁？'对曰：'子路为勇。其次子贡为智，曾子为孝，颜回为仁，子张为武。'老子叹曰：'吾闻南方有鸟，其名为凤，所居积石千里。天为生食，其树名琼枝，高百仞，以璆琳琅玕为食。天又为生离珠，一人三头，递卧递起，以伺琅玕。凤鸟之文，戴圣婴仁，右智左贤。'"袁珂注："离珠，即离朱，黄帝时明目者，此一人三头之离珠又为日中三足神禽离朱演变而成者。"

然而上述注释并不准确,所谓"三头"乃三种面具,以表示其工作状态,例如执勤、巡逻、休息等。三头人即警卫队,他们负责看护琅玕等重要景点。吴任臣认为"服常疑是沙棠"。其实,服为服事、服役,常为旗帜,《周礼·春官·司常》:"王建太常,诸侯建旂。"郑玄注:"王画日月,象天明也。"据此,服常树实际上是一杆大旗,上面装饰有琅玕等玉石,是六巫救治伤员(相当于野战医院)的标志。

综上所述,根据开明兽东西南北的场景可知,这里是黄帝都城昆仑的巫术、宗教、祭祀、议事等活动的中心区。其中,开明西为服务员和神职人员居住地,开明北为祭祀先祖的场所,开明东为施行起死回生巫术的场所,开明南则是部落成员民主聚会议事的场所。

海内北经第十二

《海内北经》记录的国家山川大致分布在昆仑山向东,经陕西、河北,一直延伸到朝鲜以东的大海中。

海内北经

【导读】

《海内北经》中记载的内容比较简单,主要是一些奇异的动物,如为西王母取食的三青鸟、形似虎长着翅膀的穷奇兽、状若虎长尾巴的驺吾兽。除此之外,还记载了人面蛇身的鬼国人、长得像狗的犬封国人、兽头人身的环狗国人及头上长着三只角的戎族人等。逢蒙忘恩负义射死后羿、犬封国犬夫人妻的故事充满奇幻色彩，给人留下了深刻的印象。

蛇巫山上操杯人

【原文】

海内西北陬以东者。

蛇巫之山，上有人操杯①而东向立。一曰龟山。

【注释】

①杯，郭璞注："或作'棓'，字同"。郝懿行曰："杯即'棓'字之异文。"

【译文】

海内由西北角向东的国家、山川、河流、物产依次如下。

蛇巫山,山上有人拿着棍棒向东站着。还有一种说法认为蛇巫山叫做龟山。

西王母　大行伯

【原文】

西王母梯①几而戴胜杖,其南有三青鸟②,为西王母取食。在昆仑虚③北。有人曰大行伯④,把戈⑤。其东有犬封国⑥。贰负之尸在大行伯东。

西王母

西王母　清·汪绂图本

【注释】

①梯,凭,依着。

②三青鸟,神话传说中多力善飞的猛禽。《西次三经》:"三危之山,三青鸟居之。是山也,广员百里。"《大荒西经》:"有三青鸟,赤首黑目……一名曰青鸟。"

③虚,同"墟",义同"山"。

④大行伯，疑为共工之子脩。

⑤把戈，手里拿着一把戈。

⑥犬封国，郭璞注："昔盘瓠杀戎王，高辛以美女妻之，不可以训，乃浮之会稽东海中，得三百里地封之，生男为狗，女为美人，是为狗封之国也。"

【译文】

西王母靠倚着小桌案并且戴着玉胜。她的南面有三只勇猛善飞的青鸟，这些鸟负责为西王母觅取食物。西王母和三青鸟在昆仑山的北面。

有人名叫大行伯，手握着长戈。他的东面有犬封国。贰负之尸也在大行伯的东面。

犬封国

【原文】

犬封国曰犬戎国①，状如犬。有一女子，方跪进杯食②。有文马③，缟身朱鬣④，目若黄金，名曰吉量⑤，乘之寿千岁。

【注释】

①犬戎国，也叫狗国。"封"，"戎"音近。

②杯食，同"杯食"，即一杯酒食之意。

③文马，马赤鬣缟身，目若黄金。

④朱鬣，马颈上的红色长毛。

⑤吉量，亦作"吉良"。

【译文】

犬封国也叫犬戎国，这个国家的人都是狗的模样。有个女子，正跪在地上捧着一杯酒食向人进献。有一种马,白色身子,红色鬃毛,眼睛像黄金一样闪闪发光。名叫吉量,骑这种马能使人长寿千岁。

鬼国　蜪犬　穷奇

【原文】

鬼国①在贰负之尸北,为物人面而一目。一曰贰负神在其东,为物人面蛇身。

蜪②犬如犬,青,食人从首始。

穷奇③状如虎,有翼,食人从首始,所食被发,在蜪犬北。一曰从足。

【注释】

①鬼国,即一目国,参见《海外北经》"一目国",又见《大荒北经》"威姓少昊之子。"

②蜪犬,古兽名。

③穷奇,古兽名。毛如蝟。《西次四经》"邽山,其上有兽焉,其状如牛,蝟毛,名曰穷奇,音如嗥狗,是食人。"

【译文】

鬼国在贰负之尸的北面,这个国家的人是人的面孔却只有一只眼睛还有一种说法认为贰负神在鬼国的东面,他是人的面孔,蛇的身子。

蜪犬的形状像狗,全身青色,这种蜪会吃人,而且是从人的头开始吃起。

穷奇的样子长得像老虎,又有翅膀,穷奇吃人也是从人的头开始吃起。正被吃的人是披头散发。穷奇在蜪犬的北面。还有一种说法认为穷奇吃人是从人的脚开始吃起的。

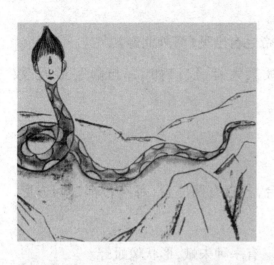

鬼国

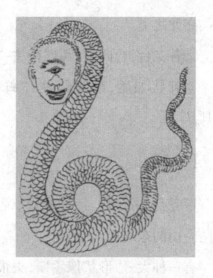

鬼国　清·汪绂图本

穷奇

穷奇　清·汪绂图本

帝尧台　大蜂

【原文】

帝尧台、帝喾台、帝丹朱台、帝舜台①,各二台②,台四方,在昆仑东北。大蜂,其状如螽③。朱蛾,其状如蛾。

【注释】

①帝丹朱台、帝舜台,郝懿行注:"《大荒西经》有轩辕台,《北经》有共工

台。亦此之类。"

②各二台,台四方,郝懿行注:"众帝之台已见《海外北经》。"

③其状如螽,郝懿行注:"蜂有极桀大者,仅曰如螽,与螽字形近,故讹耳。"

【译文】

帝尧台、帝喾台、帝丹朱台、帝舜台,各自有两座台,每座台都是四方形,在昆仑山的东北面。

有一种大蜂,形状像螽斯,头很大。有一种朱蛾,形状像蚍蜉。

蟜　阘非

【原文】

蟜①,其为人虎文,胫有腎,在穷奇东。一曰状如人。昆仑虚北所有②。阘非③,人面而兽身,青色。

【注释】

①蟜,这种人身上有着老虎的斑纹,足胫上有十分健劲的筋。郭璞注:"蟜音桥,言脚有腨肠也。"

②昆仑虚北所有,以上这些事物都是昆仑山北边所有的。

③阘非,传说中的野人。

【译文】

蟜国在穷奇的东面。蟜国人身子长着像老虎一样的斑纹。小腿肚子上的肉非常强健。还有一种说法认为蟜的形状像人,在昆仑山的北面。

阔非国的人，长着人面兽身，一身青毛。

阔非

阔非　清·汪绂图本

据比尸　环狗

【原文】

据比之尸，其为人折颈被发，无一手。

环狗①，其为人兽首人身。一曰猬状如狗②，黄色。

【注释】

①环狗，大约如犬戎、狗封之类。

②猬，状如狗，刺猬的形状，有点像狗。

【译文】

天神据比的尸体颈脖都被砍断，披头散发，只有一只手，另外一只手也不知被丢到哪里去了。

环狗国的人,脑袋像野兽,身子像人。也有的说样子就像是一只黄狗。

环狗

环狗　清·汪绂图本

袜戎

【原文】

袜①,其为物人身黑首从目②。

戎,其为人人手三角。

【注释】

①袜,郭璞注:"袜即魅也。"通常也叫鬼魅。

②从目,即"纵目",眼睛是竖生的。

【译文】

袜,这种怪物长着人的身子、黑色脑袋、竖立的眼睛。

戎,这种人长着人的头但是头上有三只角。

林氏国驺吾

【原文】

林氏国有珍兽,大若虎,五采毕具①,尾长于身,名曰驺吾②,乘之日行千里。

驺吾

驺吾　明·胡文焕图本

【注释】

①五采毕具,五种颜色俱备。

②驺吾,传说中的野兽。

【译文】

林氏国有一种珍奇的野兽,大小与老虎差不多,身上有五彩斑纹,尾巴比身子还要长,名叫驺吾,骑上它可以日行千里。

驺吾   驺吾

昆仑虚南氾林　从极之渊冰夷

【原文】

昆仑虚南所,有氾林①方三百里。

从极之渊,深三百仞,维冰夷恒都焉。冰夷人面,乘两龙,一曰忠。

【注释】

①氾林,森林。

②渊,一作"川"。

③维冰夷恒都焉,只有水神冰夷在此处歇息。冰夷,也作冯夷、无夷,也就是传说中的水神河伯。

④忠,一作"中"

【译文】

在昆仑山的南面,有一片氾林,方圆三百里。

冰夷河伯

从极渊深三百仞,只有冰夷神常常住在这里。冰夷神长着人的面孔,常常乘着两条龙飞行。还有一种说法认为从极渊又叫忠极渊。

阳汙山

【原文】

阳汙①之山,河出其中;凌门之山,河出其中。

【注释】

①阳汙,即阳纡,声相近。

【译文】

阳汙山,黄河的一条支流从这座山流出;凌门山,黄河还有一条支流从这座山流出。

王子夜尸　宵明　烛光

【原文】

王子夜①之尸,两手、两股、胸、首、齿,皆断异处。

舜妻登比氏生宵明、烛光②,处河大泽,二女之灵照此所方百里。一曰登北氏。

【注释】

①王子夜,郭璞注:"此盖形解而神连,貌乖而气合,合不为密,离不为疏。"

②舜妻登比氏生宵明、烛光,意思是舜的妻子登比氏,生了宵明和烛光两个女儿,居住在河边旁边的大泽中,两位女神的灵光照耀在这方圆一百里的地方。

【译文】

王子夜的尸体,两只手、两条腿、胸部、头部、牙齿,都被砍断并且分散在不同地方。

帝舜的妻子登比氏生了宵明、烛光两个女儿,她们住在黄河边上的大泽边上,两位神女的灵光可以照亮方圆百里的地方。还有一种说法认为帝舜的妻子叫登北氏。

盖国 朝鲜 列姑射 射姑国

【原文】

盖国在钜燕南,倭①北。倭属燕。

朝鲜②在列阳东,海北山南。列阳属燕。

列姑射③在海河州中。

射姑国④在海中,属列姑射,西南,山环之。

列姑射山

【注释】

①倭,郭璞注:"倭国在带方东大海内,以女为主,其谷露紒,衣服无针功,以丹朱涂身。不妒忌,一男子数十妇也。"

②朝鲜,郭璞注:"朝鲜,今乐浪县,箕子所封也。列亦水名也,今在带方,带方有列口县。"

③列姑射,郭璞注:"山名也。山有神人。河州在海中,河水所经者。庄子所谓藐姑射之山也。"

④射姑国,应作"姑射国"。

【译文】

盖国在钜燕国的南面,倭国的北面。倭国也属于燕国管辖。

朝鲜在列阳的东面,北面有大海,南面有高山。列阳也属于燕国管辖。

列姑射山在大海的河州之中。

姑射国在海中,属于列姑射的一部分。射姑国的西南部有高山环绕。

大蟹　陵鱼　大鲠

【原文】

大蟹①在海中。

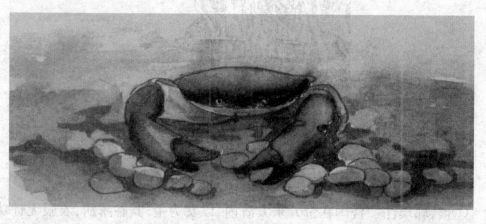

海中大蟹

陵鱼②人面,手足,鱼身,在海中。

大鲠③居海中。

【注释】

①大蟹,郭璞注:"盖千里之蟹也。"

②陵鱼,即龙鱼。《海外西经》:"龙鱼陵居在其北。"

③大鲠,郭璞注:"鲠即鲂也。"

【译文】

大蟹生活在海里。

陵鱼长着人的面孔,而且有手有脚,就是身形像鱼,生活在大海里。

大鲠鱼生活在海里。

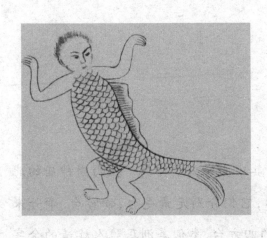

陵鱼

陵鱼　明·蒋应镐绘图本

明组邑　蓬莱山　大人之市

【原文】

明组邑①居海中。

蓬莱山在海中②。

大人之市③在海中。

【注释】

①明组邑,郝懿行注:"明组邑盖海中聚落之名,今未详。"

②蓬莱山,郭璞注:"上有仙人宫室,皆以金玉为之,鸟兽尽白,望之如云,在渤海中也。"

③大人之市,《大荒东经》:"有波谷山者,有大人之国。有大人之市,名曰大人之堂。"

【译文】

明组邑生活在海中。

蓬莱山屹立在海中。

大人贸易的集市在海里。

【鉴赏】

《海内北经》记述的内容相当丰富,其中亦有若干错简。在西周神庙的北墙壁画上,描绘的主要景观是众帝之台,它们分别是帝尧台、帝喾台、帝丹朱台、帝舜台,建筑形状都是两层或多层的四方台,类似美洲玛雅人建造的金字塔,它们距离不周山和昆仑都城不远。此外还有一处温馨的画面,描绘的是舜和妻子登比氏,生下两个聪明的女儿,一个名叫宵明,一个名叫烛光,从名字可知她们是人造光源的发明家。由于那时的灯用的都是娃娃鱼(龙的原型动物)的鱼油,这种灯油发光好,而且不冒烟,因此人们长期大量捕杀娃娃鱼,导致其一度几近灭绝。大行伯的东面有犬封国,而贰负之尸亦在大行伯的东面,据此可知犬封国与贰负族不是比邻而居,就是共居一地;这也就意味着,两者可能存在血缘关系。犬戎国的先祖名盘瓠，其发音亦与贰负有相近之处。郭璞注："昔盘瓠杀戎王，高辛氏以美女妻之，不可以训，乃浮之会稽东海中，得三百里地封之，生男为狗，女为美人，是为狗封之国。"袁珂引《魏略》云："高辛氏有老妇，居王室，得耳疾，挑之，得物大如茧。妇人盛瓠中，覆之以盘，俄顷化为犬，其文五色，因名盘瓠。"袁珂注："封、戎音近，故犬封国得称犬戎国。又'犬封国'者，盖以犬立功受封而得国，即郭注所谓'狗封国'也。《伊尹四方令》云：'正西昆仑狗国。'《淮南子·地形训》云：'狗国在其（建木）东。'则狗国之传说实起源于西北然后始渐于东南也。"

所谓"有一女子，方跪进杯食"，郭璞注："与酒食也。"其实，"杯"字意为不舒坦、不快乐，此画面当非寻常进食场景，而可能与金虫变盘瓠、盘瓠立功后高辛王欲毁约不妻以公主的故事有关。《大荒东经》记有黄帝后裔犬戎国，并称其"人面兽身"，袁珂认为这可能就是"最初传说之盘瓠"，而盘瓠又演变为盘古开天地。所谓蜪犬"食人从首始"，看起来像是野狗野狼袭击人类。其实，它们更可能是由人豢养的猎犬或战争犬。由此观之，盘瓠咬戎王首级而还的故事，实际上正是"食人从首始"；而所谓盘瓠变成人并娶公主为妻的情节，实际上说的是豢养战争犬的人（可能是奴隶），其社会地位因立战功而得到提高。

第9节的穷奇，《左传·文公十八年》曰："少昊氏有不才子，天下之民谓之穷奇。"《西山经》邽山有"其状如牛，猬毛"的食人怪兽穷奇。《神异经·西北荒经》云："西北有兽焉，状似虎，有翼能飞，便剿食人。知人言语。闻人斗，辄食直者；闻人忠信，辄食其鼻；闻人恶逆不善，辄杀兽往馈之；名曰穷奇。亦食诸禽兽也。"或称："穷奇似牛而狸尾，尾长曳地，其声似狗，狗头人形，钩爪锯牙。"郭璞《图赞》云："穷奇之兽，厥形甚丑；驰逐妖邪，莫不奔走；是以一名，号曰神狗。"

《淮南子·地形训》曰："穷奇，广莫风之所生也。"古人对八个季节的风，依次称之为条风、明庶风、清明风、景风、凉风、阊阖风、不周风、广莫风。在《后汉书·礼仪志》记载的汉代大傩逐疫仪式里，方相氏要率领十二兽(由人装扮)驱逐各种恶鬼，其中"穷奇、腾根共食蛊"。《周礼·夏官》称："方相氏掌蒙熊皮，黄金四目，玄衣朱裳，执戈扬盾，帅百隶而时难(傩)，以索室驱疫。"相传黄帝元妃嫘祖死于道，次妃嫫母貌陋，监护于道，是为方相氏，即后世开路神、险道(先导)神，亦用于送丧。

第10节的众帝之台，郭璞注："此盖天子巡狩所经过，夷狄慕圣人恩德，辄共为筑立台观，以标显其遗迹也。"袁珂批评郭璞的观点"乃其以正统历史眼光释神话之臆说，实无足取。"并指出此处诸帝之台即《海外北经》、《大荒北经》所记昆仑之北的众帝之台，乃禹杀相柳所筑台"以压妖邪者也"。

由于《山海经》另记有众帝葬所，因此众帝之台的作用当如袁珂所说"以压妖邪"，此外亦可能有天文观测或其他祭祀活动的用途。值得注意的是，此处经文叙述帝丹朱台时赫然将其与帝尧、帝喾、帝舜之台并列，而且还排在了帝舜之前。众所周知，由于《山海经》长期藏于深宫密室，因而其文字大体逃过春秋战国人士删改之劫，尚保留着古史原貌。据此，或可表明帝丹朱亦为先夏时期的一段历史过程(《山海经》中称帝者，或可指一个朝代，而不是单指一个人)。

根据众帝之台可知，中国古代的金字塔乃是一帝一个，其用途当初并不是陵寝，而是该帝王(包括国王)专用的祭祀台。遗憾的是：昆仑东北月光寒，大陆来往几多战？此地空传众帝台，地老天荒俱无颜；埃及尚存金字塔，先王陵墓伟其观；何处寻访众帝台？帝台不见愧愁眠。幸运的是，四川省广汉三星堆文化遗址的重见天日，让我们有理由认为三星堆遗址的三个土堆当初就是三座金字塔，它们有可能分属于古蜀时期的三个蜀王。

第15节的环狗的发音又与盘瓠、盘古相近，或者盘瓠、盘古的名称均源于环狗。所谓盘瓠之"盘"，原意可能并非指盘子，而是指环狗在盘旋。瓠即葫芦,在我国先民观念中,葫芦(包括瓜类)状如子宫,乃是生命力的象征,在洪水泛滥灭绝人类时又是幸存者的逃生"方舟"。在我国古史传说里,盘古是开天辟地者。《艺文类聚》卷一引《三五历纪》:"天地混沌如鸡子,盘古生其中。万八千岁,天地开辟,阳清为天,阴浊为地。盘古在其中,一日九变,神于天,圣于地。天日高一丈,地日厚一丈,盘古日长一丈。如此万八千岁,天数极高,地数极深,盘古极长。后乃有三皇。"《绎史》卷一引《五运历年纪》:"首生盘古,垂死化身。气成风云,声为雷霆,左眼为日,右眼为月,四肢五体为四极五岳,血液为江河,筋脉为地理,肌肉为田土,发髭为星辰,皮毛为草木,齿骨为金石,精髓为珠玉,汗流为雨泽,身之诸虫,因风所感化为黎甿。"

在民间故事里,盘古也有兄妹,其故事与伏羲、女娲兄妹类似。相传王屋山东边有一座山,这里有一座盘古寺(河南省济源县),当地人相信此地就是盘古出生的地方。桐柏山地区也有一座盘古山(又名九龙山、大复山),当地流传着盘古爷、盘古奶的故事,诸如用无花果树叶做衣服、降龙治洪水、造字、盘古兄妹婚、盘古生八子等。

第18节的林氏国的驺虞,郭璞注:"《六韬》云:'纣囚文王,闳夭之徒诣林氏国求得此兽献之,纣大悦,乃释之。'《周书》曰:'夹(央)林酋耳,酋耳若虎,尾参于身,食虎豹。'《大传》谓之侄(怪)兽。吾宜作虞也。"《淮南子·道应篇》云:"散宜生乃以千金求天下之珍怪,得驺虞、鸡斯之乘、玄玉百工、大贝百朋、玄豹黄黑、青犴白虎、文皮千合,以献于纣。"袁珂指出"首列驺虞,其贵可知矣",并认为:"驺吾(虞)神话,亦文王脱羑里神话之一细节也。"其实,《周书·史记篇》记有林氏国先后战胜戎氏、上衡氏,称霸一方,而林氏国之强悍实乃得益于其国有日行千里的宝马驺吾,也就是说林氏国可能是首先使用骑兵征战的国家;而商纣王之所以看重驺虞,亦在于它的军事价值,例如可作优良战马的种马。

第20节记述了河伯冰夷。在古史传说里,河伯可指居住在黄河两岸(大约从河套至洛阳段)的族群,例如在王亥牧牛羊于有易而遇害的故事里,河伯为与王亥、有易相邻的部落。此外,河伯亦指黄河之神,《尸子辑本》卷下云:"禹理水,观于河,见白面长人鱼身出,曰:'吾河精也。'授禹河图而还于渊中。"《水经注·洛水》引《竹书纪年》云:"洛伯用与河伯冯夷斗。"所谓洛水之神与黄河之神的斗争,既反映洛水入黄河、两水争河道的场面,也反映黄河两岸居民与洛水两岸居民存在着争水利、避水害的长期矛盾。

中国殷墟卜辞中,屡有祭祀黄河的内容。《庄子·人间世》云:"牛之白额者,与豚之亢鼻者,与人之有痔病者,不可以适河。"所谓适河,即以人(少女)为牺牲祭祀黄河,民间则称为河伯娶妇,这种巫术的目的是祈求黄河不泛滥成灾。《楚辞·天问》:"帝降夷羿,革孽夏民,胡射夫河伯,而妻彼雒嫔?"高诱注《淮南子·氾论训》称:"河伯溺杀人,羿射其左目。"王逸注谓:"河伯化为白龙,游于水旁,羿见而射之,眇其左目。"所谓羿射河伯,实亦为巫术活动,即强迫黄河之神就范。

第22节的王子夜之尸,袁珂注:"日本小川琢治《穆天子传地名考》谓'夜',即'亥',之形讹,疑是。若果如此,则此节亦王亥故事之片段,即《大荒东经》郭璞注引《古本竹书纪年》所谓'殷王子亥宾于有易而淫焉,有易之君绵臣杀而放之'、王亥惨遭杀戮以后之景象也。"又注:"江绍原《殷王亥惨死及后君王恒、上甲微复仇之传说》(见一九三六年十一月二十八日北平《华北日报》副刊《中国古占卜术研究》)谓齿字与首字形近而衍,亦足供参考。如此,则王亥惨遭杀戮,系尸分为八,合于'亥有二首六身'(首二、胸二、两手、两股)(《左传》襄公三十年)之古代民间传说。郭璞《图赞》云:'子夜之尸,体分成七。'则所见本已衍齿字也。"

《大荒东经》记载有王亥遇难的故事,对比《大荒东经》与此处《海内北经》的记载,不难看出《大荒东经》的记述似乎刻意回避了王亥遇害后的惨象。而《海内北经》的描述则有一种事不关己的冷酷;这种差异可能反映了记述时代的不同，以及记述者的民族感情不同。《拾遗记》卷七记有魏明帝曾下令建造昴毕之台，祭祀昴星和毕星，因为他相信这两个星宿管理着他的王朝所在地（河南洛阳）。事实上，在二十八星宿文化里，昴宿、毕宿正是王亥遇害"二首六身"之像，而殷民族的活动中心也是在洛水与黄河交汇一带。在美洲印第安人的民间故事里，昴宿、毕宿、参宿构成了一个单腿人的形象，他的另一条腿被恶毒的妻子砍掉了，这很有点像是王亥的遭遇。

第23节的所谓"登比氏生宵明、烛光"，这是我国古籍有关人造光源的最早记载之一。也就是说，登比氏乃人工光源的发明者，其名原当作"灯比氏"。她发明的灯有两种，其一为宵明，当属于强光源，可用于夜间户外；其二为烛光，可能属于弱光源或方便移动的光源，既可用于夜间室内照明，也可用于户外行走时；制造光源的材料，当取自牛羊（包括鱼类，特别是娃娃鱼油，为优质灯油）等动物的膏脂或其他矿物燃料。这两种光源由登比氏的两个女儿分别掌管，并以光源的特点给她们起名，这种命名方法是古代经常使用的。

所谓"处河大泽，二女之灵能照此所方百里"，明确指出登比氏二女的工作主要是照明河道和湖泊。据此，宵明、烛光可能包括船用照明灯、航道标志灯、码头照明灯，以及灯塔用灯（登比氏的登字有上升到高处之意）。这也就表明，在帝舜时代，人们的夜间活动已经相当多，而且水上交通相当繁忙，以至于需要夜间照明，来确保航运的安全。与此同时，在河流、湖泽上使用人工光源，也可能与捕鱼有关，因为有些鱼类具有趋光习性，此外还可用于夜间捕鸟、拾鸟卵、收集鸟羽时的照明。所谓"处河、大泽"，即今黄河流经的河套一带，前套、后套古均为大泽，两套之间河道密布，黄河之水在这里流势平稳，对发展水上交通极为有利，而河套南北曾是古人栖息的青山绿水、良田沃土和风吹草低见牛羊的天然牧场，并有候鸟换羽的大面积湖泽、湿地。

第30节中，明组邑可能是乘冰山漂流在海洋上的部落，而且这应当是古代中国人迁徙美洲和大洋洲的重要途径。1.冰山的体积和出水面积远比古人能够建造的木筏和舟船要大，因此相对更稳定，更能抵御风浪，从而漂游的时间更长，漂游的距离更远。现代冰山，体积大的，可在海洋上漂流两年之久；远古时期的冰山体积更庞大，漂流的时间会更长，更有利于古人利用其达成远距离迁徙。2. 推动冰山漂游的动力，主要是洋流，其次是海风，当时的人可能还没有能力推动冰山朝着自己希望的目的地移动，因此古人在冰山上的漂游是被动的，但是仍然有规律可循。3. 古人乘冰山漂游，有着天然的充足的淡水供应。对比之下，乘坐木筏越洋，淡水供应是一个严重的制约因素。4. 乘冰山漂游，食物能够长时间保鲜不变质，这也是乘坐木筏所不具备的重要优点。5. 在庞大的冰山上，往往有海豹、海狮、海象等极地动物随着一起漂游，它们会成为乘冰山漂游者的活的食物来源。古人登上冰山，当初正是为了捕捉冰山上的猎物，例如流波山上的一足夔。现代北美因纽特人仍然在冰山上捕猎，偶尔也会随断裂的冰山漂流到远处。

第31节记述了蓬莱山。今山东蓬莱县城北丹崖山有蓬莱阁，相传当年徐福受秦始皇之命，在此乘舟入海寻蓬莱、方丈、瀛洲三仙山，后入日本而不归。《史记·封禅书》："自威、宣、燕昭使人入海求蓬莱、方丈、瀛洲，此三神山者，其传在渤海中，去人不远；患且至，则船风引而去。盖尝有至者，诸仙人及不死之药皆在焉，其物禽兽尽白，而黄金银为宫阙。未至，望之如云；及到，三神山反居水下；临之，风辄引去，终莫能至云。"《拾遗记》卷十称，蓬莱山又名防丘、云来，高二万里，广七万里，有细石如金玉，仙者服之；其东有郁夷国，窗牖皆向北开；其西有含明国，那里的人以鸟羽为衣，其上有冰水、沸水，饮者千岁。古人关于海上仙山的传闻，当与出海远航日益频繁有关，其中既有海市蜃楼，也有真实记录而今日不能理解者。例如蓬莱山、流波山、波谷山，可能都是已经消失的大冰山。

海内东经第十三

《海内东经》主要记载了中国东部河北到浙江一带的山川河流分布情况。

海内东经

【导读】

《海内东经》中重点介绍了一些水流的发源地、流向和流经地域，如岷江、浙江、庐江、淮水、湘水；介绍了某些独具风貌的国家，如出产美玉的白玉山国。此外还简单点出了某些山名、地名和神名，所记内容比较简单。

山海经诠解

《山海经》原典鉴赏

【原文】

海内东北陬以南者。

【译文】

再说说海内东北角以南的海内东部地区。

钜燕

【原文】

钜燕在东北陬。

【译文】

海内最东北的角落是钜燕国。

国在流沙中者

【原文】

国在流沙中者埻端、玺睃，在昆仑虚东南。一曰海内之郡，不为郡县，在流沙中。

【译文】

在昆仑山东南边有一片流沙地区，流沙中有两个国家，一是埻端，一是玺睃。也有的说埻端、玺睃是海内的两个郡，只不过名后没冠上"郡县"两字而已。

国在流沙外者

【原文】

国在流沙外者,大夏、竖沙、居繇、月支之国。

【译文】

昆仑山东南那片流沙外有四个国家:大夏国、竖沙国、居繇国、月支国。

西胡白玉山

【原文】

西胡白玉山在大夏东,苍梧在白玉山西南,皆在流沙西,昆仑虚东南。昆仑山在西胡^①西。皆在西北。

【注释】

①西胡:西域。

【译文】

西域有一座山,名叫白玉山。这座山在大夏的东边。白玉山的西南就是苍梧国。白玉山、苍梧国都在流沙的西边、昆仑山的东南边。昆仑山在西域的西部。西域在海内的西北部。

雷泽中雷神

【原文】

雷泽中有雷神①,龙身而人头,鼓②其腹。在吴西。

【注释】

①雷泽:亦作"軒泽",古泽名,神话传说中雷神的居处。雷神:神话中主管打雷的神。俗称雷公。

②鼓:鼓动,拍打。

【译文】

吴国的西边有个雷泽。雷泽中有神,名叫雷神,雷神身形似龙,脑袋似人,他只要一拍肚子,便会发出震耳欲聋的雷声。

雷神

雷神 明·蒋应镐绘图本

都州

【原文】

都州在海中。一曰郁州。

【译文】

海中有个小岛，名叫都州。也有的说名叫郁州。

琅琊台

【原文】

琅邪台①在渤海间，琅邪之东。其北有山，一曰在海间。

【注释】

①琅邪台：台名，在山东琅玡山上。秦始皇筑层台刻石纪功处，地临黄海，气象恢宏。

【译文】

渤海中有一座高台，即琅琊台。琅琊台西邻琅琊国，北边就是琅琊山。有种说法是在海间。

韩雁

【原文】

韩雁在海中,都州南。

【译文】

都州南边的大海中的国家,就是韩雁国。

始鸠

【原文】

始鸠在海中,辕厉南。

【译文】

韩雁国南边的大海中那个国家便是始鸠国。

会稽山

【原文】

会稽山在大楚南。

【译文】

会稽山在大楚国的南边。

岷三江

【原文】

岷三江,首大江出汶山,北江出曼山,南江出高山。高山在城都西,入海,在长州南。

【译文】

发源于岷山的三条江水,首先是长江出于汶山,北江出于曼山,南江出于高山。高山位于城都的西面,三条江水注入大海,入海处在长州的南面。

【原文】

浙江出三天子都,在其东。在闽西北,入海,余暨南。

【译文】

浙江发源于三天子都山,三天子都山在东面。在闽地的西北面,浙江注入大海中,入海口在余暨的南面。

【原文】

庐江出三天子都,入江,彭泽西。一曰天子鄣。

【译文】

庐江发源于三天子都山,注入长江,入江处在彭泽的西面。一种说法是在天子鄣。

【原文】

淮水出余山,余山在朝阳东,义乡西。入海,淮浦北。

【译文】

淮水发源于余山,余山坐落于朝阳的东西,在义乡的西面。淮水注入大海,入海口在淮浦的北面。

【原文】

湘水出舜葬东南陬,西环之。入洞庭下。一曰东南西泽。

【译文】

湘水发源于帝舜葬地的东南角,向西环绕流而去。注入洞庭湖下游。一种说法认为是注入东南方的西泽。

【原文】

汉水出鲋鱼之山,帝颛顼葬于阳,九嫔葬于阴,四蛇卫之。

【译文】

汉水发源于鲋鱼山,帝颛顼葬于鲋鱼山的南面,帝颛顼的九个嫔妃葬于鲋鱼山的北面,有四条巨蛇守卫着它。

【原文】

濛水出汉阳西,入江,聂阳西。

【译文】

濛水发源于汉阳西面,最后注入长江,入江处在聂阳西面。

【原文】

温水出崆峒山,在临汾南,入河,华阳北。

【译文】

温水发源于崆峒山,崆峒山位于临汾的南面,温水最后注入黄河,入河处在华阳的北面。

【原文】

颍水出少室,少室山在雍氏南,入淮西鄢北。一曰缑氏。

【译文】

颍水发源于少室山,少室山位于雍氏的南面,颍水最终注入淮水之处是在西鄢的北边。一种说法认为注入淮水是在缑氏山。

【原文】

汝水出天息山,在梁勉乡西南,入淮极西北。一曰淮在期思北。

【译文】

汝水发源于天息山,天息山位于梁勉乡的西南,汝水最终注入淮水之处是在淮极的西北。一种说法认为入淮处是在期思的北面。

【原文】

泾水出长城北山,山在郁郅长垣北,北入渭。戏北。

【译文】

泾水发源于长城的北山,北山位于郁郅长垣的北面,泾水最后流入渭水,入渭处在戏的北面。

【原文】

渭水出鸟鼠同穴山,东注河,入华阴北。

【译文】

渭水发源于鸟鼠同穴山,向东注入黄河,入河处在华阴的北面。

【原文】

白水出蜀,而东南注江,入江州城下。

【译文】

白水发源于蜀地,而向东南流入长江,入江处在江州城下。

【原文】

沅水山出象郡镡城西,入东注江,入下隽西,合洞庭中。

【译文】

沅水发源于象郡镡城的西面,向东流注入长江,入江处在下隽的西面,最后汇入洞庭湖之中。

【原文】

赣水出聂都东山,东北注江,入彭泽西。

【译文】

赣水发源于聂都东面的山中,向东北流入长江,入江处在彭泽的西面。

【原文】

泗水出鲁东北,而南,西南过湖陵西,而东南注东海,入淮阴北。

【译文】

泗水发源于鲁地的东北方,而后向南流,向西南流经湖陵的西面,而后转向东南而流入东海,入海处在淮阴的北面。

【原文】

郁水出象郡,而西南注南海,入须陵东南。

【译文】

郁水发源于象郡,而后向西南流注入南海,入海处在须陵的东南面。

【原文】

肄水出临晋西南,而东南注海,入番禺西。

【译文】

肄水发源于临晋的西南方,而后向东南流而注入大海,入海处在番禺的西面。

【原文】

潢水出桂阳西北山,东南注肄水,入敦浦西。

【译文】

潢水发源于桂阳的西北山,向东南注入肄水,入肄处在敦浦的西面。

【原文】

洛水出洛西山,东北注河,入成皋之西。

【译文】

洛水发源于上洛西边的山中,流向东北方向,注入黄河,入河处在成皋的西边。

【原文】

汾水出上窳北,而西南注河,入皮氏南。

【译文】

汾水发源于上窳的北面,流向西南方向,注入黄河,入河处在皮氏的南面。

【原文】

沁水出井陉山东,东南注河,入怀东南。

【译文】

沁水发源于井陉山的东面,流向东南方注入黄河,入河处在怀的东南面。

【原文】

济水出共山南东丘,绝钜鹿泽,注渤海,入齐琅槐东北。

【译文】

济水发源于共山南面的东丘,流经钜鹿泽,最终注入渤海,入海处在齐琅槐的东北面。

【原文】

潦水出卫皋东,东南注渤海,入潦阳。

【译文】

潦水发源于卫皋东面,流向东南注入渤海,入海处在潦阳。

【原文】

虖沱水出晋阳城南,而西至阳曲北,而东注渤海,入越章武北。

【原文】

虖沱河水发源于晋阳城南,而后向西流到阳曲的北面,流向东方而注入渤海,入海处在章武的北面。

【原文】

漳水出山阳东,东注渤海,入章武南。

【译文】

漳水发源于山阳的东面,流向东方注入渤海,入海处在章武的南面。

【鉴赏】

由于错简、缺简,现存郭璞版《海内东经》的篇幅相对很少,记述的内容也比较少,其涉及的地理景观大体在亚洲东部沿海地区,以及西太平洋的岛屿。

根据《海内东经》的记载,我们可以知道,在西周神庙东墙壁画上,描绘着一处名叫雷泽的神秘地方,霹雷闪电经常光顾此地,古人相信雷神就居住在这里。更神奇的是,雷泽上有时会出现巨人的脚印,如果有未婚女子踩在巨人的脚印上,她就会怀孕。有人说巨人的脚印是外星人留下的,用来诱惑地球人,当年美丽的姑娘华胥就是因为踩在雷泽的巨人脚印上,怀孕生下了人文初祖伏羲。伏羲是中国历史上最著名的发明家,不但发明了八卦符号体系,还发明了织网捕猎技术等,因此被后人尊称为人文初祖。

综观《山海经》一书,《海内四经》的错简甚多,而且错误相当明显。关于竹简错乱的原因,徐旭生在《读山海经札记》曰:"《山海经》为先秦古籍,太史公见之矣,然错简甚多,脱误特甚,极不易读。"并进一步指出,由于木简、竹简由麻索系之,索易朽断,简脱落后再复原时极易错位,而且:"平常典籍,每节较长,各节相属,有意义可寻,故再系时讹误可较少。《山海经》则每节颇短,每简可书一节。散乱后即无从寻得其互相联属之意义,故错简特多。不唯每卷中前后讹误,且可此卷挽入彼卷。"

《尚书·多士篇》:"唯殷先人,有册有典。"册典即竹简或木简,其早期形制不详。1972 年在山东临沂银雀山汉墓出土竹简《孙膑兵法》等古籍,每枚竹简长 27.6 厘米,宽 0.5~0.9 厘米,厚 0.1~0.2 厘米;每简字数不等,整简每枚字数多者可达四十余字;出土时编绳已朽,但简上墨书之字依然清晰。

众所周知,解读破译密码的首要原则就是,该密码必须是有真实信息的。因此,尽管《海内四经》的错简甚多,但是由于它和《山海经》其他篇章同样记录着大量的不可替代的古代文明与文化信息,我们今天有必要也有责任去解读破译其内容。根据《海内四经》出现许多周朝以降的地名,例如闽、瓯、燕、朝鲜、倭等,可知其撰写时间当在武王伐纣、周朝立国之后。兕犀类动物在《五藏山经》里多有记述,而在《海内四经》里则已变成罕见之物,据此可知其撰写时间距离《五藏山经》时代当有一段漫长的过程。《穆天子传》卷一记有周穆王祭祀黄河后:"乃至于昆仑之丘。以观舂山之瑶。赐女晦,天子受命,南向再拜。己未,天子大朝于黄之山,乃披图视典,周观天子之瑶器。"或许,周穆王所披之图、所视之典就有《山海经》各章。

这里的问题是,《海内四经》的记述者在什么位置? 如果他在上述区域之中,那么他是哪一部分的人? 他所采用的地理中心又在什么地方? 如果他不在上述区域之内,那么他究竟是谁,居住在哪里,又是如何生活的呢? 遗憾的是,记述者没有直接回答我们的这些问题;尽管如此,我们仍然希望答案已经隐藏在《海内四经》的文字之中了。从符号学原理来说,信息的传输和正确解读主要取决于发信源、符号、载体、上下文、收信源。具体来说,这里的发信源即《海内四经》的记述者,收信源即我们今天的读者,符号即文字,载体即书;上下文即《海内四经》(包括全本《山海经》)的所有文字,以及发信源和收信源所能共同理解的文明、文化与自然环境背景。纵观《海内四经》内容,其撰稿人应是周王室的学者。

大荒东经第十四

《大荒东经》所记录的国家、山川大致位于中国的东部,与海外东经所记录的地域大致相同。

大荒东经

【导读】

《大荒东经》中记述的国家如大人国、小人国、君子国、黑齿国等同样出现在了海外东经中,值得注意的是,这些国家的居民开始有了姓氏。经中还详细说明了这些国家的形成过程,如王亥丧牛于易的故事,讲述了因民国灭亡和摇民国建立的过程,从一个侧面展示了上古时期部落之间的斗争。此外,经中提到明星山、合虚山等山之时,强调它们是日月所出之山,反映了古人对

日月活动规律的认识。应龙行雨的神话传说，则反映了古人对自然现象奇幻瑰丽的想象。

少昊之国

【原文】

东海之外大壑①，少昊之国②。少昊孺帝颛顼于此③，弃其琴瑟④。有甘山者，甘水出焉⑤，生甘渊⑥。

【注释】

①大壑，大谷。

②少昊之国，少昊，金天氏帝挚之号。传说少昊在东海建国，以鸟为官，少昊自名挚；挚、鸷古字相通。

③少昊孺帝颛顼于此，少昊在此地扶养帝颛顼。孺，通"乳"，扶养。

④弃其琴瑟，少昊把颛顼幼童时玩过的琴瑟扔在大壑里。郭璞注："言其壑中有琴瑟也。"

⑤甘水，郝懿行注："甘水穷于成山，见《大荒南经》。"

⑥生甘渊，郭璞注："水积则成渊也。"

【译文】

东海之外有一个深不知底的沟壑，这里是少昊建国的地方。少昊就在这里养育帝颛顼成长，帝颛顼幼年玩耍过的琴瑟还丢在这里。这儿有座甘山，甘水从这座山流出，然后流汇成一个大甘渊。

皮母地丘　大言山

【原文】

大荒东南隅有山，名皮母①地丘。

东海之外，大荒之中，有山名曰大言②，日月所出。

【注释】

①皮母，或作波母。

②大言，一作大谷。

【译文】

大荒的东南角有座山，叫皮母地丘山。

东海以外，大荒当中，有座山名叫大言山，太阳和月亮是从这里升起的。

大人国大人市　小人国靖人

【原文】

有波谷山者,有大人之国①。有大人之市②,名曰大人之堂。有一大人
踆③其上,张其两耳。

有小人国,名靖人④。

小人国

小人国　明·蒋应镐绘图本

【注释】

①大人之国,即大人国,见《海外东经》。

②大人之市,郝懿行注:"《海外东经》云'大人之市大海中',今登州海市
常有状如云。"

③踆,郭璞注:"踆或作俊,皆古'蹲'字。"

④靖人,靖,细小。靖人,小人也。

【译文】

在波谷山附近，有个国叫大人国。大人国有大人市，是大人们集会的地方。这里的山形像堂室一样，所以又叫大人堂。有一个大人正蹲在山上，张开他的两只手臂。

有个小人国，人们称他们为靖人。

犁䰠尸　芀国

【原文】

有神，人面兽身，名曰犁䰠[1]之尸。

有潏[2]山，杨水出焉。

有芀国[3]，黍食，使四鸟[4]：虎、豹、熊、罴。

犁䰠之尸

犁䰠之尸　清·汪绂图本

【注释】

①䰠，灵神。

②潏山，古山名，亦水名。

③芀国，当作妫，舜之居地。

【译文】

有一个神人,长着人面兽身,叫做犁䰠尸。

有座滫山,杨水就是从这座山流出的。

有一个芍国,这个国家的人以黄米为食物,能驯化驱使四种野兽:虎、豹、熊、罴。

合虚山　中容国

【原文】

大荒之中,有山名曰合虚①,日月所出。

有中容之国。帝俊②生中容,中容人食兽、木实③,使四鸟:豹、虎、熊、罴。

【注释】

①合虚,一作"虚"。

②帝俊生中容,郭璞注:"俊亦舜字,假借音也。"一说帝俊为颛顼。

③食兽、木实,郭璞注:"此国中有赤木玄木,其华实美。"

【译文】

大荒当中,有座山叫做合虚山,太阳和月亮是从这里升起的。

有一个国家叫中容国。是帝俊的后裔。中容国的人吃野兽的肉、树上的果实,能驯化驱使四种野兽:豹、虎、熊、罴。

君子国　司幽国

【原文】

有东口之山。有君子之国,其人衣冠带剑①。

有司幽②之国。帝俊生晏龙③,晏龙生司幽。司幽生思士,不妻④;思女,不夫⑤。食黍,食兽,是使四鸟。

【注释】

①"君子之国"两句,郭璞注:"亦使虎豹,好谦让也。"

②司幽,郝懿行注:"司幽一作思幽。"

③晏龙,郝懿行注:"晏龙是为琴瑟,见《海内经》。"

④不妻,不娶妻。

⑤不夫,不嫁夫。

【译文】

有东口山,山中有个君子国,这个国家的人穿衣戴帽,腰间佩带宝剑,文质彬彬,有君子的风度。

有个司幽国。帝俊生了晏龙,晏龙生了司幽,司幽生了思士,而思士没有娶妻生子;司幽还生了思女,而思女没有嫁丈夫。司幽国的人以小米为主食,也吃野兽肉,能驯化驱使四种野兽。

明星山　白民国

【原文】

有大阿之山者。

大荒中有山名曰明星,日月所出。

有白民之国。帝俊生帝鸿①,帝鸿生白民,白民销姓,黍食,使四鸟:虎、豹、熊、罴。

【注释】

①帝鸿,即黄帝。

【译文】

有一座山叫做大阿山。

大荒当中有一座高山,叫做明星山,太阳和月亮是从这里升起的。

有个国家叫白民国。帝俊生了帝鸿,帝鸿的后代是白民,白民国的人姓销,以小米为食物,能驯化驱使四种野兽:老虎、豹子、熊、罴。

青丘国　柔仆民

【原文】

有青丘之国,有狐,九尾①。

有柔仆民,是维嬴土之国②。

【注释】

①有狐,九尾,郭璞注:"太平则出而为瑞也。"郝懿行注:"青丘国九尾狐,已见《海外东经》。"

②维嬴土之国,柔仆民所处的国家,土地肥沃丰饶。郭璞注:"嬴犹沃衍也;音盈。嬴土之国,也即《大荒西经》之'沃之国'。"

【译文】

有个青丘国。青丘国有一种狐狸,长着九条尾巴。

有一群人被称作柔仆民,他们是维嬴国的国民。

黑齿国

【原文】

有黑齿之国①。帝俊生黑齿②,姜姓,黍食,使四鸟。

【注释】

①黑齿之国,黑齿国已见《海外东经》。郭璞注:"齿如漆也。"

②帝俊生黑齿,郭璞注:"圣人神化无方,故其后世所降育多有殊类异状之人,诸言生者,多谓其苗裔,未必是亲所产。"

【译文】

有个黑齿国。是帝俊的后代,姓姜,这个国家的人吃小米,能驯化驱使四种野兽。

天吴

【原文】

有夏州之国。有盖余之国。

有神人,八首人面,虎身十尾,名曰天吴①。

【注释】

①天吴,郭璞注:"水伯。"已见《海外东经》。

【译文】

有夏州国。在夏州国附近又有一个盖余国。

有个神人,长着八颗头,人面,虎的身形,十条尾巴,名叫天吴。

天吴

天吴 清·汪绂图本

鞠陵于天山

【原文】

大荒之中,有山名曰鞠陵于天、东极、离瞀[①],日月所出。名曰折丹[②],东方曰折。来风曰俊,处东极以出入风[③]。

【注释】

①鞠陵于天、东极、离瞀,郭璞注:"三山名也。"

②名曰折丹,郭璞注:"神人。"郝懿行注:"'名曰折丹',上疑脱'有神'二字。"

③处东极以出入风,折丹神处在大地的东极,管理风的出入。郭璞注:"言此人能宣节风气,时其出入。"

【译文】

在大荒当中,有三座高山分别叫做鞠陵于天山、东极山、离瞀山,都是太阳和月亮升起的地方。有个神人名叫折丹,东方人只叫他为折,来风称他为俊,他就处在大地的东极,主管风起风息。

禺䝟 禺京

【原文】

东海之渚[①]中有神,人面鸟身,珥[②]两黄蛇,践[③]两黄蛇,名曰禺䝟。黄帝生禺䝟,禺䝟生禺京,禺京处北海,禺䝟处东海,是惟海神。

禺貌

禺貌　明·蒋应镐绘图本

【注释】

①渚,郭璞注:"岛。"

②珥两黄蛇,郭璞注:"以蛇贯耳。"即耳朵上挂着两条黄蛇。

③践,脚踏,脚踩。

【译文】

东海的岛屿上,有一个神人,长着人的面孔,鸟的身子,耳朵上穿挂着两条黄色的蛇,脚下踩踏着两条黄蛇,名叫禺貌。黄帝生了禺貌,禺貌生了禺京。禺京住在北海,禺貌住在东海,都是海神。

玄股国

【原文】

有招摇山,融水出焉。有国曰玄股①,黍食,使四鸟。

【注释】

①玄股,郭璞注:"自髀以下如漆。"玄股国已见《海外东经》。

【译文】

有座招摇山,融水从这座山流出。那里有个国家叫玄股国,这个国家的人吃五谷杂粮,能驯化驱使四种野兽。

有易杀王亥

【原文】

有困民国,勾姓而食①。有人曰王亥②,两手操鸟,方食其头。王亥托于有易、河伯仆牛③。有易杀王亥,取仆牛④。河念有易,有易潜出,为国于兽,方食之,名曰摇民。帝舜生戏,戏生摇民。

【注释】

①因民国,又作困民国。勾姓而食,姓勾,以黍为食。

②五亥,相传为殷国的国君。

③河伯,仆牛,郭璞注:"河伯、仆牛,皆人姓名。"

④"有易"两句,意是有易国君恨王亥淫了他的妻子,于是杀了王亥,没收

了他的牛羊（后来殷国新君上甲微兴率军报复,差点把有易族都给消灭了）。

玉亥

玉亥　清·汪绂图本

【译文】

有个国家叫困民国,这个国家的人姓勾,以五谷为食物。有个人叫王亥,他用两手抓着一只鸟,正在吃鸟头。王亥把一群肥牛寄养在有易、水神河伯那里。有易把王亥杀死,抢走了他的牛羊。有易被灭之后,河伯念念不忘有易,便帮助有易族人偷偷地逃出来,在有野兽的地方重新建立国家,得以生存,这个国家叫摇民国。还有一种说法认为帝舜生了戏,戏生了摇民。

女丑　大蟹

【原文】

海内有两人①,名曰女丑②。女丑有大蟹。

【注释】

①海内有两人,郭璞注:"此乃有易所化者也。"郝懿行注:"两人盖一为摇

民,一为女丑。"

②女丑,即女丑之尸。见《海外西经》,女丑就是女巫。

【译文】

海内有两个神人,其中的一个名叫女丑。女丑旁边有一只大蟹。

孽摇頵羝山与汤谷扶木

【原文】

大荒之中,有山名曰孽摇頵羝①,上有扶木②,柱三百里,其叶如芥③。有谷曰温源谷④。汤谷上有扶木⑤。一日方至,一日方出,皆载于鸟⑥。

【注释】

①孽摇頵羝,古山名。

②扶木,即扶桑树。

③其叶如芥,郭璞注:"柱犹起高也。叶似芥菜。"

④温源谷,郭璞注:"温源即汤谷也。"

⑤汤谷上有扶木,汤谷上长了棵扶桑树。郭璞注:"扶桑在上。"

⑥鸟,郭璞注:"中有三只鸟。"

【译文】

在大荒当中,有座山名叫孽摇頵羝。山上有棵扶桑树,高达三百里,叶子的形状像芥菜叶。有道山谷叫做温源谷。也叫汤谷,汤谷上也长了棵扶桑树,一个太阳刚刚下山,另一个太阳正升起,都是由三足鸟驮着。

奢比尸

【原文】

有神,人面、犬耳、兽身,珥两青蛇,名曰奢比尸①。

【注释】

①奢比尸,奢比之尸,已见《海外东经》。

【译文】

有一个神人,长着人的面孔、大大的耳朵像狗耳朵、野兽的身形,耳朵上穿挂着两条青色的蛇,这神名叫奢比尸。

五采鸟相乡弃沙

【原文】

有五采之鸟①,相乡②弃沙③。惟帝俊下友。帝下两坛,采鸟是司④。

【注释】

①有五采之鸟,意即有一群五彩羽毛的鸟。《大荒西经》:"有五采鸟三名,一曰皇鸟,一曰鸾鸟,一曰凤鸟。"

②相乡,即相向。成双成对之意。

③弃沙,意同"婆娑",盘旋,翩翩起舞之状。

④"帝下"两句,帝俊在下界的两座祠坛,就是由这些五采鸟在管理着的。郭璞注:"言山下有舜二坛。五采鸟主之。"

五采鸟

五采鸟　清·汪绂图本

【译文】

有一群长着五彩羽毛的鸟,相对着起舞,天帝帝俊从天上下来和它们交友。帝俊在下界的两座祭坛,由这群五彩鸟掌管着。

猗天苏门山

【原文】

大荒之中,有山名曰猗天苏门,日月所在。有壎民之国①。

有綦山②,又有摇山。有䲙③山。又有门户山。又有盛山。又有待山。有五采之鸟。

【注释】

①壎民:国民。

②綦山:山名。

③䲙山:山名。

【译文】

在大荒之中,有一座山名叫猗天苏门山,是太阳和月亮升起的地方。有个国家叫壎民国。

有座綦山。还有座摇山。有座䲲山。还有座门户山。又有座盛山。又有座待山。还有一群五彩鸟。

壑明俊疾山

【原文】

东荒之中,有山名曰壑明俊疾,日月所出。有中容之国①。

【注释】

①中容之国,郝懿行注:"中容之国,已见上文。诸文重复杂沓,盖作者非一人,书成非一家故也。"

【译文】

在东荒当中,有座山名叫壑明俊疾山,是太阳和月亮升起的地方。这里还有个中容国。

三青马 三骓

【原文】

东北海外,又有三青马、三骓①、甘华。爰②有遗玉、三青鸟③、三骓、视肉、甘华、甘柤,百谷所在。

【注释】

①三骓,郝懿行注:"三骓,详《大荒南经》。"骓,指毛色苍白而有杂色

的马。

②爰,于是,还。

③三青鸟,郝懿行注:"三青鸟,详《大荒西经》。"

【译文】

东北海外,又有三青马、三骓马、甘华树。这里还有千年玉石、三青鸟、三骓马、视肉怪兽、甘华树、甘柤树。是五谷生长繁茂的地方。

女和月母国

【原文】

有女和月母①之国。有人名曰鹓②,北方曰鹓,来之风曰狻③。是处东极隅以止日月,使无相间出没④,司其短长。

【注释】

①女和月母,郝懿行注:"女和月母即羲和和常仪之属也。"

②鹓,古代传说中神的名字。

③狻,郭璞注:"言亦有两名也,狻音剡。"

④间,杂乱无序。

【译文】

有个国家叫女和月母国。国中有神人名鹓,北方人称作鹓,从这个国家吹来的风称作狻,他就处在大地的东北角以便掌管太阳和月亮的运行,使他们不会杂乱无序地升落,控制它们出没时间的长短。

应龙杀蚩尤与夸父

【原文】

大荒东北隅中,有山名曰凶犁土丘。应龙①处南极,杀蚩尤②与夸父,不得复上③,故下数旱④,旱而为应龙之状,乃得大雨。

应龙

应龙　明·胡文焕图本

【注释】

①应龙,郭璞注:"龙有翼者也。"

②蚩尤,郭璞注:"作兵者。"

③不得复上,郭璞注:"应龙遂住地下。"

④故下数旱,郭璞注:"上无复作雨者故也。"

⑤"旱而"两句,意即遇到旱灾之时,人们便就装扮成应龙的样子求雨,就能得到大雨。郭璞注:"今之土龙本此。气应自然冥感,非人所能为也。"

【译文】

在大荒的东北角上,有一座山名叫凶犁土丘山。应龙就住在这座山的最南端,因杀了神人蚩尤和神人夸父,不能再回到天上,因此天下频遭旱灾。一遇天旱人们就装扮成应龙的样子求雨,就能得到大雨。

东海夔牛

【原文】

东海中有流波山,入海七千里。其上有兽,状如牛,苍身而无角,一足,出入水则必风雨,其光如日月,其声如雷,其名曰夔。黄帝得之,以其皮为鼓,橛[①]以雷兽[②]之骨,声闻五百里,以威天下。

夔 明·蒋应镐绘图本

【注释】

①橛,敲击。

②雷兽,即雷神。郭璞注:"雷兽即雷神也,人面龙身,鼓其腹者。橛犹击也。"

【译文】

东海中有座流波山,这座山在距离东海七千里的地方。山上有一种野兽,形状像牛,是青苍色的身子但没有犄角,仅有一条腿,出入海水时就一定会刮大风下大雨,它发出的亮光如同太阳和月亮,它吼叫的声音如同雷响,这种兽名叫夔。黄帝得到它,用它的皮制成鼓,用雷兽的骨头敲打这鼓,响声传到五百里以外,作战时便以此来增长士气,威震群敌。

【鉴赏】

《山海经》一书是由《五藏山经》、《海外四经》、《大荒四经》、《海内五经》四部分内容合辑而成。值得注意的是,在地理方位记述的先后次序上,《五藏山经》依次为南、西、北、东、中,《海外四经》依次为南、西、北、东,《海内五经》依次为南、西、北、东、中,即均以南方为首篇;唯独《大荒四经》的方位次序为东、南、西、北,首篇《大荒东经》记述东方的情况,其内容相当丰富而重要。据此,可以推知在《大荒四经》撰写者的心目中,应当有着以东方为尊的观念,其所属的族裔亦可能长期居住在东部地区。众所周知,美洲印第安人、玛雅人的文化与中国古代文化有着许多相似或相近的内容,因此有学者提出"殷人东渡"的假说。与此同时,国内外一些学者也试图从《山海经》的记载里寻找到有关的线索,例如有人认为《大荒东经》记述的"大壑"、"东极"等地理景观,可以与美洲大陆的大峡谷等地貌相对应。如果这种假说能够成立,则表明中国人不仅在几千年前到达过美洲,而且还有人在撰写《大荒东经》之前又回到了中国,并带回了美洲的地理信息。

当你阅读《大荒东经》的时候,不妨展开想象的翅膀,穿越时空,来到中国商朝的神庙里,神庙四壁的壁画上画着远方的故事或古老的故事。东墙壁上的壁画故事描述的是:帝颛顼幼年时,可能是因为战争的原因,曾经被迫在少昊部落当人质,他尽管不得不放弃自己心爱的七弦琴,但是仍然坚强地生存下来。壁画还描绘着一处滚烫的温泉"汤谷",这里长着一棵名叫扶木(又名扶桑)的太阳树,十个太阳就栖息在扶桑树上,太阳东升西落全凭乌鸦来运载。古人为什么把乌鸦视为金乌?可能是因为古人看到了太阳上的太阳黑子。从生命智力学的角度来说,乌鸦是一种生命智力相当高超的鸟,它能够使用工具获得食物,还能够把食物藏在几千个地方,需要时再一一找出来。

第1节提到了少昊之国。在古史传说里,少昊是先夏时期著名的部落,号称五帝之一。《五藏山经》西山四经称其位于西方,而此处则称少昊国位于东方沿海地区或海岛上,或许该部落曾举族远距离迁徙。今山东曲阜县城东有少昊陵。《拾遗记》卷一记有白帝之子亦即太白之精与皇娥在穷桑之浦坠入爱河,生少昊,因号为穷桑氏,又号为金天氏。据此可知少昊部落尊崇太白金星,金星为天空亮星,日出前现于东方则称太白,日落后现于西方则称长庚。《左传·昭公十七年》称少昊国有以鸟名来命名官职的习俗,可能是不同官职者要采用相应的鸟羽作为标志,后世所谓"拿鸡毛当令箭"或即其遗风。经文"少昊孺帝颛顼"云云,系当年发生在少昊与颛顼两个部落间的一件大事,从其具有"弃其琴瑟"的悲情色彩来看,颛顼像是作为人质被迫在少昊部落度过了不愉快的童年。

第12节的司幽之国或作思幽之国、司幽之民,在《山海经》里"国"与"民"的含义相近或相同,均指生活在或曾经生活在某一地区的居民。初看之下,司与思两个字的涵义有着明显的差异,但是在古人思维里两者却是有内在的联系,即有思想(劳心)者才有管理权。

关于思士不妻、思女不夫,郭璞注:"言其人直思感而气通,无配合而生子,此《庄子》所谓白鹄相视,眸子不运而感风化之类也。"其实,庄子"眸子不运而感风化"的观点,是由于不了解动物雌雄结构及其有性繁殖过程而产生的误解(风化即风为媒,许多植物都通过风媒实现有性繁殖)。实际上,幽在此处指婚配,司幽即制定婚配规则;幽字有关闭、囚禁之义,司幽即负责按性别隔离未婚青年。所谓"不妻、不夫"即不组成以夫妻关系为基础的家庭,这就表明司幽国实施的是母系社会的"母子家庭制",即母亲与子女始终生活在一起,女儿大了不出嫁,儿子大了不娶妻,与此同时他们可以自由地与外族人过性生活(走婚)。

第 14 节提到了白民销姓,这是《山海经》首次出现姓氏的记述。今天我们已经习惯将姓氏连称,但是在古代姓是姓、氏为氏,姓与氏有着不同的涵义,而且在不同的历史时期,其涵义又有着差异。据《实用汉字字典》(上海辞书出版社,1985 年),古代女子称姓,男子称氏,氏为姓的支系。也就是说,"姓"记录的是母系血缘关系,"氏"记录的是父系的血缘关系;由于母系社会早于父系社会,因此可以说先有姓,后有氏。此外,氏也指远古时期的部落或具有世袭性质的官职,前者有燧人氏、有巢氏、伏羲氏、神农氏、轩辕氏等,后者有太史氏、职方氏等,而两者有时候是相互重叠的。一般来说,古代姓的名称通常取自居住地的地名,而地名除了山名、水名,亦包括其他人文活动内容。

第 20 节提到了鞠陵于天山。经文"东极、离瞀",郭璞认为均为山名。郝懿行认为《淮南子·地形训》"东方曰东极之山"即此处东极山。其实,日月所出之山,乃天文观测和制定历法的特定场所,因此要求其位置具有固定性和标志性;也就是说,一处日月所出之山,不可能同时指三座山。据此,经文"有山名曰鞠陵于天、东极、离瞀",疑原作"有山名曰鞠陵,处于东极、离瞀"。此段经文的意思是说,鞠陵于天山位于东极、离瞀,是第四座观测日月东升的山,主持观测及其相关巫术活动的人名叫折丹;东方称为折,从东方来的风称为俊;鞠陵山处于东方的尽端,俊风就是从那里出入的。鞠字的含义很多,养育,幼年,极其,高貌,穷困,告诫,皮球[《十六经·正乱篇》称黄帝"取其(蚩尤)胃以为鞠",鞠即古代足球],此处鞠陵当指山高貌。所谓东极,指东方之尽头。所谓离瞀,离指分离、明丽(火、日、电),瞀指昏沉,两个字合用具有象征日月从地下或海中升起的意思。

吴任臣注:"(《大戴礼》)《夏小正》云:'正月,时有俊风。'俊风,春月之风也,春令主东方,意或取此。"由于帝俊是殷商民族的先祖,而俊字的象形是燕子,燕子又是与春天、春风一起出现的候鸟;与此同时,殷商民族居住在华夏大地的东方,故而此处经文又称东风为俊。俊,行走迟徐貌,亦通蹲;在甲骨文中,俊为鸟头人身或猴身状。据此可以推知,帝俊之名当蕴含着上述诸多信息。

帝俊是《大荒四经》乃至《山海经》中出现次数最多的帝,论者或据此认为帝俊乃《山海经》中最显赫之帝。与此同时,由于帝俊的事迹与其他古帝多有相合之处,论者或谓帝俊为帝舜、帝喾、帝颛顼。郭璞注:"俊亦舜字假借音也。"郝懿行注:"《初学记》九卷引《帝王世纪》云:'帝喾生而神异,自言其名曰夋。'疑夋即俊也,古字通用……是帝俊即帝喾矣。但经内帝俊累见,似非专指一人。此云帝俊生中容,据《左传·文公十八年》云,高阳氏才子八人,内有中容,然则此经帝俊又当为颛顼矣。"对于古人来说,记述历史是一件非常困难的事情,其中的难题之一就是缺少对大尺度时间的把握,以致往往把相隔很远的事情重叠记忆在一起。

第21节提到禺虢为沿海地区居民供奉的东海之神。禺京即《海外北经》记述的禺强,乃沿海居民供奉的北海之神,其形貌亦为人面鸟身。《海外北经》未言及禺强的世系来源,而此处却称"黄帝生禺虢,禺虢生禺京"。有必要指出的是,《山海经》里的"神",绝大多数都是由巫师装扮成的神,而很少有纯粹的自然神,也很少有纯粹的超自然神。因此,所谓"黄帝生禺虢"者,实际上是在说从黄帝时代开始任命禺虢为海神;也就是说,某位巫师要想当海神,必须经由黄帝(或者与黄帝同等资格的君王,以及代表先祖权力的象征者)的认可,即神权君授或神权祖先授。

第23节记述的困民国与王亥的故事,是《大荒东经》最重要的内容。王亥是殷商国早期的王子,又名王子亥,又名高祖亥;其父祖辈依次有冥、曹圉、昌若、相土(相传发明马车)、昭明、契,其子孙辈依次有上甲微(又名上报甲、报甲)、报乙、报丙、报丁、主壬、主癸、汤(又名成汤、天乙、大乙、唐)。相传王亥发明牛车,从事畜牧,以贝为货币,在各国或各部落间进行贸易,并确立用日干(即甲乙丙丁十天干)为殷商国王的名号。此处经文所述王亥悲剧故事,并见于《竹书纪年》、《楚辞》、《易经》等古籍,据此可知《山海经》的记述具有相当可靠的史料价值,同时亦可推知《大荒四经》的撰写时间当在王亥(约公元前18世纪)之后。

需要指出的是,《大荒东经》此处经文记载的王亥故事,前后情节先后存在着矛盾。经文先说困民国"有人曰王亥,两手操鸟,方食其头",后又说"有易潜出,为国于兽,方食之,名曰摇民",而困民即摇民,其祖不应该又为王亥,又为有易。一个可能是,经文"河念有易,有易潜出"当作"河念王亥,王亥潜出",即王亥被杀后化为兽(图腾动物),象征着魂归故里或者是族人余脉返回故乡(困民国在东方),凡此种种均与鲧被杀后化为兽、返回西方故里的情节类似,而所谓王亥食鸟则可能有某种巫术象征意义。另一个可能是,经文"有人曰王亥"五字当移至"方食其头"与"王亥托于有易"之间,即操鸟而食鸟头者指的是困民国,亦即有易国后裔,他们之所以要恶狠狠地吃鸟头,则是出于对以鸟为图腾的殷商国的敌忾之意。如果是后者,那么经文"河念有易,有易潜出"之前当有一段文字描述王亥之子上甲微兴师讨伐有易并灭其国之事,接下来才有"河念有易,有易潜出"的情节。

《竹书纪年》记有:"(帝泄)十二年,殷侯子亥宾于有易,有易杀而放之。十六年,殷侯微以河伯之师伐有易,杀其君绵臣。"《易经·旅卦》则称:"鸟焚其巢,旅人先笑后号啕。丧牛于易,凶。"《楚辞·天问》记述更为详尽,大意是王亥、王恒兄弟到有易(有扈、有狄)牧牛受到热情款待,由于兄弟二人行为淫乱不检点,有易之君一气之下杀了王亥,王亥之子上甲微兴师讨伐有易并灭其国,王恒虽有过错而其后裔却繁荣昌盛。

根据《竹书纪年》的记载"有易杀而放之"、"殷侯微以河伯之师伐有易",被有易流放的是王亥,河伯同情的也是王亥,因此才会出兵帮助上甲微讨伐有易。据此可知,第23节的经文"河念有易,有易潜出"原本当作"河念王亥,王亥潜出",而困民国、摇民国,以及"食鸟"的主角都是王亥。事实上,《大荒四经》大量记述了殷商民族先祖帝俊的光辉事迹，其作者当属殷商族人，理应同情王亥被有易杀害并流放其族人的不幸遭遇。

最新的证据是，清华简《保训》记有："昔微假中于河，以复有易，有易服厥罪。微无害，乃归中于河。微志弗忘，传贻子孙，至于成唐，祗备不懈，用受命天。"《保训》是周文王临终前对太子发亦即武王所说的遗言。"有易服厥罪"、"微无害"云云，是说上甲微战胜有易之后，有易承认杀害王亥的罪行，因此上甲微没有继续加害有易，此后该地区崇尚起和谐之道，上甲微的道义思想一直传到成汤，帮助成汤实现帝业。

《淮南子·齐俗训》云："昔有扈氏为义而亡。"高诱注："有扈，夏启之庶兄也，以尧舜举贤，禹独与子，故伐启，启亡之。"《史记·夏本纪》亦称启自立为帝，有扈氏不服，启伐之，大战于甘，遂灭有扈氏。《尚书·甘誓》即启讨伐有扈氏的战前动员令。甘，古地名，位于有扈氏国都的南郊，亦即今日陕西省户县，当地有甘峪河，发源于秦岭。据此，有易（即有扈）属于夏族，而不属于帝俊（即帝舜）后裔。据此，经文"帝舜生戏，戏生摇民"的"戏"，指的也应该是王亥，而不是有易。

第27节提到了帝俊下友。袁珂注："言惟帝俊下与五彩鸟为友也。帝俊之神，本为玄鸟，玄鸟再经神话之夸张，遂为凤凰、鸾鸟之属。"并引《楚辞·天问》"简狄在台，喾何宜？玄鸟致贻，女何嘉（喜）？"认为这就是帝俊之所以"下友"于五彩鸟的原因所在。

古代柬埔寨（真腊国）有一种婚俗，要将出嫁的少女先送至一高阁楼上的密室，由一德高望重的男子为她破贞，仪式期间始终伴随着鼓乐歌舞。其实，简狄与玄鸟的故事，以及帝俊下友的场景，记述的正是殷商民族的一种具有生殖崇拜意义的古老婚俗，玄鸟所致之"贻"实际上是在为简狄破贞，帝俊所下之"友"同样是在为本族少女注入祖先的血脉种子，而此处的"帝俊"则有可能是由巫者或德高权重者装扮的先祖神（初夜权的习俗亦源于此），相向婆娑起舞的五彩鸟乃是配合帝俊破贞仪式的众巫师,他们所跳之舞可能类似傣族的孔雀舞(原本由男子扮装为孔雀王),其动作则模拟或象征着男女交合。

第34节提到了流波山,袁珂注:"流波山一足夔神话亦黄帝与蚩尤战争神话之一节,《绎史》卷五引《黄帝内传》云:'黄帝伐蚩尤,玄女为黄帝制夔牛鼓八十面,一震五百里,连震三千八百里。'吴任臣《山海经广注》(《大荒北经》)引《广成子传》云:'蚩尤铜头啖石,飞空走险,以馗牛皮为鼓,九击止之,尤不能飞走,遂杀之。'即其事也。"

玄女又称九天玄女,相传她传授给黄帝兵法,《太平御览》引《黄帝玄女战法》云:"黄帝与蚩尤九战九不胜,黄帝归于太山,三日三夜雾冥。有一妇人,人首鸟形,黄帝稽首再拜伏不敢起。妇人曰:'吾玄女也,子欲何为?'黄帝曰:'小子欲万战万胜。'遂得战法焉。"

鼓在古代战争中有着重大价值,一是鼓舞士气,二是传递指挥命令,已失传的古兵书《军政》称:"言不相闻,故为金鼓;视不相见,故为旌旗。"根据考古发掘,我国古代的鼓主要有蒙皮木鼓、陶鼓、铜鼓等,山西襄汾陶寺出土的四千年前木鼓,系用树干截断挖制而成,高约一米,鼓腔内有鳄鱼骨片,表明两端所蒙的是鳄鱼皮(已朽),鼓面直径约50厘米,鼓身外表涂有白、黄、黑、宝石蓝等彩色回形纹、宽带纹、云雷纹等几何图样,相当华丽。

值得注意的是,《大荒东经》记述有丰富的天文学(包括气象学)内容。第2节记述的甘渊及帝俊之妻羲和生十日的故事,第25节记述的"汤谷上有扶木,一日方至,一日方出,皆载于乌",表明当时已使用十日一旬的历法。所谓"一日方至"云云,是说汤谷有十日,十日轮流出没,每当一个太阳从西方回来(经由地下)时,就有另一个太阳从扶桑树上飞起,所有的太阳都由三足乌驮载着运行。《楚辞·天问》云:"羿焉弹日,乌焉解羽?"《论衡·说日》云:"日中有三足乌。"《淮南子·精神训》云:"日中有蹲乌。"古人产生日中有乌的观念,一是源自太阳的运动需要有动力,二是因为古人观察到太阳上面有黑子。

为什么偏偏把太阳黑子想象成乌鸦？这是因为古人知道乌鸦是一种非常聪明的鸟。近年的科学研究发现，乌鸦的生命智力非常高，有的乌鸦会把食物分别储藏在几千个地方，需要时能够逐一找出来；有的乌鸦还善于加工嫩枝上的钩刺，并用其来捕食隐藏在腐烂树枝中的甲壳虫幼虫。至于太阳金乌为什么有三足，可能与古人追求奇异的心态有关。此外，古人制作陶鸟时，为了使其能够站立常常要加塑一足，久而久之人们便形成三足乌的传说。

与此同时，《大荒东经》还记述了六座日月所出的山，依次自南向北分别是大言山、合虚山、明星山、鞠陵于天山、猗天苏门山、壑明俊疾山。这是因为，记述者不记山中有何草木鸟兽，只言"日月所出"，表明这六座山实际上都是用于观测日月星辰的一组天文观测台，同时也是举行迎日迎月宗教巫术活动的场所。众所周知，由于地球自转轴与地球绕日公转平面(黄道)有一个23度的夹角，因此一年四季里只有在春分和秋分时太阳才从正东升起，春分至秋分期间太阳升起的方位偏北(夏至是最偏北的一天)，秋分至春分期间太阳升起的方位偏南(冬至是最偏南的一天)。因此，观测太阳升起在偏南或偏北的不同山头上，就可以知道当时处于什么节令，这是一种非常古老的方法，至今民间仍然在使用。其中，明星山以明星为名，或可表示还可同时观测与日月同升的亮星，例如启明星。壑明俊疾之山名，有太阳光迅速通过之意，据此它可能是观测夏至的地点。

大荒南经第十五

《大荒南经》中记载的国家、山川河流大致位于中国的南方。

大荒南经

【导读】

《大荒南经》中的国家多与海外南经中的国家重复,如不死国、羽民国、焦侥国等。

经中有许多奇异的内容,如卵民国中人产卵繁衍后代、三只青兽合并而成的双双、方齿虎尾的祖状尸让,著名的"后羿射日"的神话传说也出自此篇。

趾踢、双双

【原文】

南海之外,赤水之西,流沙之东,有兽,左右有首,名曰趾踢。有三青兽相并,名曰双双。

跊踢

跊踢　清·吴任臣康熙图本

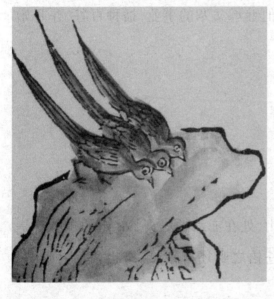

双双

双双　清·毕沅图本

【译文】

　　在南海外的大荒中,赤水西岸,流沙东岸,有两种兽,一种兽左右各长一个脑袋,这种兽名叫跊踢。另一种似青兽,长有三个脑袋,这种兽名叫双双。

苍梧之野

【原文】

有阿山者。南海之中,有汜天之山,赤水穷焉。赤水之东,有苍梧之野,舜与叔均之所葬也①。爰有文贝、离俞②、鸱久、鹰、贾③、委维④、熊、罴、象、虎、豹、狼、视肉。

【注释】

①叔均:传说为后稷弟弟的儿子,他继承父辈的事业,播种百谷,并开始用牛耕地。

②离俞:传说中的神禽。

③贾:贾鸟,属于鹰类。

④委维:神话传说中的委蛇。

【译文】

南海中有座阿山。还有一座汜天山,处在赤水的尽头。赤水的东岸就是苍梧之野,帝舜和叔均就葬在这里。苍梧之野还有紫贝、离鸺、鸱鹠、鹰、贾鸟、委蛇、熊、罴、象、虎、豹、狼、视肉。

黑水玄蛇

【原文】

有荣山,荣水出焉。黑水之南,有玄蛇,食麈①。

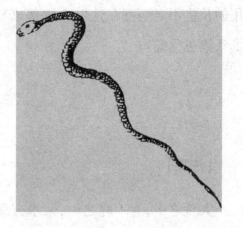

玄蛇　　　　　　　　　玄蛇　清·汪绂图本

【注释】

①麈:指一种似骆驼的鹿类动物,又叫"驼鹿",尾巴可做拂尘。

【译文】

那里有座山,名叫荣山,荣水就发源于这座山。黑水的南岸有一条黑色巨蛇,喜爱吃麈。

巫山黄鸟

【原文】

有巫山者,西有黄鸟①。帝药,八斋。黄鸟于巫山,司此玄蛇。

【注释】

①黄鸟:黄,通"皇"。黄鸟即皇鸟,传说中的雌凤。

【译文】

那里有座山,名叫巫山,巫山的西麓有黄鸟。帝药、八斋等天帝和神仙所用的长生不老药都在这里。黄鸟总是待在巫山上,因为它要看管黑水河南岸那条黑色巨蛇。

三身国

【原文】

大荒之中,有不庭之山,荣水穷焉。有人三身,帝俊妻娥皇①,生此三身之国,姚姓,黍食,使四鸟。有渊四方,四隅皆达,北属②黑水,南属大荒。北旁名曰少和之渊,南旁名曰从渊,舜之所浴也。

【注释】

①娥皇:相传为尧女,舜妻。
②属:连通,连接。

【译文】

大荒中有座不庭山,这座山是荣水的尽头。山上有一个国家,名叫三身国。其国民都是长着三个身子的人,那是帝俊和娥皇的后代,都姓姚,以黍为主食,善于驱使虎、豹、熊、黑四种兽。那里还有个深渊,四四方方的,四角都能旁通,其中北边通黑水,南边连大荒;北边有个少和渊,南边有个从渊,是舜沐浴的地方。

季禺国、羽民国、卵民国

【原文】

又有成山,甘水穷焉。有季禺之国,颛顼之子,食黍。有羽民之国,其民皆生毛羽。有卵民之国,其民皆生卵。

【译文】

大荒中还有座成山,甘水的尽头就是这里。这里有三个国家,分别是:季禺国,季禺国的国民是颛顼的后代,以黍为主食;羽民国,国民都长着羽毛;卵民国,国民都是卵生的。

不姜山

【原文】

大荒之中,有不姜之山,黑水穷焉。又有贾山,汔水出焉。又有言山。又有登备之山。有恝恝之山。又有蒲山,澧水出焉。又有隗山,其西有丹,其东有玉。又南有山,漂水出焉。有尾山。有翠山。

【译文】

大荒中有座山,名叫不姜山,那里是黑水的尽头。那里还有座贾山,汔水就发源于这座山。那里还有言山、登备山、恝恝山、蒲山,蒲山是澧水的发源地。那里还有座山,名叫隗山,山的西麓有很多丹雘,东麓有很多玉石。南边还有座山,是漂水的发源地。尾山、翠山也在这里。

盈民国

【原文】

有盈民之国,于姓,黍食。又有人方食木叶。

盈民国

盈民国 清·汪绂图本

【译文】

大荒中有个盈民国,国民都姓于,主食是黍,还有人吃树叶。

不死国

【原文】

有不死之国,阿姓,甘木①是食。

【注释】

①甘木:传说中的不死树。

【译文】

大荒中有个不死国,国民都姓阿,主要吃不死树。

去痤山

【原文】

大荒之中,有山名曰去痤。南极果,北不成,去痤果。

【译文】

大荒中有座山,名叫去痤山。"南极果,北不成,去痤果。"这是巫师们在这里留传下的几句咒语。

不廷胡余

【原文】

南海渚中,有神,人面,珥两青蛇,践两赤蛇,曰不廷胡余。

【译文】

南海有一个沙洲。沙洲上住着一尊神,名叫不廷胡余。他的面孔似人,两耳垂上各穿有一条青蛇,两脚下各踩着一条赤蛇。

因因乎

【原文】

有神名曰因因乎,南方曰因乎,夸风曰乎民,处南极以出入风。

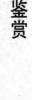

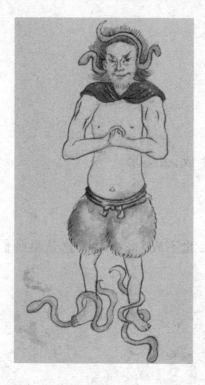

不廷胡余

不廷胡余　清·汪绂图本

【译文】

这里有尊神,名叫因因乎,南方人叫他因乎,南极风口处的人叫他乎民,他住在南极主管南风的出入。

季釐国

【原文】

有襄山。又有重阴之山。有人食兽,曰季釐。帝俊生季釐,故曰季釐之国。有缗渊。少昊生倍伐,倍伐降①处缗渊。有水四方,名曰俊坛。

【注释】

①降:贬谪、贬抑。

【译文】

那里还有两座山，一座叫襄山，还有一座叫重阴山。重阴山上有个人，以吃野兽为生，他是帝俊的儿子，所以叫季釐国。那里还有个大渊，名叫绰渊，倍伐当初就被天帝贬谪到这里。倍伐是少昊的儿子，那里还有个正方形的水坛，名叫俊坛。

裁民国

【原文】

有裁民之国。帝舜生无淫，降裁处，是谓巫裁民。巫裁民盼姓，食谷，不绩不经①，服也；不稼不穑②，食也。爰歌舞之鸟，鸾鸟自歌，凤鸟自舞。爰有百兽，相群爰处。百谷所聚。

域人

域人 清·汪绂图本

【注释】

①绩：缉线，把麻纤维披开接续起来搓成线。经：织布的纵线叫"经"，这

里泛指织布。

②稼:种植五谷。穑:收获谷物。

【译文】

那里有个国家,名叫载民国。当初帝舜的儿子无淫被天帝贬谪到这里,其繁衍的子孙便成为这个国家的国民,又被称作巫载民。巫载民都姓盼,以五谷为食。这里的人不用纺织便自然有布帛穿,也不用种植便自然有五谷吃。这里还有能歌善舞的鸟,鸾鸟歌,凤鸟舞;各种野兽和睦相处。这里谷类生长旺盛,各种谷类都有。

融天山

【原文】

大荒之中,有山名曰融天,海水南入焉。

【译文】

大荒中有座山名叫融天山,是海水的南入口。

羿杀凿齿

【原文】

有人曰凿齿,羿杀之。

【译文】

大荒中有个人名叫凿齿,后来在战场上被后羿射死。

蜮民国

【原文】

有蜮山者,有蜮民之国,桑姓,食黍,射蜮①是食。有人方扞②弓射黄蛇,名曰蜮人。

【注释】

①蜮:传说中一种能含沙射人的动物。
②扞:拉,张。

【译文】

大荒山有座蜮山,还有个蜮民国,国人都姓桑,以黍为主食,以射蜮为生计,有人正弯弓射黄蛇,被称为蜮人。

宋山枫木

【原文】

有宋山者,有赤蛇,名曰育蛇。有木生山上,名曰枫木①。枫木,蚩尤所弃其桎梏②,是为枫木。

【注释】

①枫木:传说中黄帝械杀蚩尤后掷弃其桎梏所化的枫香树。枫香树为落叶大乔木,通称枫树。秋叶艳红,因有脂而香,故称。
②桎梏:刑具,脚镣手铐。

【译文】

大荒中有一座宋山,山上有一种红色的蛇,名叫育蛇。这座山上还生长着一种树,名叫枫树,这种树相传是蚩尤所戴的刑具化成的。

祖状尸

【原文】

有人方齿虎尾,名曰祖状之尸①。

祖状之尸

祖状之尸　清·汪绂图本

【注释】

①祖状之尸:古代传说中的人物名。

【译文】

大荒中有个人,牙齿四四方方的,还长着一根老虎尾巴,这就是祖状尸。

焦侥国

【原文】

有小人,名曰焦侥之国,几姓,嘉谷①是食。

【注释】

①嘉谷:古以粟为嘉谷,后为五谷的总称。

【译文】

大荒中有一个矮人国,名叫焦侥国,这个国家的人民都姓几,以优质五谷为主食。

禹攻云雨

【原文】

大荒之中,有山名歹涂之山,青水穷焉。有云雨之山,有木名曰栾。禹攻云雨,有赤石焉生栾,黄木,赤枝,青叶,群帝焉取药。

【译文】

大荒中有座歹涂山,这座山是青水的尽头。还有座山,名叫云雨山。山上有种树,名叫栾树。当初禹伐云雨山林木时发现栾树是生长在一种红色石头上的。栾树的树干是黄色的,树枝是红色的,树叶是青色的,花、果是天帝的神药。

有国曰颛顼

【原文】

有国曰颛顼,生伯服,食黍。有鼬姓之国。有苕山。又有宗山。又有姓山。又有壑山。又有陈州山,又有东州山。又有白水山,白水出焉,而生白渊①,昆吾②之师所治也。

【注释】

①生:产生、形成。白渊:神话中的渊名。

②昆吾:夏商之间部落名,己姓,初封于濮阳,迁于旧许,后为商汤所灭。

【译文】

大荒中有个国家,名叫颛顼国,伯服是颛顼的后裔,国民主要吃黍。那里还有个鼬姓国,国中多山,有苕山、宗山、姓山、壑山、陈州山、东州山、白水山。白水山是白水的发源地,白水流下山后便积成水渊,名叫白渊,白渊便是昆吾部落将士驻扎的地方。

张宏国

【原文】

有人名曰张宏,在海上捕鱼。海中有张宏之国,食鱼,使四鸟。

鱼

张弘国　选自《中国清代宫廷版画》

【译文】

有人名叫张宏,常常在南海上捕鱼。那里有个国家,名叫张宏国,这个国家的百姓都以鱼为主食,还擅长驱使虎、豹、熊、罴。

驩头

有人焉,鸟喙,有翼,方捕鱼于海。大荒①之中,有人名曰驩头。鲧妻士敬,士敬子曰炎融,生驩头。驩头人面鸟喙,有翼,食海中鱼,杖②翼而行。维宜芑苣穋③杨是食。有驩头之国。

【注释】

①大荒:荒远的地方,边远地区。

②杖:凭倚、凭借。

③苣:苣荬菜,野生苣荬菜叶子互生,边缘有不整齐的锯齿,花黄色,嫩苗可供食用。穋:一种后种先熟的谷类。

【译文】

有个人,长着鸟的嘴,有翅膀,正在海中捕鱼。大荒之中,有人叫颛头。鲧的妻子是士敬,士敬的儿子是炎融,炎融生颛头。颛头人面鸟嘴有翅膀,吃海里的鱼,手持拐杖走路。他以芑、苣、穆、杨为食物。后来有颛头国。

岳山

【原文】

帝尧、帝喾、帝舜葬于岳山。爰有文贝、离俞、鸱久、鹰贾、延维、视肉、熊、罴、虎、豹;朱木、赤枝、青华,玄实。有申山者。

【译文】

那里有座岳山。帝尧、帝喾、帝舜就葬在这座山上。山上还有很多文贝、离朱鸟、鸱久、鹰隼、视肉、熊、罴、虎、豹;还有红色的树木、红色的树干、青色的花朵、黑色的果实。那里还有一座山,名叫申山。

天台高山

【原文】

大荒之中,有山名曰天台高山,海水入焉。

大荒中有座山名叫天台山,这座山有洞穴,海水从这儿注入。

羲和生日

【原文】

东南海之外,甘水之间,有羲和之国,有女子名曰羲和^①,方日浴于甘渊。羲和者,帝俊之妻,生十日。

羲和国

【注释】

①羲和:古代神话传说中的人物,太阳的母亲。

【译文】

东海外的大荒中与甘水间有个国家,名叫羲和国,这里有个女人名叫羲和,正在甘渊中为太阳们洗澡。羲和是帝俊的妻子,是十个太阳的母亲。

義和浴日

義和浴日　清·汪绂图本

盖犹山

【原文】

有盖犹之山者，其上有甘柤，枝干皆赤，黄叶，白华，黑实。东又有甘华，枝干皆赤，黄叶。有青马，有赤马，名曰三骓。有视肉。

【译文】

大荒中有座山名叫盖犹山，盖犹山的山顶有一种树，名叫甘柤，这种树的树干是红色的，树叶是黄色的，开着白色的花，结的果实是黑色的。盖犹山的东麓生长有一种名叫甘华的树，这种树的树干是红色的，树叶是黄色的。盖犹山上还有很多青色马和红色马，红色的马名叫三骓。山上还有视肉。

小人菌人

【原文】

有小人,名曰菌人。

【译文】

大荒中有一群侏儒,被人们称作菌人。

南类山

【原文】

有南类之山。爰有遗玉、青马、三骓、视肉、甘华。百谷所在。

【译文】

大荒中有座山,名叫南类山。这座山上有遗玉、青马、三骓马、视肉和甘华树,天下任何谷类植物这里都有。

【鉴赏】

《大荒南经》记述的内容非常丰富,既包括自然地理信息,也包括人文地理信息。遗憾的是,其中的自然地理信息大多变成了"记忆碎片",大多数只剩下了一个个山名、地名,例如第24节记述的一连串山名。

在商代神庙南墙的壁画上描绘的场景有:南方的巫山上,出产许多种名贵的药材,有一只黄鸟(实际上是戴着黄鸟羽毛的卫士)负责为天帝守护这些药材,以防备青蛇来偷盗——《白蛇传》白娘子盗仙草的故事,最早可以追溯到《大荒南经》的记载。南方还有一个卵民国,据说那里的人都是从卵里出生的,生孩子就好像是孵小鸡一样——如果我们今天能够掌握这种技术,把人类的受精卵变得像鸡蛋一样,携带在宇宙飞船上,那么人类的宇宙航行、星际移民就容易多了。

第5节的成山,可能是一处标志性景观,也可能是一座人造建筑物。这里是甘水的发源地或流经地,其地有季禺国。季禺国为颛顼后裔,而甘水源头甘山附近的少昊国则是少昊孺帝颛顼之处。据此可知,甘水是从北向南流的一条河,少昊部落居住在甘水的上游,颛顼部落的季禺国则居住在甘水的下游(其地属《大荒南经》,方位在南)。

按《山海经》惯例,每一个国名、族名、人名都包含着相应的信息,因此季禺国之名亦当有所指。季,指季节,亦指兄弟排序,例如伯、仲、叔、季。禺,兽名,状如猕猴;区域,每里为一禺;通偶,木偶,《史记·封禅书》:"木禺龙栾车一驷。"显然,根据季、禺二字的上述含义来看,由它们组成的季禺一词,于理不通。

众所周知,古籍出现讹字主要有两种情况,一是音同字相替,二是形近字笔误。由于此处季禺国与羽民国、卵民国属于同一场景或相邻场景,据此可以推知,季禺国之名,可能是系羽国、委羽国之误。也就是说,季禺国是采集羽毛、加工羽毛并用羽毛装饰自己的国家。依此推知,所谓羽民国"其民皆生毛羽",不是说这里的人身体上长出了鸟的羽毛,而是说这里的人以加工生产毛羽制品为职业。同理,所谓卵民国"其民皆生卵",也不是郭璞注"即卵生也",而是说当地人以收集鸟卵及生产卵制品为职业。当然,这并不排除,羽民国的人高兴时会跳起模仿鸟的舞蹈,卵民国人在春天鸟开始下蛋的时候举行模拟鸟下蛋、抱窝、孵卵的巫术活动,以祈祷鸟卵丰收。从这个角度来说,我们今天饲养的鸡、鸭、鹅等家禽,就是季禺国及其属国驯化而成的。在历史上,进行羽毛贸易的例子很多,例如周穆王西游就是用丝绸交换西王母领地的羽毛,而产于美洲玛雅山区的奎特查尔凤鸟羽毛也是玛雅人最主要的三种商品之一(其他两种是碧玉、可可豆)。值得注意的是,中国至少在宋朝时就把长期居住在狭小船舱里的渔民称为"蛋户",至今广东省东莞地区仍然称呼这种水上人家为"蛋家人",他们在陆地没有立足之地,几乎一生都居住在船上,依靠在珠江出海口的狮子洋一带捕鱼为生,其族源可能是古越族。《山海经》关于卵民国的记载,或许也与这种狭小居住空间的生存状态不无关系。此外,在民居建筑里,也有人把自己的住房设计制造成卵的结构,他们也可以被称为"卵民"。

第15节提到了载民之国。此节经文大意是,无淫民为帝舜的后裔,他们迁徙到一个名叫载的地方,遂改称为巫载民。他们不用纺线织布,就有衣服穿;也不用耕田种庄稼,就有谷物可食;而且他们还拥有能够歌舞的鸟,整日与百兽和睦相处,百谷百物都汇聚到他们那里。对此,论者多谓此处巫载民即《海外南经》提到的载国,但是载国"其为人黄,能操弓射蛇",与此处巫载民的生活场景相差甚远。其实,巫载民应是以歌舞表演来谋生的族群,其人性格活泼,心态永不老,有点儿像是吉普赛人的大篷车马戏歌舞团,因此无需织布种地就有穿有吃。理由如下:其姓"盼"暗示他们戴着大头面具,企盼着观众给赏赐;其名"无淫",是希望在表演时不要遇上连日阴雨;所谓歌舞之鸟与百兽,既指驯鸟兽表演,也指人装扮成鸟兽进行表演。

第18节提到了宋山。蚩尤为我国先夏时期最著名的部落或人物之一,曾长期与黄帝部落争夺势力范围,后被黄帝收服。蚩尤墓在今山西寿张县,至今晋、冀民间仍然流行"蚩尤戏",游戏者头戴牛角而相抵,或一腿搭在另一腿膝上,单腿蹦跳而相抵。此处经文所述蚩尤事迹位于南方,或系蚩尤后裔南迁者,为了纪念蚩尤而种植枫树;宋山上的赤色育蛇,当与纪念蚩尤的巫术活动有关。

第20节的焦侥国,当指身材矮小的农耕民族。《国语·鲁语》:"焦侥氏长三尺，短之至也。"《史记·大宛列传》正义引《括地志》："小人国在大秦南，人才三尺，其耕稼之时，惧鹤所食，大秦卫助之，即焦侥国，其人穴居也。"《法苑珠林》卷八引《外国图》："焦侥国人长尺六寸，迎风则僵，背风则伏，眉目具足，但野宿。一曰，焦侥长三尺，其国草木夏死而冬生，去九疑三万里。"所谓草木夏死冬生，符合赤道以南的气候，北半球的夏天即南半球的冬天。

第23节的伯服，伯，除指亲属称谓外，亦指古代地方长官、爵位；又指马祖，《诗·小雅·车攻》："既伯既祷。"毛传："伯，马祖也。谓天驷房星之神也。"此外，伯又通霸，通陌。服，除指衣服、服事、顺服、服食等意之外，又指驾驭牛马，《易经·系辞下》："服牛乘马。"并特指驷车居中的两匹马，《诗·郑风·大叔于田》："两服上襄，两骖雁行。"此外，服又通鹏，通蔔，通箙（竹箭筒）。据此伯服或指驾驭马并祭祀马祖的族群。又，《大荒四经》屡言某国人食黍或黍食，似可表明当时农业处于刚刚兴起至开始推广普及的阶段，许多地方的人都开始吃谷米，但是能够吃上谷米仍然属于新鲜事，否则就没有必要特别记述了（古代文字书写不易，故文字使用极为简洁珍惜）。

第25节中的昆吾为古代著名诸侯国，今本《竹书纪年》夏仲康六年记有"锡昆吾作伯"。《世本·帝系篇》云："陆终娶于鬼方氏之妹，谓之女嬇，是生六子。孕三年而不育，剖其左胁，获三人焉；剖其右胁，获三人焉。其一曰樊，是为昆吾；其二曰惠连，是为参胡；其三曰篯铿，是为彭祖；其四曰求言，是为郐人；其五曰晏安，是为曹姓；其六曰季连，是为芈姓。"并称在春秋战国时期，昆吾后裔居卫（今河南濮阳），参胡后裔居韩，彭祖后裔居彭城，郐人后裔居郑，曹姓后裔居邾，季连后裔居楚。

所谓"昆吾之师所浴"，当亦非寻常澡浴，而是与前文"舜之所浴"类似，同样为宗教巫术活动。多少令人有些奇怪的是，经文记述的沐浴活动主角不是"昆吾"，而是"昆吾之师"；由于古代"师"可指军官和军队，因此不能排除这种沐浴活动与军事有关的可能。

《海外南经》曾记有讙头（朱）国"其为人人面有翼，鸟喙，方捕鱼"，与本篇第27节提到的䮰头国的名称及生活方式非常相近，袁珂认为两者实为一国，亦即丹朱国。但是，在古史中，丹朱乃帝尧之子，而此处经文则称䮰头为鲧之后裔；对于上述矛盾，袁珂解释为"盖传闻不同而异辞也"。其实，古史传说中的"父子"关系，并不一定仅指血亲上的父子，而亦可指部落联盟大酋长（类似春秋战国时的霸主国）与部落酋长（类似诸侯国）之间的关系。

《吕氏春秋·行论》："尧以天下让舜。鲧为诸侯，怒于尧，曰：'得天之道者为帝，得地之道者为三公。今我得地之道，而不以我为三公。'以尧为失论。欲得三公，怒甚猛兽，欲以为乱。比兽之角，能以为城；举其尾，能以为旌。召之不来，仿佯于野以患帝。舜于是殛之于羽山，副之以吴刀。"据此可知，鲧与尧为同时代的强势部落，因争夺部落联盟领导权失败而遭到严重打击，其族裔不得不迁徙到远方，其中一支便是此处记述的䮰头国，所谓"杖翼而行"当指驾帆船在海上捕鱼。

丹朱是帝尧部落联盟的重要成员，他反对舜继任部落联盟最高领导职位，失败后迁徙到南方，其后裔即《海外南经》记述的讙头国，也可能是此处的䮰头国。或许这可表明，丹朱曾与鲧结盟，而此处经文"炎融"实际上就是丹朱的别名。

第28节中提到帝尧、帝喾、帝舜葬于岳山。郭璞认为此处岳山即《海外南经》中的狄山（又名汤山），尧葬之地在东阿县（今山东省）城次乡等处。《吕氏春秋·安死篇》："尧葬谷林。"高诱注："传曰：尧葬成阳，此云谷林，成阳山下有谷林也。"毕沅注谓："《墨子》（节葬篇下）云：'尧北教八狄，道死，葬蛩山之阴。'则此云狄山者，狄中之山也。"《皇览·冢墓记》："帝喾冢在东郡濮阳顿丘城南台阴野中。"《海内经》等记有舜葬于九嶷山。

根据古史记载，帝舜为帝尧的继任者，帝尧为帝喾后裔，《尚书·舜典》称帝尧让帝位于舜，《大戴礼·帝系篇》记有："黄帝产玄嚣，玄嚣产蛮极，蛮极产高辛,是为帝喾;帝喾产放勋,是为帝尧也。"此处经文称帝尧、帝喾、帝舜同葬于岳山一地,疑是其后裔设立的祭祀先帝的祠堂或衣冠冢;由于先帝后裔可能迁徙到不同的地方居住,因此类似的祠堂也会在不同地区设立。所谓"爰有"者,即祠堂内陈列的供品(包括实物或塑像、壁画);其中朱木。当有某种巫术象征价值,例如寓意灵魂不死、提供灵魂升天的通道(天梯),或者还有致人迷幻的作用,以促使祭祀者进入巫术活动所需要的心理和生理状态。第31节的盖犹山和第33节南类山的场景及其物品表明,它们也是祭祀先帝的场所,只是经文已经缺失被祭祀对象的名称。

第32节中名曰菌人的小人,与前文周侥国、焦侥国的小人,当均属古代有关小人国的传闻。不过从其名称来看,似乎菌人特指具有人形的小动物、小植物和菌类,例如人参、人形何首乌、人参果之类。《神异经·西北荒经》:"西北荒中有小人,长一分,其君朱衣玄冠,乘辂车马,引为威仪。居人遇其乘车,抓而食之,其味辛,终年不为物所咋,并识万物名字。又杀腹中三虫,三虫死,便可食仙药也。"《抱朴子·仙药篇》:"行山中见小人乘车马,长七八寸,捉取服之,即仙也。"《述异记》:"大食王国,在西海中。有一方石,石上多树干,赤叶青枝。上总生小儿,长六七寸,见人皆笑,动其手足,头著树枝。使摘一枝,小儿便死。"吴任臣《山海经广注》引《南越志》:"银山有女树,天明时皆生婴儿,日出能行,日没死,日出复然。"《西游记》里孙悟空吃人参果的故事可能源于此。